广视角·全方位·多品种

权威·前沿·原创

皮书系列为
"十二五"国家重点图书出版规划项目

大洋洲发展报告
（2012~2013）

ANNUAL REPORT ON DEVELOPMENT OF OCEANIA
(2012-2013)

主　编 / 魏明海
副主编 / 喻常森

图书在版编目（CIP）数据

大洋洲发展报告. 2012~2013/魏明海主编. —北京：社会科学文献出版社，2013.7
（大洋洲蓝皮书）
ISBN 978-7-5097-4666-0

Ⅰ.①大… Ⅱ.①魏… Ⅲ.①大洋洲-研究报告-2012~2013 Ⅳ.①D76

中国版本图书馆 CIP 数据核字（2013）第 105021 号

大洋洲蓝皮书
大洋洲发展报告（2012~2013）

主　　编／魏明海
副 主 编／喻常森

出 版 人／谢寿光
出 版 者／社会科学文献出版社
地　　址／北京市西城区北三环中路甲29号院3号楼华龙大厦
邮政编码／100029

责任部门／全球与地区问题出版中心（010）59367004　　责任编辑／高明秀　许玉燕
电子信箱／bianyibu@ssap.cn　　　　　　　　　　　　　责任校对／韩海超
项目统筹／高明秀　　　　　　　　　　　　　　　　　　责任印制／岳　阳
经　　销／社会科学文献出版社市场营销中心（010）59367081　59367089
读者服务／读者服务中心（010）59367028

印　　装／北京季蜂印刷有限公司
开　　本／787mm×1092mm　1/16　　　　　印　张／18
版　　次／2013年7月第1版　　　　　　　　字　数／290千字
印　　次／2013年7月第1次印刷
书　　号／ISBN 978-7-5097-4666-0
定　　价／69.00元

本书如有破损、缺页、装订错误，请与本社读者服务中心联系更换
△ 版权所有　翻印必究

大洋洲蓝皮书编委会

主　编　魏明海

副主编　喻常森

编　委　（以姓氏拼音为序）

　　　　　常晨光　费　晟　顾　静　韩　锋　刘志伟
　　　　　王学东　汪新生　魏志江　张和强　张祖兴

主要编撰者简介

魏明海 中山大学副校长,教育部区域和国别研究培育基地——中山大学大洋洲研究中心主任,管理学院教授,博士生导师,兼任中国财政部企业内部控制标准委员会委员、中国会计学会常务理事等。目前主要从事投资者保护、财务与投资、公司治理和盈余管理等领域的研究。

喻常森 中山大学亚太研究院副教授,国际关系学系系主任,教育部区域和国别研究培育基地——中山大学大洋洲研究中心常务副主任。主要研究领域为亚太区域合作、澳大利亚外交政策、中国与大洋洲国家关系等。

摘　要

受传统和现实因素影响，2012年度，大洋洲国家不同程度地出现过政治变动甚至动荡。巴布亚新几内亚发生兵变，新西兰举行了政府换届选举，澳大利亚工党内部权力斗争表面化。在全球经济缓慢复苏的进程中，大洋洲国家经济都得到一定程度的恢复，但整体发展仍然呈现较大差异性。澳大利亚经济连续21年保持增长，2012年全年经济增长达3.1%，为2007年以来最高水平。新西兰经济增长相对羸弱，2011年国内生产总值实际增长1.4%。大洋洲岛国落后状态仍未得到根本改善，大多数岛国都面临财政拮据的问题，希望继续得到国际上的财政援助和经济支持。2012年，大洋洲国家外交十分活跃。太平洋岛国论坛继续发展，美澳同盟关系得以深化，澳大利亚赢得联合国安理会非常任理事国席位，澳大利亚政府发表《亚洲世纪中的澳大利亚》政策白皮书，进一步突出"重返亚洲"战略。新西兰政府首次正式发布《中国战略报告》，明确了未来3年发展对华关系的目标。与此同时，中国继续加强与大洋洲国家的关系。2012年，中澳和中新建交40周年，三国都高调举行了一系列纪念活动。围绕本年度热点问题，我们特向读者提供了一组有关大洋洲国家的内政外交以及经济发展等方面的深度分析报告。

Abstract

Affected by traditional as well as realistic factors, there occurred a diversity of political changes, even conflicts, in the Oceania countries in 2012. There was a coup in Papua New Guinea; New Zealand held a general election and a new governmental administration came into power. At the same time, the internal power struggle of the Australian Labor Party became apparent. In the slow process of the global economic recovery, the Oceania countries have restored economic growth to a certain extent, but the overall development of them has significant differences. Australian economics has been growing in the past 21 years, with a growth rate of 3.1% in 2012, which is the highest since 2007. New Zealand economy is relatively weaker, whose GDP growth rate lies in 1.4% in 2011. Meanwhile, the Oceania Islands countries remain backward. Most of them are faced with tight finances and hope to obtain international financial aid and economic support. The diplomatic activities of the Oceania countries were very dynamic. The Pacific Islands Forum continues to blossom; The US-Australia alliance was further deepened; Australia had achieved the seat of nonpermanent member of the UN Security Council; Australian government releases the white paper *Australia in the Asian Century*, which highlights the policy of returning to Asia. And for the first time, New Zealand government officially released *The NZ Inc China Strategy*, indicating the goals of its relationship with China in the coming three years. And in the same year, China continues to enhance the relationship with the Oceania countries. The year 2012 marked the fortieth anniversary of China-Australia and China-New Zealand diplomatic relations, and all three countries held a series of magnificent commemorative activities. Focusing on the hotspot issues that happened in 2012, we also provide the readers some deep analysis reports about internal politics and foreign policies as well as economic development of Oceania countries.

目 录

序 …………………………………………………………… 张和强 / 001

BⅠ 总报告

B.1 2012～2013年大洋洲形势回顾与展望 ………… 魏明海 喻常森 / 001
  一 导论 ………………………………………………………… / 001
  二 大洋洲国家政局处于周期性的震荡与调整之中 ……………… / 003
  三 大洋洲经济发展呈现出明显的差异性 ……………………… / 005
  四 大洋洲国家外交十分活跃 …………………………………… / 008
  五 小结 ………………………………………………………… / 011

BⅡ 地区热点问题篇

B.2 《亚洲世纪中的澳大利亚》白皮书评述 ……………………… 左 林 / 013
B.3 2011年新西兰大选透视 ……………………………………… 王 青 / 023
B.4 澳大利亚官方对外援助战略研究
  ——以巴布亚新几内亚为例 ………………………………… 郭 剑 / 038
B.5 近年来日本对南太平洋岛国ODA政策的调整
  ………………………………………………… 陈艳云 张逸帆 / 054
B.6 澳美同盟关系溯源及现状 ……………………………………… 叶 菁 / 064
B.7 新西兰气候变化政策及其启示 ………………………… 王学东 邓 亮 / 084

001

ⅢB 国别篇

B.8 澳大利亚政局与政治发展 …………………… 喻常森 / 098

B.9 澳大利亚经济报告:"矿业繁荣"的特征、缘由及其影响
　…………………………………………………… 许少民 / 105

B.10 澳大利亚外交报告:历史、地理与外交传统 ………… 许少民 / 129

B.11 新西兰经济与社会发展问题 ………………………… 王　青 / 144

B.12 巴布亚新几内亚政治、经济和外交关系发展
　………………………… 张祖兴　左　林　宋　艳　牛　恒 / 154

B.13 大洋洲主要岛国的政治经济与外交:现状与展望 ……… 叶浩豪 / 175

ⅣB 中国与大洋洲地区关系篇

B.14 中澳关系面面观 ……………………… 喻常森　常晨光 / 194

B.15 中国与新西兰关系发展 …………………… 顾　静　王婷婷 / 208

B.16 中国与巴布亚新几内亚关系的发展 ………………… 张祖兴 / 220

B.17 中国与大洋洲岛国的关系:现状、意义与障碍
　……………………………………… 魏志江　叶浩豪　李　瑞 / 229

ⅤB 资料篇

B.18 2012年大洋洲地区大事记 ……………… 刘舒羽　左　林　任　荣 / 240

B.19 后记 ………………………………………………… 费　晟 / 268

皮书数据库阅读使用指南

CONTENTS

Preface　　　　　　　　　　　　　　　　　　　　　　Zhang Heqiang / 001

₿ I General Report

₿.1　Analysis and Outlook of Oceanian Situation in 2012-2013
　　　　　　　　　　　　　　　　　　Wei Minghai, Yu Changsen / 001
　　　1. Introduction　　　　　　　　　　　　　　　　　　　　/ 001
　　　2. Oceanian Countries Politics in Shock and Cyclical Adjustment　/ 003
　　　3. Economic Development of Oceania Region Showed Obvious Internal Difference　/ 005
　　　4. Foreign Affairs in Oceania Regional States were much Dynamics　/ 008
　　　5. Conclusion　　　　　　　　　　　　　　　　　　　　/ 011

₿ II Regional Hot Issues

₿.2　A Review of *Australia in the Asian Century White Paper*　Zuo Lin / 013
₿.3　The 2011 General Election in New Zealand　　　　Wang Qing / 023
₿.4　Australia's Official Foreign Aid Strategy: A Case Study of
　　　Papua New Guinea　　　　　　　　　　　　　　　Guo Jian / 033
₿.5　Policy Adjustment in Japan's ODA to the South Pacific
　　　Islands in Recent Years　　　　　Chen Yanyun, Cheung Yikfan / 054
₿.6　The Origin and Development of the Australia-U.S. Alliance　Ye Jing / 064
₿.7　Climate Change Policy of New Zealand and Its Inspirations
　　　　　　　　　　　　　　　　　　　Wang Xuedong, Deng Liang / 084

B III   Country Reports

B.8   The Development of Australian Politics   *Yu Changsen* / 098

B.9   The Australian Economic Report: Characteristics, Background and Influence of Mining Industry's Boom   *Xu Shaomin* / 105

B.10   Understanding Australian Diplomatic Policy: History, Geography and Cultural Tradition   *Xu Shaomin* / 129

B.11   The Economic and Social Challenges to New Zealand   *Wang Qing* / 144

B.12   The Politics, Economics and Foreign Affairs in Papua New Guinea   *Zhang Zuxing, Zuo Lin, Song Yan and Niu Heng* / 154

B.13   The Politics, Economics and Foreign Affairs of Critical Pacific Island Countries   *Ye Haohao* / 175

B IV   China–Oceania Relationship

B.14   China-Australia Relationship: Overview   *Yu Changsen, Chang Chenguang* / 194

B.15   The Development of the Relations Between China and New Zealand   *Gu Jing, Wang Tingting* / 208

B.16   A Review of the Development of the China-Papua New Guinea Relationship   *Zhang Zuxing* / 220

B.17   The Relationship between China and the Pacific Islands: Current Situation, Significance and Difficulties   *Wei Zhijiang, Ye Haohao and Li Rui* / 229

B V   Appendix

B.18   The Oceanian Milestones in 2012   *Liu Shuyu, Zuo Lin and Ren Rong* / 240

B.19   Afterword   *Fei Sheng* / 268

序

张和强*

如果说我们赖以生存的星球是一个纷繁复杂、多姿多彩的世界，大洋洲就把"纷繁复杂、多姿多彩"的特性发挥到了极致。位于太平洋西南部的大洋洲由14个独立国家（外加他国属地和托管地）组成。这里有发达的资本主义国家澳大利亚、新西兰，也有被联合国列为最不发达的南太岛国；有袋鼠、美利奴绵羊、金枪鱼和椰蟹，也有丰富的矿产资源、沙漠、火山、潟湖、土著文化和旖旎的热带海岛风光。

许多国人对大洋洲的印象和了解远不及对其他洲。实际上，大洋洲既小又大。陆地总面积共853.7万平方公里，总人口3566万，比中国都少，是世界上最小的洲（除南极洲外）。但大洋洲南北距离8000公里，东西距离10000公里，覆盖水陆面积超过8000万平方公里，又远远大于中国。大洋洲地处亚欧大陆、美洲大陆、南极洲和印度洋的十字路口，幅员辽阔，地理位置十分重要。

大洋洲对于我们来说是远邻也是近亲。一望无际的太平洋把中国与大洋洲隔开，我们是隔海相望的远邻。然而，新西兰的毛利人坚信他们的祖先是台湾的高山族人。法属波利尼西亚人也认为他们的祖先来自中国，并曾登上仿制当时的木舟，劈波斩浪来中国寻根问祖。南太岛国的原住民普遍对中国怀有一种特殊的亲近感。因此，说我们与大洋洲是近亲也毫不为过。

虽然有学者声称郑和最先发现了大洋洲，但是封建王朝长期"重陆轻海"，故步自封，在明清时期两次实行大规模的海禁，后果是当欧洲国家在世界范围内进行海洋扩张时，中国却在闭关锁国中渐渐地走向迂腐和衰落，以致

---

* 张和强，中国人民对外友好协会美大工作部副主任，中国大洋洲友好协会秘书长。

近代屡次遭受西方列强从海上发动的入侵,几近亡国,教训惨痛。

新中国的成立标志着中国海洋意识的再觉醒。改革开放以来,随着我国综合实力的迅速提升和国际影响力的增强,我国参与海洋建设的能力得到大幅提高。2012年党的十八大首次提出了"建设海洋强国"的目标。机缘巧合,也就是在同一年,澳大利亚政府发表了《亚洲世纪中的澳大利亚》政策白皮书;美国时任国务卿也声称,太平洋足够大,可以容下美、欧、日、中,似乎发出了欢迎中国在大洋洲区域发挥建设性作用的积极信号。

作为世界经济引擎的中国经济是大洋洲各国的机遇,作为"世界工厂",中国将向包括澳、新在内的大洋洲各国提供各种它们所需的产品与服务,比欧洲、美国、俄罗斯、日本的人口加在一起还多的中国的市场将能很好地吸收来自大洋洲各国的产品和服务。中国在旅游、海洋养殖、清洁能源、基础设施建设等领域有着明显的优势,另外,中国作为发展中国家成功摆脱贫困,成功向现代化社会转型,积累了许多有益的经验,也可供大洋洲岛国借鉴。

发展与大洋洲各国的互利共赢伙伴关系面临良好的历史机遇。我们要秉承郑和七下西洋对海洋的执着,发扬库克船长等欧洲探险家勇于冒险的精神,师从岛国原住民热爱自然、与海洋和谐相处之道,与大洋洲人民和衷共济,互利共赢,同谋发展。

宏观层面上,我们要加强研究,建立平台,形成合力,着眼长远。2012年是我国与澳、新建交40周年,中国人民对外友好协会分别在北京人民大会堂举办了庆祝中澳、中新建交40周年招待会。2013年4月,澳、新两国总理又相继访华,中澳、中新关系必将在新的历史起点上,沿着政治上增强互信、经济上互通有无、人文上包容互鉴的轨道继续稳步快速发展。在与大洋洲岛国的交流合作中,我们应该在利用好"中国-太平洋岛国经济发展合作论坛"等官方合作机制的基础上,充分发挥我国企业家的作用,将援助与合作开发结合起来;充分发挥地方的积极性,通过缔结友好城市关系适时创新对口合作模式;充分发挥社会各界力量,有组织地开展志愿者帮扶行动。从微观角度讲,我们要真诚,要敏感,要实在,要灵活,要坚持。对大洋洲岛国开展援助时,我们甚至可以探索与美国等西方国家合作,一起想办法帮助岛国兄弟,真心为它们好,真正把中国的发展转变成大洋洲岛国所需要的机遇。

大洋洲蓝皮书的出版是基础性很强的工作，也为我们开展对大洋洲各项工作提供了参考依据。蓝皮书对加深我们对大洋洲重要性的了解，提高对该地区的多样性、不确定性和复杂性的认识，不可或缺，意义深远。蓝皮书还能成为各方交流信息的中枢，让所有与大洋洲工作相关的方方面面互相通气，信息共享。只有这样，我们在工作中才能做到既具有世界眼光又脚踏实地，既顾全大局又突出重点，把困难转化成机会，在分歧点中找到利益的交会点。让海洋不再是隔绝中国与大洋洲的屏障，而是联系中国人民与大洋洲人民的纽带。

最后，请允许我向本书的魏明海主编、喻常森副主编及所有编委表示深深的敬意和感谢，他们开创性的工作将会使许多从事大洋洲工作的专家、学者、官员、企业家、海外人士等受益，他们用自己的智慧、汗水和身体力行，教会我们应该如何去跨越障碍，拥抱海洋。

张和强

2013 年 5 月 5 日

总报告

General Report

2012~2013年大洋洲形势回顾与展望

魏明海 喻常森

摘　要：

　　大洋洲国家除了澳大利亚和新西兰为发达工业化国家外，均属于发展中国家，传统上位于国际政治的边缘地带。从地缘政治学的视角分析，大洋洲或者南太平洋属于亚太地区的一个次区域。大洋洲国家分布广泛，受到全球化和区域化浪潮的冲击，构成全球经济政治的重要环节。2011~2012年，大洋洲各国经历了政治上的周期性调整，经济上取得了恢复性的发展，外交十分活跃，成果丰硕。

关键词：

　　大洋洲　政局　经济发展　外交

一　导论

　　大洋洲意为大洋中的陆地，它是世界五大洲中陆地面积最小的一个洲。大洋洲（Oceania）一词的诞生可追溯至 1812 年，由丹麦地理学家马尔特·布龙（Malthe Conrad Bruun）提出。大洋洲的地理范围包括太平洋西南部、赤道南北广大海域。西北与亚洲为邻，东北及东部与美洲大陆相对，南部与南极洲相望，西部濒临印度洋。

大洋洲又有狭义和广义两种说法，狭义仅指太平洋三大岛群，即波利尼西亚、密克罗尼西亚和美拉尼西亚三大岛群。广义的除三大岛群外，还包括澳大利亚、新西兰和新几内亚岛，共 1 万多个岛屿。现在一般指广义而言。大洋洲又称澳洲，因为澳大利亚是大洋洲的主要国家。澳大利亚（Australia）是古希腊语"南方"（或者"南方未知地"）的意思，公元 1 世纪托勒密所著的《地理志》一书中即出现，当时并没有具体所指的区域范围。一般认为，大洋洲陆地面积约合 853.7 万平方公里，占世界陆地总面积的 6%。共包含 14 个独立的国家，另有 10 个属地或托管地。其总人口约 3566 万，人口密度仅为 4.2 人/平方公里。居民主要是欧洲移民的后裔（占 70%）和土著人（20%）。此外，还有印度人、华人和混血种人。

大洋洲国家在地理分布上颇为广泛，大多以海洋为界，基本上没有陆地邻国，且以微型国家为主。从历史上看，16 世纪地理大发现以后，这些国家逐渐进入人们的视野。后来相继沦为西方国家的殖民地和托管地。进入 20 世纪，这些国家中的大部分相继独立建国，成为世界民族国家的重要成员。从发展层次看，有发达国家，但更多的是发展中国家。大洋洲区域主要国家的基本情况如表 1 所示。

表 1　大洋洲地区主要国家基本情况综合指标（截至 2012 年数据）

国　名	陆地领土面积	人口	GDP	人均 GDP
澳大利亚	768.2 万平方公里	2284 万（2012 年 12 月）	1.5 万亿美元	6.6 万美元
新西兰	27 万平方公里	445 万	2065 亿新元[①]	3 万新元
巴布亚新几内亚	46 万平方公里	670 万	127 亿美元[②]	1900 美元
斐济	1.8 万平方公里	90 万[③]	3.8 亿美元[④]	4244 美元
库克群岛	240 平方公里	1 万	2.85 亿美元	2.46 万美元
密克罗尼西亚	705 平方公里	10.26 万[⑤]	2.431 亿美元	2368 美元

续表

国　名	陆地领土面积	人口	GDP	人均GDP
萨摩亚	2934平方公里	18.6万[6]	6.53亿美元[7]	3537美元
纽埃	260平方公里	1490[8]	1590[9]万美元	1.04万美元
汤加	747平方公里	10.3万	6.71亿潘加[10]	6515潘加[11]
瓦努阿图	1.219万平方公里	23.4万	7.6亿美元	3105美元

注：① 1新元约合0.85美元。
② 2011年数据。
③ 2011年数据。
④ 2011年数据。
⑤ 2010年数据。
⑥ 2011年数据。
⑦ 2011年数据。
⑧ 2011年数据。
⑨ 2010年数据。
⑩ 2010年数据。
⑪ 1美元 = 1.74潘加（2012年12月）。
资料来源：中华人民共和国外交部网站；各国政府官方网站。

从表1看，大洋洲地区最大的国家是澳大利亚，陆地面积为768.2万平方公里，人口为2284万。面积最小的国家是库克群岛，陆地面积只有240平方公里。而人口最少的国家是纽埃，仅为1490人。从经济发展水平看，澳大利亚最高。2012年澳大利亚GDP总量为1.5万亿美元，世界排名第13，人均GDP为6万多美元，世界排名第5。GDP总量最小的国家是纽埃，只有1590万美元。人均GDP最低的国家是巴布亚新几内亚，只有1900美元。由此可见，经济发展的差异性、地理破碎性和文明的后发性是大洋洲地区最大的特点。

二　大洋洲国家政局处于周期性的震荡与调整之中

大洋洲地区岛国过去大部分是英、法等西方国家的殖民地，独立以后，都在不同程度上采纳了威斯特伐利亚模式，沿袭了宗主国的政治结构并保持了与宗主国的文化联系。例如，普遍建立了在多党制基础上的议会民主制，包括一院制和两院制。

大洋洲国家中的原英属殖民地国家独立或者自治以后，几乎都留在了英联邦大家庭内，但与宗主国在宪政上的关系却不尽相同。它们有的仍然奉英女王为国家元首；有的则沿袭古老的政治传统，如国王制；有的则干脆选择选举自己的国家元首（实行总统制或元首制）。除了澳大利亚和新西兰属于较为成熟的资本主义政党议会制外，其他大洋洲国家的"民主政治"多数徒具形式，其中，"西南太平洋岛屿国家的政治灵魂就必然是传统的酋长制"。[①] 所以，政局不稳仍然是大洋洲多数岛屿国家的普遍现象。政局动荡的原因有的是选民对政府不信任，有的是部族关系紧张。而经济发展的不充分及利益分配的不公正则是政局不稳定的最根本原因。由于这些国家的政局不稳和经济欠发达，部分大洋洲国家被列入或者濒临进入失败国家的行列。

2011～2012年度，大洋洲国家不同程度地出现过政治变动甚至动荡。2012年1月26日，巴布亚新几内亚一座兵营发生兵变，一群数目不详的士兵面涂彩绘闯入位于巴布亚新几内亚首都莫尔斯比港的国防部队总部默里军营，软禁了支持现任总理彼得·奥尼尔的阿格威准将。退役上校萨萨宣布自己领导了此次兵变，目的是要求2011年8月被议会投票废黜的前任总理迈克尔·索马雷重新上任。兵变中没有人员伤亡。随即，巴布亚新几内亚爆发总理与副总理合法性之争，最终导致重新大选。2012年8月3日，新成立的巴布亚新几内亚议会举行了选举，作为唯一获得提名的总理候选人，奥尼尔当天在议会投票中以94票赞成、12票反对的表决结果当选新一届政府总理。他随后在首都莫尔斯比港宣誓就职并组建新一届政府。选举落幕，这次选举的特点也呈现出来。巴布亚新几内亚政治局势的缓和并没有彻底改变其政治发展的基本特征。政党林立、政党忠诚度低、个人利益高于政党原则、议员更换频繁等问题都没有变化，实现政局的长期稳定依然存在着许多不利因素。

2011年，新西兰举行了政府换届选举。11月26日，由现任总理约翰·基（John Key）领导的国家党在当天举行的议会选举中遥遥领先主要反对党工党，再次赢得政府组阁权。计票结果显示，国家党在大选中赢得48%的政党选票，

---

① 钱乘旦总主编，王宇博、汪诗明、朱建军著《世界现代化历程·大洋洲卷》，江苏人民出版社，2012，第422页。

而最大的在野党工党只赢得约27%的政党选票。工党领袖菲尔·戈夫（Phil Goff）当晚承认选举失败。12月14日，新西兰新一届政府在首都惠灵顿总督府宣誓就职，国家党领袖约翰·基连任政府总理。最终选举统计结果表明，在11月26日举行的议会选举中，国家党获得议会120个议席中的59个，因未过半数无法单独组阁，在同联合未来党、行动党和毛利党举行多轮磋商并达成协议后，国家党控制了议会中超过半数的64个席位。约翰·基在此前的12日宣布了新联合政府部长名单，28名部长中有24人来自国家党。

2012年澳大利亚同样经历了政治动荡，主要表现为工党内部的权力斗争。2月22日，澳大利亚前总理、时任外长陆克文宣布辞职，称自己在没有总理吉拉德支持的情况下无法继续任职外长。此前有报道称，吉拉德准备免去他的外长职务，因此其最体面的做法就是辞职。2月27日，澳大利亚执政党工党举行党首投票选举。在102张总票数中，现任总理吉拉德获得了71票支持，陆克文仅仅获得31票。吉拉德高票获得连任。此前，澳大利亚政坛因陆克文和吉拉德之间的工党领导权之争而一度陷入动荡，工党内部的斗争严重损害了政府的信誉。《澳大利亚人报》7月24日发表的新闻民调显示，政府的首选支持率相比两星期之前下降了3个百分点，降到28%。在两党比较一项中，反对党联盟领先执政党工党8个百分点。10月9日，因涉嫌性骚扰男性下属，澳大利亚联邦议会众议长彼得·斯利珀宣布辞职，这也使得吉拉德领导的工党政府再次岌岌可危。澳大利亚反对党当天在议会提出要将斯利珀撤职的动议，但最终以69票对70票一票之差未能通过，然而，斯利珀在数小时后宣布辞去议长职务。斯利珀是2011年从反对党阵营转投工党的，并在总理吉拉德的力荐下出任众议院议长。吉拉德政府在众议院此前仅维持两个席位的优势。然而随着斯利珀宣布辞去议长职务，加上早前已有一名独立派议员决定不再支持吉拉德，这意味着吉拉德今后要在议会通过任何议案都将面对重重障碍，对吉拉德政府来说斯利珀的辞职无疑是个沉重打击。

三 大洋洲经济发展呈现出明显的差异性

大洋洲地区岛国过去大部分是殖民地，独立以后的经济结构大多是单一经

济,大部分生活消费品以及工业用品都需要从国外进口,粮食也不能自给。由于国家经济一直处于欠发达状态,大多数岛国都面临财政拮据的问题,希望得到国际上的财政援助和经济支持,而外援主要来自美国、日本、澳大利亚、新西兰以及中国等。① 大洋洲岛国长期以来资源管理水平低下,而且人口不断增加,这些岛国正日益面临着非常严重的经济和社会问题,主要表现在资源过量开采、缺乏足够力量保护专属经济区以及人口增长率高于经济发展速度等方面,这些问题也严重阻碍了岛国国家的长远发展。进入21世纪,面对国际局势日益严峻的挑战,这些大洋洲岛国政府纷纷开始采取措施,一方面对内制定国家的经济发展战略,另一方面加强国家间的合作。

大洋洲各国经济发展水平差异明显。其中,澳大利亚和新西兰经济发达,属于后起的发达资本主义国家。其他岛国则多为农业国,经济比较落后。大洋洲各国畜牧业发达,是世界优质畜牧产品的供应地。大洋洲的工业主要集中在澳大利亚和新西兰,主要有采矿、钢铁、有色金属冶炼、机械制造、化学、建筑材料、纺织等部门。由于部分大洋洲岛屿国家资源缺乏,国土狭小,经济发展落后,财政收入在很大程度上依赖外援。"产业结构不合理,人才匮乏,缺乏经济发展的机会和企业家生长的土壤,是大洋洲岛国长期得不到发展的主要原因。"② 这些大洋洲岛国获得独立后大多处于落后状态,经济结构单一,财政拮据,国家间缺乏合作。长期以来,这些大洋洲岛国都处于世界政治经济舞台的边缘地带,被认为是"太平洋最偏僻的地区"。③

面对国际政治经济形势日益严峻的挑战,为了扭转经济落后的局面,大洋洲岛国政府开始采取各项措施,发展多样化经济,制定切实可行的经济政策,改善投资环境以吸引外资。同时,虽然大部分大洋洲岛国拥有丰富的自然资源,但是长期以来资源不能得到有效利用,还面临过度开采的问题,因此岛国政府开始重视资源管理,制定有效利用资源的相关政策从而实现本地区资源的可持续开发。为了弥补资源和人才的不足,近年来,大洋洲国家非常重视发展以旅游业为龙头的服务业。在各国国民收入中,旅游业所占比重越来越高,已

---

① 刘樊德:《南太平洋岛国简介》,《当代亚太》1995年第1期,第72页。
② 程汉忠:《大洋洲开发计划》,中国水利水电出版社,2008,第47页。
③ 郭春梅:《南太平洋的大国博弈》,《世界知识》2012年第20期,第32~33页。

成为国民经济的重要组成部分。

巴布亚新几内亚是一个资源丰富的太平洋岛国，拥有大量矿产、石油、天然气、木材和渔业资源等。以丰富的资源能源为基石，以矿产、石油和经济作物种植为支柱产业经济。但同时，其经济部门呈现出明显的二元结构特点，以依赖自给自足的农业为中心的传统经济部门以及以资源开发为中心的现代经济部门同时存在。根据2012年中经济和财政报告，2011年巴布亚新几内亚经济增长速度约为11%，2012年预算案修订的经济增速预计为9.9%。2011年非矿产行业增速为13.1%，预计在2012年为10.4%。但是2012年亚行发布的《太平洋经济监测》称，未来几年将有可能是巴布亚新几内亚比较艰难的时期。

自爆发全球金融危机以来，受出口疲软、消费下降以及投资损失等影响，新西兰经济增长羸弱。2011年，得益于大宗商品价格上涨、亚洲新兴经济体经济复苏以及呈增长态势的国内需求，新西兰的经济表现明显好转，国内生产总值实际增长1.4%，通货膨胀率为4%。虽然克赖斯特彻奇的接连两次地震短期内延缓了经济增长的步伐，但其经济基本面没有受到影响，预计新西兰经济中短期内仍将延续增长势头。出口主导型经济复苏正在进行。

澳大利亚统计局最新数据显示，2012年第4季度，经济环比增长0.6%，全年经济增长达3.1%，为2007年以来最高水平。公共投资和出口是拉动澳经济增长的主要因素。至此，澳经济已连续21年保持增长。经济合作与发展组织（OECD）在澳大利亚状况报告中称，与其他很多发达国家相比，澳抗冲击能力更强。当前货币与财政政策组合适于支撑经济复苏，澳大利亚处于应对风险的有利地位。根据OECD在2013年2月发布的半年度经济展望报告，澳大利亚2013年经济料将增长3.0%，2014年料将增长3.2%。矿业出口，特别是对中国的出口，推动了经济增长，但出口占澳大利亚GDP之比仍仅为20%，矿业投资和相关基础建设仅占GDP的6%。与比同时，2012年度，澳大利亚的对外贸易赤字创出新高。2012年11月澳大利亚货物和服务贸易赤字增至26.4亿澳元，超过赤字23亿美元的预期，且为连续第11个月增长。在全球经济发展放缓的大背景下，澳大利亚的综合经济实力仍然取得不错的排名。由于政府强制对重点企业推行征收每吨23澳元的碳排放税，企业利润下降，成

本上升，影响了国际竞争力。尽管如此，2012年，世界GDP排名，澳大利亚联邦排名第13，GDP折合14889.69亿美元，人均GDP 66984美元，排名第5。

四　大洋洲国家外交十分活跃

受地理位置的影响，大洋洲地处南半球，距世界政治中心欧洲、美洲和东亚都相当远。历史上，由于大洋洲国家基本上是西方的殖民地和保护国，外交的主要对象是欧洲。第二次世界大战以后，美洲外交和亚洲外交逐渐取代过去的单纯欧洲外交成为大洋洲国家新的外交活动重点。部分大洋洲国家由于与亚太国家经济贸易关系日益密切，纷纷加入到亚太区域合作进程之中。

与此同时，南太平洋地区国家也开展了卓有成效的次区域合作。目前，大洋洲地区最为成功的组织是太平洋岛国论坛，前身为南太平洋论坛，成立于1971年，2000年改用现名。它是南太平洋国家政府间加强区域合作、协调对外政策的区域合作组织。该组织目前共有16个成员，分别是澳大利亚、新西兰、斐济、萨摩亚、汤加、巴布亚新几内亚、基里巴斯、瓦努阿图、密克罗尼西亚、所罗门群岛、瑙鲁、图瓦卢、马绍尔群岛、帕劳、库克群岛和纽埃。当地时间2012年8月29~31日，第43届太平洋岛国论坛领导人会议在库克群岛拉罗汤加岛举行。15个岛国①领导人汇聚一堂讨论地区经济贸易、海洋资源保护、气候变化、斐济局势等议题。会后发布的公报称，在为期3天的会议中，与会领导人围绕"大洋岛国－太平洋挑战"、海洋资源可持续发展等主要议题进行了深入讨论，并达成共识。并且，会议决定在2013年的论坛领导人会议上对2005年制定的"太平洋计划"进行第二次审议，以评估论坛成员国10年发展规划的实施成效。

在大洋洲国家中，澳大利亚是最大的国家，也是国际影响力最强的国家。长期以来，澳大利亚外交政策奉行的是中等强国外交。总体来说，影响澳大利亚外交政策的主要因素有三个：一是地缘政治与战略安全的利益；二是经济与

---

① 由于斐济领导人姆拜尼马拉马于2006年12月发动军事政变后，没有在2009年5月1日的规定期限前公布举行全国大选的日期，因此太平洋岛国论坛中止了斐济的参会资格，斐济也没有出席此次会议。

贸易利益；三是国际成员的责任。与其他国家一样，澳大利亚外交政策的最高目标是捍卫国家主权独立，推进澳大利亚的经济与战略利益。① 具体对外政策上体现为"三大支柱"。其中，第一个支柱依然是美澳同盟关系，因为它是澳大利亚外交和战略政策的"基石"。第二个支柱是联合国，联合国等多边机制是澳大利亚施展"富有创造力的中等强国"外交的重要舞台。第三个支柱是现任政府承诺将与亚洲国家建立强韧而又紧密的合作关系。在这三大重点领域，澳大利亚2011～2012年度外交均取得了不错的成绩。在对美外交方面，吉拉德政府配合美国战略重心东移的行动并继续深化美澳同盟。为了纪念《美澳新条约》缔结60周年，2011年11月16日，美国总统奥巴马对澳大利亚进行了访问并在澳国会发表演讲。美澳两国领导人宣布，自2012年开始，美国海军陆战队成员将驻扎在澳大利亚北部地区，第一批驻军人数为250人。到2016年时，驻军将增加至2500人。此举标志着美澳同盟关系在"后反恐时代"又具有了新的内涵。在以联合国为中心的多边外交方面，澳大利亚取得了显著成绩。2012年10月19日，在联合国大会对安理会席位的票决中，澳大利亚赢得140票，与阿根廷、卢旺达、卢森堡与韩国一起取得联合国安理会非常任理事国席位，从2013年1月1日起任期2年。此次当选是自1986年以来，澳大利亚第二次获得联合国安理会席位，也是澳大利亚第五次进入联合国安理会。为了获得联合国非常任理事国席位，澳大利亚近年来一直在不懈努力。在过去4年中，澳大利亚联邦政府除了拿出30亿澳元进行对外援助，还花费2400万澳元用于游说活动。澳大利亚外长鲍勃·卡尔自2012年3月就职以来，为争取各国对澳大利亚加入安理会的支持就走访了26个国家。在区域合作方面，2012年10月，澳政府发表《亚洲世纪中的澳大利亚》（Australia in the Asian Century）政策白皮书，开宗明义指出，"亚洲世纪是澳大利亚的机遇"。随着全球权力重心逐渐转移到亚洲，"曾经天各一方造成的障碍正在被近在咫尺的前景所取代"。"澳大利亚占据天时地利——地处亚洲之域，时逢亚洲世纪。"② 为了进一步融入亚洲，白皮书指出，澳大利亚政府必须巩固公平社会和开放经济的基础，推动教育培训和企业创新，同时致力

---

① 沈永兴、张秋生、高国荣编著《列国志·澳大利亚》，社会科学文献出版社，2010，第391页。
② Commonwealth of Australia, *Australia in the Asian Century White Paper*, October 2012, p. 1.

于维护区域安全与稳定,并推进区域内的文化交流。新版白皮书可以看成是澳大利亚进一步突出"重返亚洲"战略的重要文件。作为亚洲外交的重要组成部分,澳大利亚十分重视与中国的外交关系。目前,中国是澳大利亚最大的贸易伙伴,澳大利亚是中国第7大贸易伙伴,双边贸易额在2012年突破1200亿美元。2012年是中澳建交40周年,两国都高调举行了一系列纪念活动。2012年12月14日,澳大利亚艺术文化部长西蒙·克林出席了在北京人民大会堂举行的纪念活动。与此同时,中国国务委员刘延东也率团对澳大利亚进行了友好访问,并与澳大利亚总理吉拉德一道出席了纪念中澳建交40周年的活动。

2012年也是中国和新西兰建交40周年。2012年2月,新西兰政府首次正式发布《中国战略报告》(*The New Zealand Inc China Strategy*),明确了未来5年发展对华关系的5大目标:保持和发展两国强有力的政治关系;将两国双边货物贸易额翻一番,即2015年双边货物贸易额达200亿美元;增加服务贸易,实现2015年教育出口增加20%,旅游业增长至少60%及其他对华服务出口的增加;提高双边投资水平,使之与不断增长的对华商业联系相适应;加强在高科技领域的合作以创造商机。[①] 2012年6月,新西兰政府又建立了一个与上述"中国战略"相配套的高层组织机构——新西兰中国委员会(New Zealand China Council)。该委员会汇聚了来自新西兰商界、公共部门、学界和社群等各领域的精英,未来其将在与中国同级别的各界精英之间举行的高层次双边伙伴论坛(Partnership Forum)中发挥领导作用。2012年9月5日,"中国-新西兰建交40周年研讨会"在惠灵顿新议会大厦举行,新西兰总理约翰·基出席了开幕式并致辞。2012年12月10日,中国国务委员刘延东访问新西兰并出席了两国建交纪念活动。

进入21世纪以来,中国不断加强与大洋洲国家的关系。近年来,中国与大洋洲岛国间政府高层往来频繁,政治互信不断深化,双方设立了"中国-太平洋岛国论坛""中国-太平洋岛国经济技术合作论坛"等对话沟通平台。中国和大洋洲岛国都是发展中国家,在许多方面可以互相帮助和借鉴。作为"南南合作"的重要组成部分,中国积极帮助大洋洲岛国的经济和社会发展。

---

① "Opening Doors to China: New Zealand's 2015 Vision," http://www.mfat.govt.nz/NZ-Inc/6-Opening-doors-to-China/3-NZ-Inc-China-strategy/index.php,访问日期:2012年10月22日。

中国政府在大洋洲岛国也广泛开展了各种援助项目,包括基础设施建设、农业、渔业、交通、通信、卫生、人员培训、可再生能源等方面,这些合作有助于增强大洋洲岛国的人力资源的培养和自我发展的能力。① 2012年8月,中国外交部副部长崔天凯代表中国政府出席了在库克群岛拉罗汤加岛举行的第24届太平洋岛国论坛会后对话会。崔天凯在会上发言时表示,中方高度重视发展同太平洋岛国的关系,积极开展同岛国友好交往,努力拓宽经贸等领域务实合作,支持各岛国平等参与国际事务的努力。

五 小结

总之,2012年,大洋洲国家努力在变动中寻求稳定性,在差异中追求同一性。大洋洲国家政治上面临着传统与现代化的双重挑战。殖民地历史是大洋洲各国共同的最大公约数,也是各国现代民主化转型进程的起点。但是,各国特别是岛屿国家的现代化进程仍然有许多需要克服的障碍。其中,经济发展的不充足是各岛屿国家面临的最大困境之一。而对于澳大利亚和新西兰这两个发达国家来说,最大的挑战来源于与世界和地区国家之间的相互依赖关系形成的联动和不确定性,特别是妥善处理政治上的西方国家身份与经济上的亚太共同体纽带之间的矛盾。为了摆脱全球政治的边缘地位,大洋洲国家正在通过次区域合作,努力塑造自己的区域身份的认同。

Analysis and Outlook of Oceanian Situation in 2012 - 2013

Wei Minghai Yu Changsen

Abstract: Except Australia and New Zealand, which are developed industrialized

---

① 黄兴伟:《中国代表说中国政府重视同太平洋岛国关系》,《人民日报》2008年8月23日,第3版。

countries, most Oceanian countries are developing countries and traditionally lie at the edge of international politics. From the Point of view of geopolitics, Oceania or South Pacific can be treated as one sub-region in the Asia Pacific region. Impacted by the wave of globalization and regionalization, Oceanian countries also constitute an important link in the global political economy. In 2011 −2012, Oceanian countries experienced political cyclical adjustment, economic recovery and development, and diplomatic achievements.

Key Words: Oceania; Political Situation; Economic Development; Diplomacy

地区热点问题篇

Regional Hot Issues

《亚洲世纪中的澳大利亚》白皮书评述

左 林

摘 要：

2012年10月28日，澳大利亚发布《亚洲世纪中的澳大利亚》白皮书，意图抓住亚洲崛起的历史机遇实现更加自由、更加繁荣、更具活力的发展。澳大利亚地处亚洲之域，时逢亚洲世纪，以白皮书为指导，从政府到企业、联合会，再到广大民众全方位地融入亚洲，必将对双边关系的发展产生巨大的促进作用。在美国重返亚太、澳大利亚的战略环境日益复杂之际，拥抱亚洲是澳大利亚谋求进一步发展的必然选择，因而白皮书也就带上了由澳大利亚的自身地位和追求所形成的鲜明特色。

关键词：

亚洲世纪　澳大利亚　白皮书　亚洲崛起

亚洲的崛起正在改变世界，21世纪以来，中印等新兴国家的快速发展为世界经济的繁荣增添了持久的动力,也让亚洲在全球经济政治格局中日益凸显。2009年底,美国正式推出"重返亚太"战略,引发世界各国对亚洲的重新聚焦。在这个迅速变化的世界中,各国都在为"亚洲世纪"的到来运筹帷幄,以求决胜千里。作为亚洲近邻,澳大利亚的经济、社会和战略环境都因亚洲的崛起而今非昔比,①《亚洲世纪中的澳大利亚》这一白皮书的发布正是澳大利亚面对亚洲世纪而谋求转型和应对的直接反应,必将对澳大利亚及相关国家的发展造成一定影响。

一 白皮书出台的背景——亚洲崛起提供良好机遇

纵观白皮书全文,可以将白皮书分为两大部分。第一部分可以称之为出台白皮书的背景介绍,它由第一章到第四章构成,以亚洲崛起的现状和前景为重点,描绘了澳大利亚在亚洲的位置以及到2025年的展望,而这一宏伟前景也就为澳大利亚在亚洲世纪的路线图奠定了基调。具体而言,《亚洲世纪中的澳大利亚》这一白皮书出台的背景可以概括如下。

1. 亚洲的迅速崛起及其远大前景

白皮书用形象生动的图表指出亚洲地区令人惊叹的变化速度和规模。在过去20年里,中国和印度的绝对经济规模几乎增长了6倍,各自所占全球经济的份额也几乎增长了3倍。② 在全球经济增长放缓、经济复苏形势不甚明朗的环境下,亚洲国家尤其是中国、印度等新兴市场表现出巨大的潜力,澳大利亚在白皮书中预计,整个亚洲地区到2025年的产出将占据世界总产出的几乎一半。③ 经济的持续高速增长带来的是对商品和服务的广泛需求以及对澳大利亚等外部世界的广泛接触和参与,促进的是亚洲、澳大利亚以及全世界的繁荣。

2. 澳大利亚的优越地理位置及互利双赢的能力

作为一个中等强国,澳大利亚在利用"亚洲机遇"的过程中坐拥无与伦

---

① Commonwealth of Australia, *Australia in the Asian Century White Paper*, October 2012, p. 1.
② Commonwealth of Australia, *Australia in the Asian Century White Paper*, October 2012, p. 6.
③ Commonwealth of Australia, *Australia in the Asian Century White Paper*, October 2012, p. 1.

比的优越条件。随着全球重心转移到亚太,澳大利亚同亚洲国家悠久的交往历史成为明显的优势,并且,科技的发展早已拉近澳大利亚与亚洲之间的距离,广泛的经济和贸易往来已经在两地之间建立起稳固的联系。总体而言,澳大利亚融入亚洲是一个双赢的过程。澳大利亚将获得广阔的商品服务市场以及就业机会,而亚洲国家将有机会获取澳大利亚的宝贵优势,包括资源、技术、资本以及商业文化和制度等等。紧握亚洲国家持续发展的机遇,澳大利亚可以同亚洲国家建立更为深入的关系,双边和区域的密切交流将扩大澳大利亚生产力和经济持续发展的基础。

3. 战略环境的变化要求澳大利亚对亚洲实施更多的双边和外交努力

亚洲经济的崛起改变了该地区和全球范围的经济动态环境,而经济实力变化带来的国际利益冲突正进一步改变现存的战略秩序,再加上能源、气候、粮食以及安全等各领域不断出现的问题,澳大利亚面临的战略格局变得更加拥挤和复杂。① 无疑,澳大利亚未来的繁荣与安全同亚洲地区的发展和稳定是密不可分的,因此,澳大利亚在向世界开放的同时,需要更加充分地融入亚太地区,加强与亚太各国在政治经济以及社会文化等各方面的联系。

二 白皮书的主要内容——为亚洲世纪导航的 25 个全国目标

《亚洲世纪中的澳大利亚》这一白皮书的出台,意味着澳大利亚对亚洲的参与迈入一个更深更广的新阶段,在这一过程中,澳大利亚的目标是成为一个更加繁荣,更具活力,充分融入亚洲而又对世界开放的国家。为此,白皮书规划出了整个澳大利亚——各级政府、企业、联合会以及广大民众——在新阶段的路线图,以期充分利用亚洲崛起的绝好机会,为澳大利亚的亚洲世纪导航。根据白皮书的介绍,这一路线图由面向 2025 年的 25 个全国目标构成,涉及五大关键领域,指导澳大利亚在亚洲世纪走向成功。

---

① Commonwealth of Australia, *Australia in the Asian Century White Paper*, October 2012, p. 7.

第一,加强澳大利亚的经济和社会机制,建立多元而又富有活力的澳大利亚经济。当前,澳大利亚的人均国民生产总值排名世界第13(2011年),而在白皮书中澳大利亚要求提高生产力,使其人均国民生产总值跃进世界前10位,人均实际国民收入达到近73000澳元。① 为实现这一目标,澳大利亚将打造世界一流的教育培训系统,提升国民技能和教育水平;支持创新,打造世界排名前10的创新体系;发展和维护全国重大基础设施尤其是通信基础设施;完善公平有效的税制系统;加强监管改革;实施环境的可持续发展以及整改宏观经济和金融框架。所有这些措施都在于立足现有基础,进一步拓展澳大利亚的比较优势,通过对技术和教育、创新、基础设施、税制改革和监管改革这五大生产力支柱进行持续不断的改革和投资,奠定澳大利亚繁荣的国内基础。

第二,提高帮助澳大利亚取得成功的能力。亚洲世纪的成功,需要坚持不懈的努力,需要提升澳大利亚的生产力绩效,通过技术和教育进行人力投资,以确保所有澳大利亚人都能参与其中并有所贡献。澳大利亚制定了针对中小学、大学以及职业教育和培训机构等全部教育系统的目标和措施,以获取在亚洲世纪中所需要的特定工作技能,卓越科学技术,以及整个社会在转向亚洲世纪中需要的适应能力、恢复能力。尤为值得一提的是,在设计这一关键领域的目标和途径时,澳大利亚以前所未有的态度表明了对知晓亚洲、拓展并加深对亚洲文化和语言理解的关注。一方面,澳大利亚将对亚洲的学习和研究作为澳大利亚学校课程的核心部分,所有学校都将至少与一所亚洲学校建立联系,所有学生都要学习包括中文(普通话)、印度语、印度尼西亚语和日语等在内的至少一门亚洲语言并深入了解亚洲文化;而且,赴海外尤其是到亚洲大学留学的澳大利亚留学生将大幅上升。② 另一方面,澳大利亚将加强商业企业、国会以及国家机构决策者对亚洲社会文化的了解,着力培养拥有亚洲经验并掌握丰富亚洲知识的领导型人才,以提高澳大利亚在亚洲世纪解决国内和国际问题的能力。

---

① Commonwealth of Australia, *Australia in the Asian Century White Paper*, October 2012, p. 9.
② Commonwealth of Australia, *Australia in the Asian Century White Paper*, October 2012, pp. 160 – 186.

《亚洲世纪中的澳大利亚》白皮书评述

第三，建立与亚洲地区公司和机构的合作关系，在亚洲市场上经营并与其接轨。目前，澳大利亚与亚洲之间的贸易额约为其国内生产总值的1/4，而这一比例在2025年将达到至少1/3。① 双边贸易的增长要求澳大利亚的经济更加开放并融入亚洲，双方商品、服务、资本、观念和知识的流动将更为密切。澳大利亚谋求通过国内和国际两方面的途径降低在亚洲的贸易和投资壁垒，鼓励竞争自由化的区域规则，促使亚洲地区更加开放和统一，从而大大降低在亚洲市场的经营成本。如此，澳大利亚企业将扩大在亚洲的投资和经营，建立合作关系，中小企业也将可以统一进入亚洲市场。同时，澳大利亚的公司也将创新思维模式和商业模型，以与亚洲市场接轨，抓住亚洲地区的发展机遇。

第四，提供合作与帮助，维护亚太地区的持续安全。亚洲地区极富差异性和多样性，而澳大利亚的未来和这一地区的持续稳定和安全密不可分，因此，澳大利亚的政策应该有利于亚洲地区的持续稳定和安全。② 一方面，加强与本地区和世界各国的合作，发展能源、粮食和水等各方面的需求市场，减少贫困，提高可持续发展能力，保障人类长期安全以增强地区稳定。另一方面，利用澳大利亚在地区及全球范围内掌握的丰富外交资源，开展双边或多边机制的信任合作，谋求地区持续安全。作为美国的传统盟友，澳大利亚将与美国协作确保其继续在亚洲地区维持强大形象，以保持地区稳定。同时，澳大利亚也支持亚洲国家在重要国际组织中增加代表性使其与经济分量相一致，并在以规则为基础的地区和全球秩序中扮演更为重要的角色。考虑到中国在地区发展中的全面参与能够促进地区稳定，澳大利亚特别指出需要加强同中国的合作，支持中国参与亚洲地区的战略、政治和经济发展。③

第五，建立与整个地区在所有层面上具有深度和广度的合作关系。新时期新形势下澳大利亚的转型归根到底还是要维护澳大利亚的国家利益和影响力，为此，澳大利亚在亚洲世纪的外交网络将更加遍及亚洲各地，并将同中国、印度、印度尼西亚、韩国和日本等各国建立更加强大和全面的

---

① Commonwealth of Australia, *Australia in the Asian Century White Paper*, October 2012, p.195.
② Commonwealth of Australia, *Australia in the Asian Century White Paper*, October 2012, p.224.
③ Commonwealth of Australia, *Australia in the Asian Century White Paper*, October 2012, p.223.

关系。除发挥主导作用的官方外交之外，澳大利亚还将动员公司、联合会、社区组织以及学校和研究院所等各类机构开展更为广泛的非官方外交，拓展与亚洲国家各社区的人际交往，加强文化联系，增强人文交流。密切的外交努力和民众交往有助于促进双方更深层次的了解和沟通，甚至促使双方在文化、政治、安全和经济等各方面建立起信任、理解和信心，释放出巨大的经济和社会利益。

三 白皮书特点分析

澳大利亚雄心勃勃，白皮书涵盖经济、文化、政治、社会、安全、战略等各方面，充分表明其抓住亚洲机遇、促进澳大利亚繁荣的巨大决心，令人期待。在亚洲崛起、美国重返亚太的战略背景下，澳大利亚也迈入历史的转型期，既可以利用亚洲世纪的宝贵机遇，也需要应对地区战略格局转变的挑战。在地区甚至是全球秩序重构的过程中，白皮书的发布，在为亚洲世纪导航的同时也深深表明了澳大利亚政策行为的一些特点。

首先，白皮书强调澳大利亚融入亚洲，但这并不是一个亚洲化的过程，澳大利亚立足于西方，在亚洲世纪中践行和推广的也将是西式价值观。澳大利亚认为在亚洲世纪的成功并非取决于机遇，而是选择。[1] 澳大利亚的成功需要保持其所固有的政策环境，需要加强包括资本主义国家制度、多样性文化、外向型社会等因素在内的坚固社会基础。在加强自身经济和社会机制，促进国内经济繁荣上，澳大利亚继续推行基于自身成就的改革与投资，谋求进一步发挥和扩大其经济体制优势。虽然澳大利亚强调要创新思维模式和商业模型以与亚洲市场接轨，但毫无疑问澳大利亚将努力使亚洲地区更为自由开放，以西方通行的规则制度来构建亚洲地区的贸易、投资及其他商业伙伴关系。[2] 不仅如此，在澳大利亚的认知中，美国在亚洲地区的强势存在是亚洲安全稳定的基础，澳大利亚也更愿意在美国主导的规则下建立地区和全球秩序，[3] 亚洲世纪的到来

---

[1] Commonwealth of Australia, *Australia in the Asian Century White Paper*, October 2012, p.2.
[2] Commonwealth of Australia, *Australia in the Asian Century White Paper*, October 2012, p.2.
[3] Commonwealth of Australia, *Australia in the Asian Century White Paper*, October 2012, p.223.

《亚洲世纪中的澳大利亚》白皮书评述

只是意味着亚洲国家凭借其所占的经济比重而获得更大一些的话语权，并非要彻底重构一套以亚洲为标准的新游戏规则。

其次，在人力资源全球化的背景下，澳大利亚的亚洲世纪突出了对人文交流的重视。澳大利亚不仅仅是促进经济的发展和贸易的往来，而是更加注重全方位的融合，① 通过民众间的文化学习交流，在深入学习和了解亚洲文化的基础上，寄希望由此产生的创新来带动新时期的就业和支撑澳大利亚更好的繁荣。白皮书开篇就明确指出达成澳大利亚走向2025年的25个国家目标需要整个社会齐心协力，各级政府、企业、联合会以及广大民众都将是澳大利亚在亚洲世纪走向成功的参与者和主体。在白皮书中，澳大利亚多次强调通过教育研究机构、留学生项目、企业交流、旅行休假以及文化媒体往来等方式加强澳大利亚和亚洲民众之间的沟通和联系。澳大利亚对人文交流的重视基于以下两方面的考虑：第一，作为一个移民国家，双方之间的人员流动对改善澳大利亚的移民社会结构和生活方式都有着巨大的促进作用，而且澳大利亚优越的条件可以不断吸引亚洲地区的高水平人才，为其社会的繁荣和国家竞争力的壮大奠定人才基础；第二，通过人文交流澳大利亚可以与亚洲地区建立更为深入的联系，对建立地区信任、培养对话和合作的习惯有重要作用，最终为建构澳大利亚同亚洲地区之间错综复杂的相互依存关系提供强有力的稳定力量。②

最后，澳大利亚的亚洲世纪战略更侧重经济、社会方面的内容，而对政治、军事和战略方面的内容则选择性忽略。美国"重返亚太"更多的是政治军事上的重返，偏重于国家层面，而澳大利亚则是从经济和人文社会交流等方面"拥抱亚洲"，偏重于个人和社会层面。这与澳大利亚的亚洲世纪的目标以及澳大利亚所处的地位密切吻合。白皮书中，澳大利亚直言利用亚洲世纪带来的机遇，提高生产能力，确保澳大利亚人有更高的收入，发展更多元的经济，尤其是亚洲的发展可以为澳大利亚提供更多的产品和服务市场、商业贸易机会以及职业选择。在亚洲崛起的国际环境下，澳大利亚在保持与美国欧洲的传统

---

① Commonwealth of Australia, *Australia in the Asian Century White Paper*, October 2012, p. 262.
② Commonwealth of Australia, *Australia in the Asian Century White Paper*, October 2012, p. 7.

关系时，将挖掘经济潜力的重心放在了亚洲。亚洲高速的经济发展和大量富有流动性的中产阶级所带来的巨大潜力正是澳大利亚战略选择的逻辑起点。① 在白皮书列出的五大关键领域中，唯有第八章强调通过政府外交等方式来维护地区的持续安全，但最终的目的仍是增强地区的活力、自由和开放。澳大利亚拥抱亚洲的重点显露无遗。白皮书出台后，有分析指出澳大利亚采取的战略是经济上拥抱亚洲，政治安全战略方面依赖美国等传统盟友。② 从白皮书的内容看，这一说法有一定道理。澳大利亚作为一个中等强国，经济的发展需要借助亚洲的强劲动力，但在政治安全等方面依然对亚洲国家尤其是中国持谨慎接触的态度。因此，在亚洲世纪中澳大利亚偏重于加强双方在经济、社会等方面的联系不失为一种可行的折中方案。

四 白皮书的影响

在中澳建交40周年之际，澳大利亚出台《亚洲世纪中的澳大利亚》白皮书，是新时期促进两国关系发展的有力之举。中国外交部发言人洪磊对此表示，"当前，求和平、谋发展、促合作已成为时代潮流，符合亚太地区国家的共同利益。希望《亚洲世纪中的澳大利亚》白皮书的发布有助于澳各界客观、全面了解亚洲，有助于增进与亚洲人民的相互理解、信任和合作，有助于维护亚太地区的和平、稳定和发展"。③ 随着白皮书中相关政策的实施，两国关系尤其是经济贸易关系以及人文交流将显著增强。澳大利亚将更多融入亚洲，获取亚洲经济增长所创造的新机会，不仅矿产、资源、能源方面的联系更为加强，而且随着亚洲崛起而涌现出的大量富有的中产阶级将为澳大利亚从健康、养老、教育到居家商品，再到旅游、银行和金融等各行各业创造无尽的新机遇。④ 而中

---

① 《瞭望新闻周刊》：《澳版"重返亚洲"白皮书》，http://news.ifeng.com/mil/4/detail_2012_11/19/19303601_0.shtml，访问日期：2013年1月3日。
② 《想遏制中国军力，啥招都不好使》，http://news.sina.com.cn/o/2012-10-30/080425468855.shtml，访问日期：2013年1月3日。
③ 《外交部：希望澳大利亚发布的白皮书有助各界全面了解亚洲》，http://news.xinhuanet.com/politics/2012-10/29/c_113536446.htm，访问日期：2013年1月3日。
④ Commonwealth of Australia, *Australia in the Asian Century White Paper*, October 2012, p.1.

国也将通过澳大利亚更多地走向世界市场,扩大改革开放,增强在世界经济政治竞争中的影响力。

在美国"重返亚太"的战略格局中,亚洲世纪的澳大利亚更多的是利用其位置发挥沟通和联系的纽带作用,希望在保持与美国、欧洲等传统盟友关系的同时在经济上"拥抱亚洲",促进自身繁荣与发展。但在中美竞争格局下,战略环境的变化可能导致扮演纽带角色的澳大利亚难以在错综复杂的关系中驾驭平衡,① 甚至可能两边不讨好。这就可能导致澳大利亚无法真正贯彻这一白皮书,融入亚洲。当然,机遇与挑战并存,这份白皮书毕竟只是一份规划与路线图,有些目标可能难以实现,在所谓的亚洲世纪里,各方在谋求发展与繁荣时,同样需要对可能出现的麻烦和不确定性做好准备。并且,澳大利亚"融入亚洲"的政策曾经多次出现反复,应该听其言、观其行,不能太过乐观或者是悲观。② 无论如何,澳大利亚与亚洲的关系演变都是一个持续发展的漫长过程,值得期待。

A Review of *Australia in the Asian Century White Paper*

Zuo Lin

Abstract:Asia's rise is changing the world. In order to take advantage of the opportunities offered by the Asian century, Australia released the *Australia in the Asian Century White Paper*. Australia is located in the right place at the right time—in the Asian region in the Asian century. The White Paper provides a roadmap for the whole of Australia—governments, business, unions and the broader community. It's no doubt that this white paper will make a big difference to Australia and Asian

---

① 崔越、牛仲君:《澳版"重返亚洲"白皮书》,《瞭望新闻周刊》2012 年第 47 期,http://news.ifeng.com/mil/4/detail_2012_11/19/19303601_0.shtml,访问日期:2013 年 1 月 3 日。
② 王璜:《澳大利亚白皮书出炉,融入亚洲迫不及待》,《广州日报》2012 年 11 月 10 日,A9 版,http://news.163.com/12/1110/07/8FUBNVHV00014AED.html,访问日期:2013 年 2 月 3 日。

countries. As the U. S. returns to Asia-Pacific and Australia's strategic environment becomes more and more complex, embracing Asia is an inevitable choice for Australia to obstain further development, thus this white paper possesses the characteristic of Australian status and pursuit.

Key Words: Asian Century; Australia; White Paper; The Rise of Asia

B.3
2011年新西兰大选透视

王 青

摘 要:

新西兰国会大选采取混合比例代表制（MMP），体现了民主选举和精英选拔相结合的智慧。除传统两大左、右翼政党外，政坛还活跃着为数众多的小党派力量，为整个政治体系注入活力。在2011年大选中，各政党主要围绕执政业绩、政策角逐和领袖魅力展开激烈竞争。成功连任的国家党政府在约翰·基总理的领导下，仍面临经济增长、环境保护及赈灾恢复等领域的全面考验。

关键词:

新西兰大选　混合比例代表制　政策角逐

一 新西兰大选概况

新西兰的政治体制属西方议会民主制政体，政府以混合式多议席选区比例代表制国会运作。新西兰国会实行一院制，设有120个席位，议员全部经选举产生，但法律规定毛利人至少有6个保障席位。掌握国家实权的内阁由议会中的多数党派或党派联盟组成。与西方大多数议会制国家不同，新西兰议会任期仅为3年，这就意味着在其他国家时隔4~5年才有一次的大选，在新西兰每3年就要举行一次。

新西兰大选实行直接选举，并不强制公民必须参加投票，但一名具备资格的公民若想参加大选，就必须先于所在选区登记注册。选民资格相对简单：年满18岁，为新西兰的永久居民，且曾在新西兰连续居住至少1年。选民需要在选区注册登记，这就意味着他（她）在申请注册的选区内还要连续居住至少 1 个月。在新西兰,任何一所邮局或邮政代办处都可以领到登记表,选举登记中心（Electoral Enrollment Centre）会负责接收、审核、保存选民登记资料,最终形成的选举名册由专人负责,名册上的资料也会用于地方政府选举和陪审员的预选名单。任何一名公民在登记为选民后,同时也获得了竞选国会议员的资格。

二 新西兰大选制度——独具特色的混合比例代表制

新西兰目前实行一种相对复杂的、被称为混合比例代表制（Mixed Member Proportional,简称 MMP）的选举制度。世界上绝大多数议会制国家的选举制度采用多数制和比例代议制的体系。① 多数制是依据地区的多数票分配议席。获得最多票的政党或候选人便能获得代表那一选区的议席。比例代议制是以一个政党所取得的全国性选票数量的比率在议会中分配议席。两种制度的最大争议之一,是在于应该按选区划分、各自计票分配议席,还是将全国的选票统一计算分配,才能有效地代表民意。而新西兰则混合了这两种形式的选举制度,将立法机构的选举划分为两个类别,第一个类别的议席是依据地区性选区的多数决投票决定的,第二个类别的议席则依据各政党在全国获得的总票数尽可能地做到按比例划分。这种制度又被称为混合比例代表制,即通常所称的"混合制"。

在 MMP 制度下,人口仅 440 万、领土约 27 万平方公里的新西兰被分为 67 个选区,其中 61 个为一般选区,6 个为毛利人选区。这样,在国会的 120 名议员中,就有 67 名为"选区议员"（electorate MPs）来自 61 个一般选区和 6 个毛利人选区。另外 53 名则是按各注册政党提名的候选人排序名单选出的"排名议员"（list MPs）。

---

① 西方国家选举制度相关文献参见贺蕊玲《多数制、比例制和混合制三种选举制度的比较》,《中央社会主义学院学报》2009 年第 6 期;严海兵、聂平平：《选举制度与政党体制的关系研究述评》,《上海行政学院学报》2009 年第 1 期; J. S. 密尔：《代议制政府》,汪瑄译,商务印书馆,2007;田为民、张桂琳：《外国政治制度理论与实践》,中国政法大学出版社,1998;王业立：《比较选举制度》,台北五南图书出版公司,2001。

大选中，每位选民要投两次票，分别为选区票和政党票。前者投给选民希望代表其所在选区的议员候选人，在每个选区中，获得选票最多的候选人成为该"选区议员"；后者投给选民属意的政党，"排名议员"即从政党票的结果中产生。在全国范围内统算的政党票数将决定一个政党在议会120个议席中所占的比例，但存在门槛限制：即一个政党必须获得超过大选中5%以上的政党票，或者赢得至少一个一般或毛利人选区，才有资格进入国会。然后，进入国会的各政党会按照在大选前提出的排名议员候选人名单，分配排名议席，排名议员候选人按照政党提出的名单顺序成为"排名议员"。每一个进入国会的政党把获得的"排名议席"与其赢得的"选区议席"加在一起，即为该党在议会中的全部席位。

这种MMP选举制度普遍被认为有利于小党生存，为新西兰政治中"小党林立"奠定了制度基础。因为一个小党即使无法迈过5%的政党票门槛，但只要拿下一个选区，同样可以进入议会。事实上，绿党是唯一一个能够完全靠足够的政党票每次都能进入国会的小党，其他如进步党、联合未来党、行动党等小党都曾凭借单一选区胜出而为自己在国会争得了一席之地，从而在某些关键时刻对大党形成掣肘。

"小党林立"形成的政治分化使得任何一个大党都难以在大选中囊括组阁所需的50%以上的绝对多数议席，必须联合议会中的小党形成联合政府。这往往使得组阁在选举后成为一个充斥政治交易的纵横捭阖过程，波云诡谲的政治运作最终只能迫使各党相互让步，最终结果使得"妥协"这一政治的本质得以淋漓尽致地展现。其后果是执政党在选前的政策承诺往往无法全面执行，因为维持执政地位必须考虑内阁中小党的声音。在某些极端状态下，个别小党的态度甚至决定了哪个大党能够获得执政权，从而扮演"关键少数"的角色。当然，这也能避免一些大党的极端政策走得太远，无论它是正确的，还是错误的。

另外，MMP制度下可以产生"排名议员"，这就为各党领袖保留了强大的权威，因为他们往往手握本党内部的候选人"排名顺序"。靠这种方式进入议会的"排名议员"，通常在议会运作中也更加倾向于服从本党领袖，否则在下次大选中就会面临"排名下降"的风险。只有那些资深的选区议员，才敢自诩为"人民代表",不把本党领袖放在眼里。当然,这种制度也保证政党内一些重要成员可以集中精力持续从事一些重要工作,避免在短短的3年选举周期中为深耕选区消耗大量精力。这尤其为一些非政治类的优秀人才进入国会、发挥不可替代的专业才能创造了条件。这里确实体现了新西兰政治制度中如何将民主选举和精英选拔相结合的智慧。

最后,MMP制度下的新西兰政治能够呈现出"五色斑斓"的特征:自1993年11月经全民公决,将国家选举制度由多数制改为混合比例代表选举制以来,国会中的女性和毛利议员便呈稳步增加趋势,还出现了太平洋岛裔的议员。此外,国会正是在MMP制度下有了第一个华人议员、第一个伊斯兰教议员和锡克教议员,也有了更多公开同性恋身份的议员。新西兰还成了世界上最早有变性人议员——乔治·伯特兰①(George Bertrand)——的国家。当然,MMP制度也得为一些极端主义者凭借在某个选区的胜利挤进国会承担责任。但另一种看法是,极端主义者来自各个政党,而且经常相互平衡。2011年11月,新西兰再度就选举制度举行全民公决。结果表明,尽管MMP制度受到争议,但仍有约58%的新西兰人支持保留这一制度。② 在新西兰人看来,虽然MMP选举制度存在一定缺陷,但是大多数人愿意继续信任MMP制度。

三 新西兰大选中的主要政党——"红绿蓝组合"③

2011年11月26日晚,根据新西兰选举委员会公布的初步计票结果,由现任总理约翰·基(John Key)领导的国家党在当天举行的议会选举中遥遥领先主要反对党工党,再次赢得组阁权。计票结果显示,国家党在大选中赢得48%的政党选票,而最大的在野党工党只赢得约27%的政党选票。工党领袖菲尔·戈夫(Phil Goff)当晚承认选举失败。12月14日,新西兰新一届政府

---

① 1999~2007年工党议员,现名乔治娜·拜尔(Georgina Beyer)。
② 《新西兰选举委员会公布议会选举正式结果》,新华网,2011年12月10日,网址:http://news.xinhuanet.com/world/2011 - 12/10/c_ 1/1232 733. htm,访问日期:2012年12月10日。
③ 以下选举资料主要来自新西兰国内各主要报刊 The New Zealand Herald,Sunday Star Times,The Aucklander。

在首都惠灵顿总督府宣誓就职,国家党领袖约翰·基连任政府总理。最终选举统计结果表明,在 11 月 26 日举行的议会选举中,国家党获得议会 120 个议席中的 59 个,因未过半数无法单独组阁,在同联合未来党、行动党和毛利党多轮磋商并达成协议后,国家党控制了议会中超过半数的 64 个席位。约翰·基在此前的 12 日宣布了新联合政府部长名单,28 名部长中有 24 人来自国家党。

此次选举是新西兰相对较短期的大选周期中最新的一次,为深入理解该国大选进程提供了一个较为直观的样本。

如果将一场政治大选比作一次体育竞赛,那么此前已经介绍了基本的竞赛规则,接下来可以分析一下出场选手的基本状况。当今新西兰政坛共有大小政党 20 多个,但自 1947 年获得完全独立地位以来,国家党和工党这两大传统政党始终把持执政地位,呈现一种轮流坐庄状态。

当前执政的国家党(National Party)于 1936 年由统一党和改良党合并而成,其基本政策纲领带有较为明显的右翼倾向,主张发展私营企业,保护个人权利及财产所有权,反对政府过多地干预经济,代表色彩为蓝色。该党曾于 1949~1957 年、1960~1972 年、1975~1984 年、1990~1996 年单独执政,1996~1999 年联合执政。2008 年大选上台后,与其他小党结盟执政至今,其领袖即为现任总理约翰·基。

作为主要反对党的工党(Labor Party)于 1916 年成立,被认为主要代表中低收入者利益,工会组织和毛利人是工党的传统支持者。该党政纲具有鲜明的左翼民主社会主义倾向,强调在社会、经济、文化等方面的平等,代表色彩为红色。工党在新西兰完全独立前即曾长期处于执政地位,后在 1947~1949 年、1957~1960 年、1972~1975 年、1984~1990 年、1999~2008 年执政。2011 年大选中,工党的席位由原来的 43 席大幅降至 34 席,原工党领袖菲尔·戈夫于 2011 年底因此下台,现任领袖为戴维·希勒(David Shearer)。

除这两大传统政党之外的其他小党尽管数量众多,但从未单独取得执政地位,或牵头组成联合政府。其中的绿党(Green Party)前身为价值党,于 1972 年成立,1990 年与绿色和平组织合并,改称现名。绿党积极致力于反战、反核和环保运动,强调维护少数族群利益。现任联合领袖为默蒂里娅·图雷(Metiria Turei)和拉塞尔·诺曼(Russel Norman)。在近几次大选中,绿党战

绩相对稳定，2002年、2005年、2008年分别在国会中赢得9个、6个、6个席位。在2011年选举中，该党更进一步，获得10.6%的政党选票，国会席位增加到有史以来最多的14个，目前第三大党地位基本稳定。鉴于国家党的标志性颜色为蓝色，工党为红色，绿党自然为绿色，因此本次大选后，"红绿蓝组合"描绘了新西兰政治的基本版图。

另一个重要的小党是新西兰第一党（New Zealand First Party），1993年7月成立。该党立场中间偏左，主张实行盈余预算，停止出售战略性国有资产，优先考虑就业、教育、医疗卫生问题，限制外国投资和外来移民，要求保持新西兰的无核区地位，强调以南太为立足点发展对外关系。其选民基础主要是老年人和低收入阶层。1996~1998年该党曾与国家党结成短暂执政联盟，2005~2008年则与工党联合组阁。现任领袖为温斯顿·彼得斯（Winston Peters）。在2011年选举中，该党获得6.8%的政党选票，国会席位为8个，与上届持平。

作为土著毛利人利益的代表，新西兰毛利党（Maori Party）成立时间较晚，2004年4月，因在毛利人问题上与当时的工党政府意见相左，协理毛利事务部长塔里安娜·图里娅（Tariana Turia）辞职并组建了毛利党。当前该党的联合领袖为塔里安娜·图里娅和著名毛利学者皮塔·沙普尔斯（Pita Sharples）。在最新一届大选中，毛利党在国会中维持了原有的3席地位。

其他三个在议会中分别获得1个席位的政党是新西兰行动党（ACT New Zealand）、马纳党（Mana Party）和联合未来党（United Future Party）。行动党前身是前工党政府财长罗杰·道格拉斯（Roger Douglas）创立的消费者及纳税人协会，1994年11月更名为新西兰行动党。该党主张完全的市场经济和私有化，国家不干预经济，实行低税制，反对对外资作任何限制，全部削减关税，引入强制性养老金储蓄计划。该党主要在企业家阶层中获得支持力量。2011年大选中，该党在国会中的议席数量显著下降，从上届的4席减少为1席，原领袖唐·布拉什（Don Brash）辞职。目前，该党领袖职位空缺，唯一议员约翰·班克斯（John Banks）担任国家党政府规章改革、小企业部长，协理商业和教育部长（非内阁部长）。马纳党成立时间最晚，2011年4月，毛利党议员霍恩·哈拉维拉（Hone Harawira）率支持者脱离毛利党组建，其在年底的选举中再度当选国会议员，保住了该党的"一席之地"。联合未来党的前身为团结党，1995年6月成立。2000年11月与未来党合并，改为现名。现任领袖为彼得·邓恩（Peter Dunne），2011年当选国会议员，现在国家党主导的联合政府中担任税收部长、协理资源保护和卫生部长（非内阁部长）。除了以上这些小党外，新西兰还有保守党（Conservative Party）、民主党（Democratic Party）、基督教遗产党（Christian Heritage）、联盟党（Alliance）等未进入本届国会的党派。

四 新西兰大选过程——政策角逐与领袖比拼

1. 大选背景

本次大选前的上届政府即由国家党领衔行动党、毛利党和联合未来党组成。在其2008~2011年执政期间，新西兰可谓饱尝内忧外患。2008年美国金融危机爆发，新西兰经济遭受重创，2008年、2009年国内生产总值（GDP）连续两年负增长。通货膨胀则在此期间持续超过6%，民众在面临收入下降的同时，还要经历物价高涨的考验。2011年2月22日中午12时51分，新西兰第二大城市克赖斯特彻奇（基督城）发生里氏6.3级强烈地震，超过160人遇难，基础设施严重损毁，财产损失约100亿纽币（约合500亿人民币），这场地震成为新西兰史上损失最大的自然灾害。正是在这样一种背景下，新西兰人迎来了新一届国会选举。对执政党而言，经济复苏迟缓、内阁部长们"错误"不断等因素都在考验着选民的耐心，被称为"幸运的约翰"的约翰·基总理还能否在大选中继续交好运，成为当时新西兰政治生活中的一个热点话题。

2. 政策主张

作为大选活动的核心，各党的政策主张无疑是选民关注的头号焦点。事实上，早在11月选举前的几个月时间里，各党便开始纷纷亮出底牌，其中的主要看点集中在两大政党的政见分歧上。

私有化：国家党主张将4家国有能源企业的国有股份从100%减持至51%，将新西兰航空公司的政府持股比例从77%减至51%。在这一私有化过程中募集50亿~70亿纽币资金，并成立"未来投资基金"，投入到学校、医

院、道路和基础建设中,这也将有利于削减当前超过 GDP 6% 的政府财政赤字。工党则坚决反对任何国有资产出售计划,并认为如果将国营电力公司都卖给私人,那么新西兰的电价将会像火箭一样蹿升,而这是度日弥艰的新西兰家庭难以承受的。

资本利得税:工党计划如大选上台将收取 15% 的资本利得税,也就是对投资房产获得的利润课税,以此增加每年约 40 亿纽币的税收,来支付政府的其他开支,降低赤字。目前估计新西兰大约有 20 多万人拥有投资房产。国家党领袖约翰·基抨击了工党的资本利得税的主意,说这会带领新西兰"大步后退"。他称这种税收是嫉妒型税收(envy-based tax),而新西兰的税务系统应该更"有抱负"(more aspirational)才对。此外,国家党表示断难认同工党的其他各项增税政策。

分析两党间的政策分歧需要首先着眼于当前世界经济的背景和新西兰面临的迫切问题。首先,2008 年美国次贷危机爆发以来,世界经济仍在低谷中徘徊,欧债危机又接踵而至,二次探底的阴影挥之不去。特别是后者,让新西兰朝野各界深怀恐惧。而近年来年均超过 6% 的政府财政赤字正在快速推高政府负债率,希腊债务危机的前车之鉴就在眼前。由此,降低政府赤字成为各党共同的政策目标,但在实现手段上则出现了根本分歧。基于固有政策理念,国家党一贯反对政府干预经济运行,国有企业私有化是其一贯政策主张。此时私有化收入恰又能解燃眉之急,因此便坚持推出。反观工党,其政策始终带有社会主义色彩,保持国有经济在关键领域的存在,保障公民基本经济权利平等是其主要关切。工党认同赤字必须削减,但认为主要应该通过向富人征税解决。在承诺对低收入者进一步减税后,工党祭出了资本利得税政策,希望借此既能增加政府收入,又可缩小贫富差距。

除了这两项主要政策分歧外,国家党的竞选纲领还包括:未来两个财年中,新增支出每年不超 8 亿纽币,2014~2015 财年不超 12 亿纽币,将医疗、教育作为新增支出的重点(这主要也是为了控制赤字);在 2014 年将养老储蓄金计划(Kiwisaver)改为自动加入,允许退出。政府财政盈利后将重新为"新西兰养老基金"注资。工党方面则主张对收入的头 5000 纽币免税,超过 15 万纽币的收入部分加税至 39%,将最低工资调涨至 15 纽币一小时,18~65

岁工作人口强制加入养老储蓄金计划，用9年时间将雇主贡献率从3%提高到7%，从2012~2013财年开始为"新西兰养老基金"注资。

除了核心的经济政策外，在教育、健康、福利和治安及司法领域，两党也各有不同侧重。国家党承诺国有企业私有化过程中，拿出10亿纽币用于建设新学校及学校硬件的提升改造、3600万纽币用于帮助困难小学生通过读、写、算国家标准；教育部将派出至少50名专家指导需要帮助的学校，增强教师提高学生水平的能力。着手建立全国性的教育资源共享网络，实现远程实时授课，共享教育资源。工党则提出废除强制性国家标准，代之以另一种强制性学生标准评估，识别出同龄组中未达预期的学生；3~4岁儿童的20小时免费早教补贴政策；高等教育学费年增长率控制在4%以下，不改变学生留在本地享受免息学生贷款的政策；继续推进学校系统的超高速宽带建设，并采取措施保证公平性。

医疗健康政策中，两党列出的政策指标可谓不厌其详，但基本观点大同小异。国家党承诺到2015年将常规手术等待期从目前的6个月缩至4个月，每年多做4000例手术，需要由专科专家治疗的病人等待期，到2015年缩至4个月；放射性治疗和化疗的病人，等待时间不超过4周，另每年增加400万元用于缩短诸如CT、MRI、血管造影、结肠镜检查等的等待时间；6岁以下儿童免诊费范围，从家庭医生扩展至8小时之外的医疗中心。工党同样致力于减少治疗和评估的等待时间，同时提出将设立有关免疫、口腔健康、癌症治疗等待时间的全国标准；提供更廉价的牙科服务，第一阶段先从青少年和怀孕妇女开始；同样主张6岁以下儿童的免诊费范围，从家庭医生扩展至8小时之外的医疗中心；并主张建立全国和地方健康问题专项基金，治理诸如肥胖、糖尿病、吸烟引起的疾病等问题。

在社会福利方面，国家党强调个人应当承担的社会责任，福利标准较为严格；而工党则侧重政府对公民的扶助义务，福利标准倾向于宽松。国家党提出，所有被认为有能力工作的人，需进入新的工作能力测试体系；单亲父母有能力工作的，最小孩子满1岁时需进行工作能力测试；在工作测试中无法通过毒品检验的，取消福利；青少年领取福利的，房租等将直接划拨，不经过福利领取人之手以防止挪用，使用福利支付卡保证福利使用在正确的方向上；所有

领取福利的年轻人必须进行教育或者技能培训。工党则承诺在2013~2018年间逐步将退税计划延伸到有孩子的福利领取人;分两步将生育假期延长至26周;出资8700万纽币帮助9000个失业青少年工作,具体做法是将福利转移给愿意雇佣他们的人;出资8000万纽币为5000名16~17岁的青少年提供免费的职业培训场所;通过立法设定官方扶贫手段等。

在治安及司法政策方面,国家党主张严格社会管理,工党则反对包括私人提供某些公共服务在内的"新公共管理"理念。具体而言,国家党主张对关押期满但仍然不排除危害性的极危险囚犯继续关押,直到假释裁决委员会认可其无害;增加被控严重违法者的保释难度;计划对保释犯和在家服刑的犯人,进行随机毒品和酒精测试;加强警方搜查和秘密监控的权限,强化前线警员的技术平台,将移动科技包括掌上电脑等更多地用于一线警员的执勤工作中。工党同样主张增加警力,承诺将在4年里增加145名警察,把全国目前62个只有一名警察的警局人数翻番,使其成为2人警局,以强化这些小型社区的安全;加大对犯罪团伙和有组织犯罪的打击力度,保证警方对低危害犯罪的适当反应,考虑使用一般警务人员处理小型犯罪;提高监狱服刑人员的精神健康、读写能力和技能培训;禁止监狱由私营公司管理,目前已经由私人公司管理的,合同期满后收归国家等。

通过对以上教育、健康、福利和治安及司法领域双方政策主张的介绍可以看出,无论政策倾向如何,两党对选民的承诺可谓"详细入微"。一方面,新西兰是个小国,整体的政治、经济制度框架相对稳定,国内可供争论的"大事"不多,因此一些关乎民众日常生活的细微之处,都进入了两大政党的政策视野。另一方面,新西兰极具"多元化"特性的民主政治也迫使各政党必须贴近选民需求。只要是民众生活中有要求,政党政策中就必须要有反映,"问责性"(accountability)这一民主政治特征在此展露无遗。在竞选过程中,新西兰民众很少听到候选人讲空话、套话。相反,怎么解决孩子上学、老人看病、治理犯罪、找工作等具体问题,民众都要求候选人现场"把事说明白、把账算清楚"。例如,约翰·基在攻击资本利税政策时称,工党计划工资前5000纽币免税,这一政策将导致下一年减少税收13亿纽币,而新鲜水果和蔬菜免消费税又将带来每年2.5亿纽币的财政收入损失。而资本利得税并不能筹得工党承诺的款项。他说,按15%课征投资房产税,每年会筹得7亿纽币,远不够兑现工党的承诺,况且这还是在15年之后才能兑现的财政收入。所以,接下来3年,如果工党执政,如其所言的那样不出售国有资产、头5000纽币收入免税、新鲜水果和蔬菜免消费税,那么,该届政府在头3年会有25亿纽币的资金缺口加到财政赤字上面。

除了传统两大政党外,其他小党面对即将来临的大选也跃跃满志,力图进一步在国会中扩大地盘,如绿党和毛利党等。但对那些仍在为议会中一个席位而苦苦挣扎的小党来说,本次大选不亚于一场生死存亡的考验。为此,这些小党也纷纷在大选前夕推出了独具特色的政策主张,在体现自身基本理念和主体支持者利益的同时,尽可能吸引更多选民的注意。例如,作为具有左翼倾向的绿党,在对低收入人群税收政策倾斜上更进一步,提出收入的头1万纽币免税,超过8万纽币的部分则加税至39%;要求将最低工资至少调涨到15纽币/小时,并保持不低于平均工资的66%;绿党在国有资产出售和资本利得税方面的立场也明显更加靠近工党,主张对房产买卖征收一定比例的资本利得税,自住房免征。作为自身特色的体现,绿党坚持对绿色产业税务优惠,推动地方和中央政府对农业、商业用水加税。而一贯以土著人利益代言者自居的毛利党则继续鼓吹其在各领域的"倾斜性政策",希望新西兰制定一项毛利经济发展战略,增加毛利人在本国经济中的比重。教育政策方面则明确要求2015年前在所有学校设立毛利义务教育项目,设立奖学金以启动增加200名毛利教师的项目,重点放在毛利语教育上。此外,在环境保护、就业和社会保障等方面,毛利党也推出若干向土著人倾斜的政策主张。其他小党也纷纷寻找能够迎合特定选民群体的政策切入点,如右翼的行动党除了在经济政策上强烈认同国家党外,还进一步主张将政府支出限制在国内生产总值(GDF)的29%,并且要将国有资产私有化范围进一步扩展。在福利政策方面,认为如果福利领取人无正当理由回绝工作机会,要取消福利;失业救济金领取者如不能通过毒品测试,也要消福利或强制戒毒。显然,这些主张在工商资本阶层颇受欢迎。

3. 政治捐款

当然,现代的政治竞选从来不仅仅是政策的比拼,而且也是金钱的较量,

竞选经费的多寡不仅是一项重要的人气指标，而且在很大程度上决定了一个政党的竞选动员和宣传造势能力。总体而言，新西兰各党派为2011年大选所筹政治款项较上次大选均有不同程度的下降。其中一个原因是经济不景气，各类捐款都在减少；另一个重要原因是限制匿名大额捐款的新规生效后，各政党收到的一次性大额捐助急剧下降。

在2007年以前，根据《1993年选举法》，新西兰可谓是经合组织（OCED）国家中对政治捐款规定最松的一个，体现在对政党或候选人捐款无上限规定上；捐款超1万纽币才需对外公布——但如不知道对方姓名地址，公布时可说"匿名捐献"；对捐款人身份无限制，不论公民居留权等（许多国家禁止外国捐献以防止政界受国外势力操控）；个人可通过信托的形式进行匿名捐献，因此对公众隐藏身份很容易等诸多方面。2007年，执政的工党大幅度修改了选举法，直接原因是当年宗教团体兄弟会（Exclusive Brethren）花费了100万纽币以上，发起了一个反对工党的"第三方"宣传攻势，触怒了时任工党总理海伦·克拉克（Helen Clark），导致其后引入新的选举法。该法有针对性地要求第三方花费1.2万纽币以上宣传或批评党派，以及1000纽币以上宣传或批评候选人时，要向委员会登记备案；第三方（即既不是候选人，也非党派）宣传广告花费控制在12万纽币内。针对匿名政治捐款，则要求捐款额必须控制在1000纽币以下，同一捐助者捐助超过2万纽币须在10个工作日内公开。

国家党上台后，曾在2009年2月中止了这条法律，2011年生效的《选举修正法》依然沿用了此前法律的核心内容：对第三方选举花费作了新限制，第三方帮打竞选广告最高费用为：在规定时间段内不得超过30万纽币，其中超过10万纽币时需登记；候选人花费上限从2.03万纽币提高到2.5万纽币，党派花费从238万纽币提高到280万纽币；匿名捐款上限从1000纽币提高到1500纽币（匿名捐款的定义为连该党秘书处也无法查证捐款来源，不同于知道来源，但数额尚不需声明的捐款）；个人或团体捐献达到1.5万纽币的，党派秘书处需核对姓名、地址。

由以上过程可以看出，新西兰对政治捐款的规定时松时紧，2007年的事件导致了政治献金规定的收紧。此后，两党又均同意对其中的部分规定进行松动，以改善各自财力的窘境。本次大选尽管面临诸多困难，但两大政党仍然通过捐款渠道获得了超出限额的资金。新西兰大选的捐款除了来自党员和支持者外，大公司是一个重要的资金来源，例如电信、能源类的 Telecom、Contact Energy 等。这些大公司往往同时向朝野两党捐款。这种"两面下注"的手法与其他西方国家大公司在大选期间的捐款行为并无二致，主要是为了对冲风险。当然，经济不景气和新的选举法使得此类"大金主"在本次竞选中收敛了许多。例如选举委员会公布的信息中，在 2008～2010 年期间向工党提供大额捐款的竟只有三家公司，捐款数额也明显缩水。当前新西兰政治分化的现实也是大公司对大额政治捐款兴趣下降的一个原因：由于都是联合政府执政，任何单一政党都无法完全左右政策，因此捐款很难产生立竿见影的效果。

4. 政治领袖

这次选举堪称新西兰历史上最没有悬念的大选之一，由于以约翰·基为首的国家党被选民认为在处理经济问题和应对自然灾害方面表现出色，其当政期间的民意支持率始终没有掉下 50%——迎着"顶头风"，本身竟毫发无损。人们认为约翰·基的"幸运"在于他总能够很迅速地反映出公众多变的情绪，因此其个人才在民众中受到欢迎。这又部分掩盖了其执政能力的不足，如经济复苏迟缓等。当然，也有人议论其瑕疵：他的记忆力和准确性和前总理海伦·克拉克相比差了一截，曾称呼来访的美国国务卿希拉里·克林顿（Hillary Clinton）为"克林顿总统"（President Clinton），他的句法总是有些古怪难理解等。但总体而言，他在民众中的形象尚佳，人们通常对他的看法是谦虚而有决断力，新西兰人大多比较正面地看待他。

反观工党的政治领袖菲尔·戈夫曾在过去的工党政府任职长达 9 年，分别担任外交部长和贸易部长，对新西兰选民来说，戈夫的形象已显陈旧，让人"厌倦"。此外，在工党此次推出的反对私有化的核心政策纲领中，戈夫本人在 20 世纪 80 年代曾大力支持工党对一些国有资产实行私有化的主张。但如今国家党提出通过出售国有企业股份增加收入、吸引投资时，他领导的工党却站在反对立场上。戈夫立场的反复不仅被国家党抓住了把柄，也让多数选民心存疑虑，这和国家党领袖约翰·基的清新、诚恳形象

形成了对比。选前民调显示，在最适合的总理人选上，约翰·基以54.6%遥遥领先于菲尔·戈夫的8.5%，激烈的电视辩论最终也未能让后者挽回颓势。

5. 结果分析

本次大选以国家党大胜告终，除了现任总理约翰·基的个人因素外，还有以下几方面原因。首先是选民普遍认同现任政府的经济管理政策。在欧债危机深化、全球经济低迷的大背景下，选民首先希望的是避免陷入债务危机的泥潭。而国家党通过私有化增加收入、控制财政支出以降低政府赤字的主张既相对切实可行，又迎合了选民规避债务危机的心理。其次，国家党执政3年，交出了令民众满意的成绩单。该党在2008年大选中击败连续执政9年的工党，获得组阁权。在执政期间，新西兰经济虽然也遭受全球金融危机的负面影响，但得益于其切合实际的经济政策和商品出口在亚洲地区的强劲增长，与一些受欧债危机困扰的欧洲国家相比，新西兰受金融危机拖累相对较小。这与国家党领导的政府比较务实、出台政策时注意从国家长远利益考虑有关。另外，在过去一年多时间里，新西兰遭遇了克赖斯特彻奇大地震和派克河矿难等重大灾难，政府及时采取了应急措施，其应对突发灾难的能力总体令选民感到满意。

不过国家党再次成功赢得组阁权，却不意味着未来即是一片坦途，三大挑战仍在前面考验着约翰·基政府。首先是经济方面，连年的低增长考验着选民的耐心，这种耐心当然不是没有限度的。如果在本届任期中政府不能通过扩大消费、吸引投资，恢复出口竞争力等措施让经济增速上一个台阶，在缩小与澳大利亚的经济差距上有所作为，下届大选中新西兰人将认真考虑换马。就见效最快的吸引外国投资而言，棘手之处在于仍有相当一部分新西兰人对外资"不感冒"，持排斥态度。如何让相关提案在国会顺利通过尚存悬念。其次是环境方面，5万人在奥克兰市中心反对保留地开矿的大游行震惊了约翰·基政府，迫使其政策进行了180度调整。最后是赈灾恢复，克赖斯特彻奇大地震和派克河矿难对新西兰来说都是罕见的灾难，赈灾恢复势在必行，但中央政府的财政负担显然会因此加重。如何在控制赤字的同时让灾民满意，将持续考验"幸运的约翰"的智慧。

The 2011 General Election in New Zealand

Wang Qing

Abstract: Mixed Member Proportional Representation is adopted in the New Zealand parliamentary election, which embodies the wisdom of the combination of democratic elections and elite selection. In addition to the traditional two major political parties which represent left and right wings respectively, a large number of smaller parties are also active in the political arena, energizing the entire political system. In the 2011 general election, the political parties competed fiercely around their performance, policy priorities and leaders' charisma. At last, the National Party government was re-elected successfully under the leadership of Prime Minister John Key, which still continued to face the comprehensive test in areas such as economic growth, environmental protection and disaster relief and recovery.

Key Words: New Zealand General Election; Mixed Member Proportional; Policy Competition

B.4
澳大利亚官方对外援助战略研究
——以巴布亚新几内亚为例

郭 剑

摘　要：

澳大利亚是亚太地区有影响力的国家之一，也是本地区最早参与对外援助的国家之一，从战后初期参与科伦坡计划开始到现在已经有大约60年的时间。在这60年的时间里，澳大利亚对外援助政策不仅受到国内政治、外交、安全和经济因素的影响，而且受到国际关系格局变化、国际对外援助重心变化等因素的影响，在援助目标、受援国的范围、援助方式和重点援助的部门等方面都发生了重大变化。澳大利亚对外援助目标总是在"利他"和"利己"之间徘徊，受援国的范围越来越集中在澳大利亚所在的西南太平洋地区和东南亚，援助方式在过去的30年里实现了从预算援助到方案援助的转变，重点援助的部门也从经济领域慢慢转向政治和社会领域。为了可以更加详细地分析对外援助政策的变化，本文以澳大利亚对巴布亚新几内亚的援助为案例，阐述了援助的过程变化以及未来的发展趋势。

关键词：

对外援助　援助战略　澳大利亚　巴布亚新几内亚

澳大利亚是亚太地区最早参与对外援助的国家之一。但是，从20世纪50年代初的科伦坡计划开始，一直到80年代中期以前，都没有形成完整的对外援助政策，援助管理也比较混乱。主要原因是澳大利亚政府的忽视和民众的漠视，使得对外援助政策发展缓慢。同时，澳大利亚独立外交政策形成的时间也比较晚。二战结束后很长的一个时期内，澳大利亚都在摸索和形成自己的外交风格，界定自己的国家利益，对外援助政策作为外交政策的一部分发展缓慢也自然是情理之中的事情。

一 澳大利亚对外援助政策的出发点

（一）政治和外交因素

20世纪80年代以来，澳大利亚在世界舞台上给自己的定位是"中等强国"。到目前为止，国际关系学界并没有统一和明确的中等强国定义，不过从国家综合国力评估的标准——国家领土面积、自然资源、经济能力、军事实力、人口数量和素质、社会组织和协调能力等因素衡量，澳大利亚都被认为是国际等级构造中的"标准的中等强国"。[①] 此外，被国际社会公认为中等强国的国家还有加拿大。这一类国家的外交通常有以下特点：与大国保持良好的国家关系，强调多边外交和联合国的重要性，积极参加国际组织，注重在低端政治领域如环境、气候变暖、人道主义救助、经济贸易和民主化等议题上发挥自己的影响力。对外援助是澳大利亚中等强国外交中非常重要的组成部分，是其发挥外交影响力的重要方式之一。

从内部角度考虑，澳大利亚是一个移民国家，其人口主体是来自欧洲的白种人移民。在二战前，其政治和外交关系多在与其同文同种的欧美国家之间展开，而不是地缘上更为临近的亚太国家。历史上长期盛行的"白澳政策"，一方面展示出澳大利亚对亚洲国家的歧视，另一方面也流露出对亚洲国家的恐惧。二战后，澳大利亚调整了长期以欧美为外交重心的外交政策，注重与亚太国家建立政治与外交关系，对外援助成为建立政治互信的一种重要的外交手段。从外部角度看，由于澳大利亚长期奉行追随英美强国的外交战略，对亚洲国家歧视并产生隔阂，对外援助可以缓解它们对澳大利亚的敌视。援助这方面的作用和在二战结束后澳大利亚面向亚洲的外交转变中体现得很明显。

---

① 刘樊德：《澳大利亚东亚政策的演变》，世界知识出版社，2004，第83页。

(二)安全因素

从传统安全的角度考虑,澳大利亚认为国家安全的主要威胁来自于北方的亚太国家,二战期间日本的入侵,也是澳大利亚在 1901 年建国以后所遭受的唯一的一次外来入侵,似乎更加验证了这种判断。所以,在冷战期间,澳大利亚积极追随英国和美国卷入亚洲事务,特别是地缘上临近的东南亚国家。一方面澳大利亚不遗余力地追随盟国的战略目标,是想在本国安全受到威胁的情况下,美国和英国能提供安全保护,甚至是核保护。另一方面,先期介入可能影响澳大利亚国家安全的周边地区,可以尽可能消除安全隐患、巩固周边局势的稳定。这种前沿防御战略对于对外援助政策的实施影响是重大的。对上述地区的援助可以确保该国和地区的政治和安全形势。从非传统安全来看,"9.11"事件后,澳大利亚面临严重的非传统安全挑战,周边国家和地区的恐怖主义、大规模杀伤性武器的运输、毒品运输、非法移民、"失败国家"的大量难民、全球气候变化对太平洋岛国的破坏等,都使得澳大利亚不得不面对这一新的挑战。对外援助被认为是有效应对手段之一。

(三)经济因素

经济因素通常是影响对外援助的主要因素。对那些经济表现良好的发展中国家进行援助,不仅有利于本国企业获取经济利益,而且还有助于本国商品出口。有些受援国虽然不能大量吸收商品,但是它们拥有援助国援国快速发展所必需但又缺乏的资源。对这些国家进行对外援助,有利于本国持续稳定地获得资源。但是,对于澳大利亚来说,经济因素在很多时候并不是进行对外援助的首要考虑因素,获得对外援助大部分的东南亚和太平洋区域与澳大利亚的贸易额占澳总贸易额的比重很小,在 2009 年的时候只有 20%。① 从内部考虑,澳大利亚是亚太地区最富裕的国家之一,也是人均年收入最高的国家之一。2009

---

① 数据来源:根据澳大利亚外交部网站 2010 年 3 月发布的每月贸易数据计算得出,http://www.dfat.gov.au/publications/stats-pubs/mtd/australia_trade_1003.pdf,访问日期:2012 年 11 月 3 日。

年澳大利亚的人均国民生产总值是 46806 美元，仅次于排第一的美国。① 这个条件是澳大利亚之所以能进行对外援助重要的内部基础。从外部角度考虑，亚太地区战后新独立国家很多，特别是澳大利亚所在的南太平洋地区，这些国家地理和自然条件恶劣，经济发展速度缓慢，有很多地区甚至还是原始的土著人的聚集地，自然而然成为澳大利亚援助的对象。

（四）社会和文化因素

从内部角度看，澳大利亚的政治文化继承于欧洲，强调对民主、人权、平等和发展等一系列政治价值目标的追求，澳大利亚自认为有使命在亚太地区推行和宣传这些理念。道德因素也是解释对外援助的动机的一个主要视角，澳大利亚作为富国有责任和义务帮助其他贫穷的国家。从外部角度看，战后亚太国家大都经历着从传统社会向现代社会转型的时期，在这个变化过程中，社会发展不平衡、缺乏必要的公共基础设施，医疗条件差、婴幼儿死亡率高、缺乏食物和饮用水、男女不平等等，都对社会稳定和发展构成重大威胁。澳大利亚提供的外交援助可以有力地促进这些国家和地区的社会发展。

二 澳大利亚对外援助政策的目标

援助政策的目标是援助政策的重要组成部分，阐明了对外援助的目的、使命和动机。通过对援助目标进行分析，我们可以观察澳大利亚对外援助政策的变迁轨迹，把握各个时期援助政策的重点。

（一）20 世纪 80 年代的基本目标

从 20 世纪 50 年代早期，澳大利亚的援助政策的目标有很多个，比如战略的、外交的、贸易的、人道主义的目标。这些目标经常被混乱地使用，影响了援助的效果。不过这种情况在 80 年代得到了很大改善，长时间的对外援助参

---

① 资料来源：APEC 官方网站，http：//www. apec. org/apec/member_ economies/general_ economic_ indicators. html，访问日期：2012 年 11 月 3 日。

与产生了对于援助本身进行评估的需要。1975年成立的澳大利亚发展援助委员会（ADAB）是澳大利亚主管官方对外援助的政府机构。从1975~1982年的8年时间里，总共召开过14次质询会议。但是，所有的这些质询会只是就单独某一方面展开询问，缺乏对澳大利亚对外援助的功能和目标的整体性的思考。

1983年3月，鲍勃·霍克（Bob Hawke）就任澳大利亚第23任总理。霍克政府的外交部长比尔·海登（Bill Hayden）在上任之初便感到极其有必要迅速对对外援助展开全面评估。于是在1983年4月17日他宣布成立一个专门委员会，戈登·杰克逊爵士（Sir Gordon Jackson）被任命为委员会的主席。委员会的最终报告在1984年3月完成。这份报告一般被称为《杰克逊报告》，它是澳大利亚对外援助政策第一份成熟和系统的官方评估报告和政策性文件。在这份报告中澳大利亚首次明确提出自己的对外援助政策目标。在报告的开始，委员会开门见山地写道："援助主要是基于人道主义目的，通过经济和社会发展减轻贫困。这是富有的发达国家对于数以百万计的生活在恶劣环境中的人们的帮助。援助同时也应当具有战略经济和外交政策的利益，通过帮助发展中国家发展，给澳大利亚提供经济机会。"① 从这段话中，我们可以总结出澳大利亚的援助政策的目标是：人道主义、外交政策和商业利益。人道主义是指在世界范围内普遍认同的道德原则，澳大利亚作为一个富国有责任和义务帮助穷国。外交政策是指援助一定要服务于援助国的政治利益。如果援助有助于促进受援国的经济发展，那么将会提高澳大利亚在受援国领导人和普通民众中的声望。特别是当受援国对澳大利亚具有重要的战略意义时，成为地缘上的好伙伴远胜于敌人。不像其他大多数的援助国，澳大利亚位于一个不发达的区域，政治的目标尤为重要，受援国的发展有利于地区形势的稳定。商业目标是要为援助国带来经济收益。不发达的受援国成功的经济发展可以使其成为一个富裕和稳定的邻居和贸易伙伴，有助于扩大援助国的出口市场，增加援助国直接贸易投资的机会。随着澳大利亚援助的参与者和受援国的领导人之间密切往来关系

---

① *Report of Committee to Review the Australian Overseas Aid Program*, Australian Government Publishing Service, Canberra (The Jackson Report), 1984, p. 3.

的建立，出口和投资的机会将会大大增加。

不过，自公布之初就有人质疑《杰克逊报告》提出的援助目标是否能相互协调一致，认为在实际执行过程中这三个目标可能相互冲突。比如，人道主义的关注表明澳大利亚的援助应该提供给那些世界上最贫困的国家，其中大部分这类国家都位于次撒哈拉地区而不是澳大利亚所在的亚太地区。然而，政治或外交政策因素使得那些相对于澳大利亚地理上更接近、战略上更重要的国家优先获得考虑。人道主义目标和商业经济目标之间也存在冲突。基于后者的考虑，无疑会促使澳大利亚的援助流向那些较为富裕的发展中国家和经济表现良好的国家。这些国家对澳大利亚商品和服务的需求远大于那些受人道主义因素考虑的最不发达的国家。商业和政治因素同样不会指向相同的不发达国家，尽管这两个因素都是为了满足援助国的利益。对于澳大利亚来说，最具战略意义的国家并不总是能最大量地需求它的商品和服务的国家。

（二）20世纪90年代的基本目标

1996年自由党的霍华德（John Howard）当选澳大利亚第25任总理，新政府需要对当前澳大利亚所有内政方针和对外政策作出调整。此外，自从1984年《杰克逊报告》公布以来，澳大利亚官方对外援助政策一直没有再进行全面评估和调整，时隔12年后政策也需要得到重新制定和改进。在这两方面因素共同作用下，1996年6月，新任外交部长亚历山大·唐纳（Alexander Downer）建议成立一个独立的委员会审议澳大利亚的海外援助计划。1997年5月2日，负责审议的评估委员会（Committee of Review on Australia's Foreign Aid）做出的报告，由委员会主席保罗·西蒙斯（Paul Simons）呈交给外交部长唐纳，人们通常称之为《西蒙斯报告》。这是继1984年澳大利亚海外援助计划评估委员会公布《杰克逊报告》后，另一份对澳大利亚对外援助政策产生重要影响的报告，它试图重新塑造引导澳大利亚对外援助的准则。

西蒙斯委员会在考虑过去的援助经验的基础上对援助的目标进行了简化，提出"澳大利亚援助计划的目标是，通过可持续的经济和社会发展援助发展中国家减轻贫困"。这个变化也直接体现在了报告的标题上——《西蒙斯报告》（Simons Report）以"一个明确的目标：通过可持续发展减少贫困"为报告的题

目。新的对外援助目标的设定,是因为委员会认为对外援助最主要的实施动机是人道主义因素。报告建议把外交政策和商业利益从目标中剔除出去,只是专注于减轻贫困,认为这才是援助的核心业务。在5月《西蒙斯报告》提交政府后,为了保证全社会都能仔细地考虑这份报告,唐纳外长计划采取一个两阶段的方案,让社会各界人士都加入到讨论之中。在综合民众对于报告反应的基础上并结合专家们的意见,1997年11月8日,唐纳外长代表政府正式对《西蒙斯报告》作出回应。首先,政府做出的最重要的一项修改是把报告中对外援助的目标进一步改为:"通过援助发展中国家减轻贫困和实现可持续发展,促进澳大利亚的国家利益。"① 从这点来看,对外援助的目标并不会相对以往发生重大的变化,它仍然无法摆脱外交政策的影响,不可能真正成为像报告所说的那样只为减轻贫困而服务。政府还回应报告中列出的六项对外援助的基本原则,其中一条是:"援助计划必须反映出澳大利亚的价值,必须保有清晰可见的澳大利亚的风格。"② 也从侧面验证了不会发生太大变化。

(三)2000年以后安全目标的引入

进入21世纪以来,澳大利亚的对外援助政策再次经历了一场重大的变革。传统上对外援助政策的目标是致力于减轻贫困和创造地区的可持续发展,而现在这个目标正在迅速地被新的、完全不同类型的发展目标所取代。

澳大利亚援助目标的转移受到几方面因素的影响,首先,最重要的是"9·11"事件的发生。"'9·11'恐怖袭击导致了国际反恐战争,也让人们更加注重安全和发展之间的关系。虽然没有为恐怖主义行动提供合理性,但是贫困可以创造出一个令恐怖主义滋生蔓延的环境。"③ 而对澳大利亚来说,对于

---

① Ravi Tomar, "The Future of Australia's Oversea Aid Program: Government Response to the Simons Report," Foreign Affairs Defence and Trade Group, 6 April 1998, http://www.aph.gov.au/library/pubs/rn/1997-98/98rn40.htm, 访问日期: 2012年11月3日。
② Ravi Tomar, "The Future of Australia's Oversea Aid Program: Government Response to the Simons Report," Foreign Affairs Defence and Trade Group, 6 April 1998, http://www.aph.gov.au/library/pubs/rn/1997-98/98rn40.htm, 访问日期: 2012年11月3日。
③ A. Downer, "Australia Aid: Investing in Growth, Stability and Prosperity," Eleventh Statement to Parliament on Australia's Development Cooperation Program, Canberra, AusAID, p. 8.

恐怖主义的关注更多的是由于 2002 年 10 月的巴厘岛爆炸案引发的。有些评论家认为，对于霍华德政府来说，"巴厘岛爆炸案改变了一切"，而对外援助计划也没能不受其影响。在第 12 次外交部向议会陈述对外援助计划的质询会上，外交部长唐纳就更加强调对外援助在地区安全和反恐能力建设上的作用。他说："援助计划在反恐战争中的作用集中在两方面。第一，帮助伙伴国家通过加强反恐能力和法律实施，建立起应对恐怖主义威胁的力量；第二，继续改善有利于经济增长和减轻贫困的环境，这可以削弱恐怖主义网络的发展。"① 除了向提高反恐能力的目标转移以外，对外援助计划也更加强调治理。同样，这个变化也在 2002 年唐纳外长向议会所做的陈述中清晰地表达出来。他指出："自从 1996~1997 年度以来，（对外援助计划）最重要的一个变化就是用于治理行为的支出翻了一倍还多，在 2002~2003 年度的预算大概有 3.55 亿美元。这反映了政府认为治理投入是澳大利亚最有效的促进增长和减少贫困的方法。目前，治理是对外援助中份额最大的项目。"②

通过上述分析不难发现，首先，澳大利亚援助政策的目标调整并不意味着新目标完全覆盖旧目标，而是在保留原有目标的基础上，根据面临的新挑战和变化重新选择援助的重点。其次，不论援助政策的目标如何变化，它都要服从并服务于国家利益和整体外交政策的安排，无法做到完全的"国际主义"。最后，援助目标具有"公益性"和"利己性"的双重特点。澳大利亚在制定对外援助目标的时候尽量做到兼顾援助国的利益和本国的利益，在帮助别国发展的同时促进自己的利益需求得到满足，即达到博弈论所说的双赢。

（四）澳大利亚对外援助政策的发展趋势

2007 年 12 月，陆克文（Kevin Rudd）作为工党领袖宣誓就任澳大利亚第 26 任总理。由于霍华德政府时期的外交政策的特征是强调双边关系和狭窄地

---

① A. Downer, "Twelfth Annual Statement to Parliament on Australia's Development Cooperation Program," Canberra, AusAID, p. 10.
② A. Downer, "Australia Aid: Investing in Growth, Stability and Prosperity," Eleventh Statement to Parliament on Australia's Development Cooperation Program, Canberra, AusAID, p. 23.

定义澳大利亚的国家利益,因此,陆克文政府更倾向于多边外交。2010年,时任陆克文政府副总理的朱莉娅·吉拉德当选为新一任总理。在外交方面,吉拉德的兴趣并不大,没有作出重大的调整。这与她过去的任职经历相关,她曾担任就业与劳资关系部部长、教育部部长和健康保健部部长职务。具体到对外援助的政策上,陆克文和吉拉德两届政府基本一致,都强调在千年发展计划的框架下开展对外援助计划是未来澳大利亚对外援助政策的发展趋势之一。

但是,国际社会在实现千年发展目标[①]和促进发展中国家稳定的问题上遭遇了很大的挑战。不断上升且不稳定的粮食价格和汽油价格,意味着许多发展中国家的人民越发地陷入贫困之中。而全球性的金融危机则加重了这些问题。由于税收收入的下降,政府在提供公共服务上面临的压力越来越大。面对这些挑战,澳大利亚国际发展署为了帮助发展中国家实现千年计划目标并且取得经济增长和发展,专门成立了全球危机特别应对小组,综合协调现有的援助项目和评估需求。特别小组制订了行动计划,优先促进就业,重建经济基础,提供基本的社会服务和保护脆弱的社会关系。2008年,澳大利亚已经向世界银行和世界粮食计划署捐款超过1亿美元,直接用于应对粮食价格危机。在2008~2009年度,澳大利亚国际发展署用于印尼、越南、巴布亚新几内亚和所罗门群岛的农村发展行动的资金为2.45亿美元。在2009年5月的政府预算中,澳大利亚承诺在未来4年中出资4.64亿美元用于解决全球性粮食安全问题。凡此种种,均反映了澳大利亚关注不断震荡的粮食价格和全球性萧条对解决极端饥饿和贫困的不利影响(千年发展目标1:消灭极端贫困和饥饿)。[②] 在对外援助计划中,澳大利亚把教育列为领头项目,增加了对基础教育和职业教育的支持,并且提高高等教育的质量。仅在巴布亚新几内亚一处,澳大利亚就支持2000多所小学的日常开支(千年发展目标2:普及小学教育)。澳大利亚政府认为,要想援助可持续和有效,妇女和男性、男孩和女孩之间就必须得平等

---

① 千年发展目标(MDGs)来源于《联合国千年宣言》的第8章,在2000年9月由各国领导人签署。其具体内容包括8个方面:消灭极端贫困和饥饿;普及初等教育;促进两性平等;降低儿童死亡;改善产妇保健;与疾病作斗争;环境可持续力;全球伙伴关系。http://www.un.org/chinese/millenniumgoals/,访问日期:2012年11月3日。

② "Australian Agency for International Development Annual Report 08/09," Canberra, AusAID, 2009, p. 3.

（千年发展目标3：促进两性平等并赋予妇女权利）。在2008～2009年，澳大利亚同发展中国家和跨国组织一道支持千年发展目标3，特别是女孩接受教育和增加女性参与政治和经济事务方面。澳大利亚国际发展署关注妇女和儿童健康，加强了在柬埔寨的生殖健康服务，支持巴布亚新几内亚和太平洋地区的健康培训计划，还有支持巴基斯坦、孟加拉和印尼的母婴健康服务（千年发展计划4和5：降低儿童死亡率和改善妇女保健）。澳大利亚也为亚太地区同艾滋病、疟疾和其他疾病（千年发展目标6）作出了巨大贡献。保证环境的可持续（千年发展目标7）是实现所有8个发展目标的基础。在2008～2009年度，澳大利亚政府捐赠1.5亿美元给国际气候变化适应倡议，帮助那些脆弱的国家应对气候变化。在促进全球合作发展方面（千年发展目标8），澳大利亚积极和世界银行、亚洲开发银行和其他联合国重要的下属机构展开合作，共同促进全球和地区的发展与进步。

吉拉德政府在对外援助方面最重要的改革表现在两个方面。第一是把澳大利亚国际发展署改革为一个实权单位。2010年7月8日，总督在总理的建议下，下令改革国际发展署。该命令突出了功能，使它在外交事务和商业利益方面实现了自主化。作为一个实际执行单位，国际发展署在人事上不再受限于外交和商务部秘书处的制约，该单位现在和其他部门和机构一起，参与经济发展、外交政策和国家安全事务。国际发展署拥有自主权是正在进行的一系列改革的一部分，目的是保证有效性和有效管理政府的援助。成为实权单位最重要的结果就是在执行层面建立起强有力的结构，充分管理好政府不断扩展的援助项目。

第二是2010年11月陆克文外长发布了《援助有效性独立评估报告》，这是自1997年《西蒙斯报告》后，澳大利亚政府发布的第一份有关援助计划的独立报告。这份报告的目的是要求检验和建议政府如何提高援助的有效性和效率，援助的结构和表现，系统的适应性，包括如何防止欺诈和风险管理。报告共分为五章：第一章是澳大利亚援助有效性现状；第二章是未来的援助计划；第三章和第四章是整个报告的核心，包括如何分配澳大利亚的援助资源和有效的管理；第五章是未来的道路。该报告指出，影响援助效率的因素是多方面的。其中，主要有三条：第一是受援国的能力；第二是受援国的表现；第三是两国关

系的密切程度。近年来,根据这三条标准,澳大利亚政府总结出一套明确的国际援助的方案。该方案体现了以下重点原则:有选择性地开展援助;加强国家之间关系;注重援助结果;加强援助的反馈能力;加强援助的透明度;加强政府部门之间的协调。①

援助政策集中体现了某一阶段澳大利亚的援助目标和优先的发展部门以及倾向的援助方式。从对外援助目标的演变和未来澳大利亚对外援助政策发展趋势的分析中我们可以明显地看出,澳大利亚国内政治的更替对于对外援助政策的影响,特别是领导人所属政党的政治文化传统和他们个人的政治理念会直接作用于对外援助政策的形成。未来陆克文政府的对外援助政策的走向是侧重于多边机制,并且援助目标从霍华德政府时期的安全防范向减轻贫困回归。

三 澳大利亚对巴布亚新几内亚的援助分析

巴布亚和新几内亚本来是两个相互独立的西方殖民地,第二次世界大战后,两地在《巴布亚和新几内亚法案》下被合并为一个统一的地区并接受澳大利亚的管理,命名为"巴布亚新几内亚"。1962年《福特报告》出台后,堪培拉开始严肃地考虑巴布亚新几内亚的未来走向,并根据英国和澳大利亚模式构建其政治和法律系统。澳大利亚政府同意巴布亚新几内亚在1973年12月1日建立自治政府,澳方保留国防、外交、国际贸易和国内安全事务的管理权力。1975年9月10日,巴布亚新几内亚正式独立,成为英联邦国家的一员。

(一)澳大利亚对巴布亚新几内亚援助的动机

澳大利亚对巴布亚新几内亚的援助是基于综合因素考量的,援助动机包括以下几个方面。

首先,从国家安全方面衡量,巴布亚新几内亚对澳大利亚具有十分重要的

---

① Australian Government, Independent Review of Aid Effectiveness (2011), p. 4.

战略意义。澳大利亚一个国家占有一整块大陆且四周环海，海洋起到了很好的屏蔽保护功能。对澳大利亚国家安全的威胁会来自海上，而巴布亚新几内亚正是从东南亚进入澳大利亚的跳板。

其次，从政治因素考量，澳大利亚与巴布亚新几内亚联系密切。早期的殖民地关系是澳大利亚和巴布亚新几内亚之间非常重要的一条纽带。作为宗主国，澳大利亚认为自己有责任和义务帮助巴布亚新几内亚经济增长和社会发展，强化巴布亚新几内亚独立双方关系发生变化后的政治联系。对落后地区的援助也可以向国际社会展示澳大利亚负责任、热心于地区发展的国家形象。新世纪以来，澳大利亚新安全战略十分强调对于周边地带，包括印尼、新西兰、巴布亚新几内亚、东帝汶以及南太平洋岛国的稳定，以及澳大利亚同这些国家良好的国家关系。

最后，从经济方面考虑，巴布亚新几内亚对澳大利亚也具有一定的价值。二战前黄金一直是巴布亚新几内亚主要的出口商品，虽然黄金开采量在战后逐渐减少，但仍然是巴布亚新几内亚对澳大利亚贸易中最大的一项，在2008～2009年度占巴布亚新几内亚向澳出口总额的2/3以上，高达20.76亿澳元。① 1972年布干维尔岛特大型露天铜矿的发现，迅速改变了巴布亚新几内亚的贸易出口结构，目前铜矿石是巴布亚新几内亚第一大出口商品。而铜矿的经营权是由澳大利亚力拓公司下属的布干维尔铜业有限公司掌管。

相较于安全和政治，经济因素考虑的分量最轻，因为澳大利亚同巴布亚新几内亚的出口贸易只占其对外贸易总额很小的一个比例，而且还保持常年贸易逆差。

尽管在历史、安全、商业利益和两国人员往来上，澳大利亚和巴布亚新几内亚都有很多的共同利益和密切联系，但是现在两国的关系也慢慢变得脆弱了。独立后成长起来的新一代巴布亚新几内亚人不再像过去的人们一样对澳大利亚保持亲密的感情，随着他们逐渐主导社会未来的发展，两国的关系面临着重新调整。

---

① 资料来源：Papua New Guinea Fact Sheet，http://www.dfat.gov.au/geo/fs/png.pdf，访问日期：2012年11月3日。

（二）澳大利亚对巴布亚新几内亚援助的历史

澳大利亚一直是巴布亚新几内亚最大的援助伙伴。1975年独立以来，澳大利亚提供了实际超过140亿澳元作为对巴布亚新几内亚的官方援助。在1975～1976年度，澳大利亚对巴布亚新几内亚的援助资金占整个澳大利亚援助预算部分的60%。[1] 尽管这个比例在后来不断下滑，到2009年仍占整个预算的17%，[2] 还是所占比例最高的国家。基于历史上的关系和联合国宪章所赋予的责任，1974年澳大利亚承诺巴布亚新几内亚在独立后的第一时间里就可以得到澳方的援助。而这笔援助对于新独立的巴布亚新几内亚经济至关重要，占到其中央政府1974～1975财政年度预算的41.4%。

从20世纪60年代考虑让巴布亚新几内亚独立以后，澳大利亚才积极建设巴布亚新几内亚国家的基础设施和机构，包括道路、学校、健康医疗体系、司法体系和政治体系。到1970年时，已经修建了高原地区的高速公路，建立了2000个基础的健康医疗所和培养了上万名国家公职人员。但是由于历史和文化的原因，国民的国家认同观念依然十分淡薄。

1975年9月，巴布亚新几内亚宣布独立，索马雷当选为政府第一任总理。索马雷清楚地意识到对于这个新独立的国家而言，政府工作的重点不是取得经济增长的成就而是首先实现国家在过渡时期的稳定。在这一点上，澳大利亚政府同索马雷有相同的认识，所以同意继续大力向巴布亚新几内亚提供援助。不过，澳大利亚的目的不止于此，援助作为权力实施的手段可以让澳大利亚保持对巴布亚新几内亚的影响力，也可以避免使这个新独立的国家产生权力真空，吸引别的区域大国前来填补，特别是印度尼西亚。

到了20世纪80年代初期，促进巴布亚新几内亚经济增长的目标提上了接替索马雷的温提政府的议事日程。巴布亚新几内亚经济资源十分单一，主要是铜和黄金。从经济的角度来看，巴布亚新几内亚的这种外贸结构很脆弱，极其容易受到世界经济变化的影响。1982年的世界性经济萧条让采矿业遭到沉重

---

[1] Alan Morris and Rob Stewart, *Papua New Guinea: Analytical Report for the White Paper on Australia's Aid Program*, p. 43.

[2] "Australian Agency for International Development Annual Report 08/09," Canberra, 2009, pp. 279-280.

的打击。澳大利亚受到《克劳福德报告》的影响，本来计划逐步减少预算援助支持，但是面临这种情况也不得不减缓实施。不过等到1986年经济形势好转，澳大利亚还是引入方案援助，并且重点对巴布亚新几内亚的国有公司进行技术援助，促进国家健康、警察和司法部门管理的发展。1989年，澳大利亚政府同巴布亚新几内亚纳马柳政府签署第一个《发展合作协议》。纳马柳政府的执政理念是强调对于社会领域的重视，并逐渐增加这一领域优先获得援助的比重。独立后的15年内，澳大利亚和巴布亚新几内亚长期只重视经济增长，不仅使得国家经济失衡，而且扩大了收入的不平等和城乡分化，直接影响了巴布亚新几内亚社会的稳定和团结。根据纳马柳政府国家发展规划的变化，相应地，澳大利亚把援助目标调整为促进巴布亚新几内亚国民经济可持续增长，支持司法和社会秩序建设，大力发展人力资源。

整个20世纪90年代最重要的发展是良好治理目标的引入，表现为澳大利亚通过援助促使巴布亚新几内亚中央政府向省一级政府分权，并鼓励其提高提供公共服务产品的能力，让更多的非政府组织参与到社会活动中。90年代巴布亚新几内亚除了遭到1994年金融危机和1998年东亚经济危机的不利影响外，国内还爆发了独立以来最大的一次动乱——布干维尔岛要求独立。对此，澳大利亚政府首先向巴布亚新几内亚政府提供了军事援助用于镇压当地叛乱，随后又和新西兰政府一起召集巴布亚新几内亚中央政府和布干维尔岛地方政府商量和平停火条件。1997年巴布亚新几内亚政府同当地人民实现和解，最终同意其自治。一直到现在，澳大利亚援助很大的一部分都是被用于巩固该地区的和平进程。

2000年以来，澳大利亚与巴布亚新几内亚政府签署了第二份《发展合作综合协议》，该《协议》根据《联合国千年发展计划》制定，奠定了陆克文政府对巴布亚新几内亚援助的基本框架，援助的目标再度回归到减轻贫困和实现经济可持续发展上。强调一些重要的社会指标的发展，如人口寿命、婴幼儿死亡率、成人识字率、入学率和可获得安全的饮用水的数量等。目前，澳大利亚在巴布亚新几内亚的援助计划是在2009年签署的《巴布亚新几内亚－澳大利亚发展模式》的框架下运行的。2011年10月召开的澳大利亚和巴布亚新几内亚部长级论坛，表示支持2010年《发展合作条约》的内容，主张巩固援助计划重点关注的部门。最重要的是以下四类：第一，教育，包括高等教育；第二，健康和艾滋病；第三，交通基础设施，特别是道路维护；第四，法律和司法。① 从图1我们可以看出，教育、健康、经济和公共领域、司法是澳大利亚援助的重点部门，占据援助资金的大部分。正是在援助的帮助下加上国内的努力，2011年巴布亚新几内亚的国民生产总值增长率达到9%。

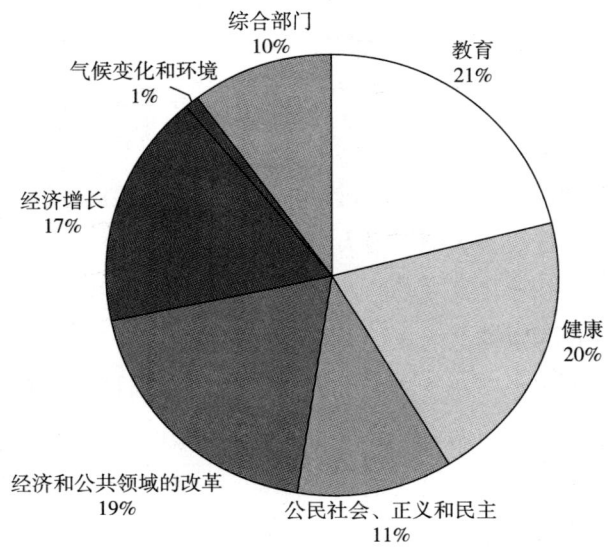

图1　根据部门分类的澳大利亚对巴布亚新几内亚的官方发展援助，2010～2011年

资料来源：AusAID , Annual Report 2010 - 2011, Canberra, 2011, p. 44。

四　总结

对外援助的动机是复杂多样的，目标也往往不止一个。从援助国的角度考虑，对外援助作为国际资金转移的一种方式，主要目标是增加援助国的政治影响力，巩固其地缘安全，提高国家声誉和形象，为本国获取经济利益。

澳大利亚是亚太地区参与对外援助历史最为悠久的国家之一，在这方面积

---

① AusAID (2012), Papua New Guinea Annual Program Performance Report 2011, p. 5.

累了较为丰富的经验。到 20 世纪 70 年代中期，澳大利亚着手建立对外援助制度，成立了专门的管理对外援助的机构——澳大利亚发展援助署，其职责是规划、实施和管理澳大利亚的对外援助。80 年代中期，澳大利亚对外援助政策逐步走向完善和成熟。

在任何时期，澳大利亚对外援助的目标设定一直都是兼顾受援国的发展和满足本国的利益，只是表述的方式发生变化而已。援助的地缘重心逐渐向南太平洋和东南亚地区倾斜。援助的方法从预算援助过渡到方案援助。援助的重点从经济部门向社会部门转移。援助的趋势是对受援国国内事务的干涉越来越深。

Australia's Official Foreign Aid Strategy: A Case Study of Papua New Guinea

Guo Jian

Abstract: Australia is one of the most influential countries in the Asia-Pacific region. It is also the earliest one of the countries involved in foreign aid. Since the Colombo Plan at the early postwar period, it has participated in foreign aid for 60 years. In the past 60 years, Australia's foreign aid policy was influenced not only by internal politics, foreign affairs, security and economic factors, but also by changes of situation and the focus of international foreign aid. The goals of Australian foreign aids, the scope of the recipient countries, assumptions and philosophy of aid and agencies have undergone significant changes. The assistance goals have been hovering between the altruistic and the selfish. The scope of the recipient counties is more and more concentrated in Southwest Pacific and Southeast Asia. The key aided sectors gradually shift from the economic to political and social fields. In order to explain changes in depth of Australian aid strategy, I choose Papua New Guinea as a case in this paper.

Key Words: Foreign Aid; Assistance Strategy; Australia; Papua New Guin

B.5 近年来日本对南太平洋岛国 ODA 政策的调整

陈艳云　张逸帆

摘　要：

　　近年来，世界上的主要国家开始认识到南太平洋地区在国际政治与世界格局当中日益凸显的战略价值，因而逐渐增加对这一区域的政府开发援助。在这样的背景下，长期以来较为重视并对该区域保持相当影响力的日本，对于南太平洋岛国的 ODA 援助政策自然随之呈现出了新的特征。本文在分析当前南太平洋地区国际格局的基础上，尝试对近年来日本对大洋洲地区 ODA 援助政策的调整进行全面的梳理，并进一步归纳出日本这一系列政策变动的新特点。

关键词：

　　日本　大洋洲岛国　ODA 政策

一　日本 ODA[①] 政策调整的时代背景

　　20 世纪七八十年代以来，日本以对外援助的方式，逐步扩大自身在南太平洋地区的影响力，至今在这一地区中已然具备了举足轻重的地位。然而近年来，随着南太平洋地区国际地位的不断提升，美、中、俄等大国竞相增强其在这一地区的影响力，大国之间的博弈也随之日益激烈。

　　美国在"重返亚太"战略的指导下，战略重心开始向亚太地区转移，从而对于南太平洋地区也展现出了一种"高调回归"的姿态。2010 年 11 月，美

---

① Official Development Assistance，官方发展援助。

国国务卿希拉里·克林顿访问巴布亚新几内亚,成为近12年以来首位访问南太平洋地区的美国国务卿;2011年6月,美国负责东亚和太平洋事务的助理国务卿坎贝尔率领一个高级官员代表团,对8个太平洋岛国(基里巴斯、萨摩亚、汤加、所罗门群岛、巴布亚新几内亚、帕劳、密克罗尼西亚以及马绍尔群岛)展开了为期一周的访问,对南太平洋地区如此大规模且高规格的访问在美国历史上前所未有;同年9月,美国派出史上最高级别及最大规模的代表团参加在新西兰举行的太平洋岛国论坛域外国对话会议;10月,美国重新启动了其在20世纪90年代因削减开支而关闭的、在南太平洋地区唯一的一个援助机构;而2012年8月,希拉里更是再度出访南太平洋地区,参加了在库克群岛举行的第43届太平洋岛国论坛领导人峰会。这一系列高级别访问显示了美国在加强与南太平洋地区国家双边政治、经济和安全关系上的果断态度。美国对南太平洋地区事务的高调介入,打破了该地区传统上以澳大利亚和新西兰为中心的地区格局。

  近年来中国也通过各种方式不断推进与南太平洋岛国之间的关系。在政治方面,从2006年8月中国外交部长李肇星出访南太平洋地区的8个邦交国以来,中国领导人和政府高级官员频繁地对这一地区进行访问。2007年4月,中共中央政治局常委李长春访问萨摩亚;2009年2月与10月,时任国家副主席的习近平与任国务院副总理的李克强分别访问了斐济与巴布亚新几内亚。在经贸方面,中国与南太平洋岛国之间的经贸往来实现了爆炸式的增长。2001年双方的贸易额仅为1.8亿美元,到2010年已增加到15亿美元;在这10年之间,中国对南太平洋岛国的出口额以每年34%的速度增长,而太平洋岛国对华出口的年均增长率也高达30%。① 中国与太平洋岛国之间的合作领域不断扩大,合作程度也在不断地深化。除了政经的交流与合作之外,近年来中国更是加强了对太平洋岛国的ODA援助。2005年中国对南太平洋岛国的ODA援助为3300万美元,次年翻了一倍达到7800万美元,2007年更是增长到了2.93亿美元,② 年援助额开始

---

① 《中国-太平洋岛国贸易快速增长》,《瓦努阿图每日邮报》,参见中国商务部网站,http://www.mofcom.gov.cn/aarticle/i/jyjl/l/201102/20110207420392.html,访问日期:2013年1月20日。
② 孔妃妃:《浅析中国对于南太平洋岛国的对外援助》,外交学院硕士学位论文,2010。

超过日本（见图1）。

除了美国与中国这两个关键性的因素之外，其他大国在南太平洋地区的影响同样不容忽视。"南下"的俄罗斯以及向来在这一区域中扮演主导者角色的澳大利亚与新西兰，也参与到这场"战役"中来。2011年，韩国与南太平洋岛国也开始启动外长级会谈。在当今国际格局下，南太平洋已然成为了多个行为体竞争的区域，① 各方势力之间的博弈愈演愈烈。尤其是被日本看作竞争对手的中国在南太平洋地区的强势崛起，使日本感到巨大的压力，从而促使日本不得不对其ODA政策作出相应的调整。

然而，由于受国内经济长期不景气的影响，1996年以来，日本对南太平洋岛国的援助连续8年呈逐年下降趋势，2002年降至9347万美元，直到2008年，ODA年援助额均在100百万美元以下，2004年降至20世纪80年代中期以来的最低点，仅为4215万美元（见图1）。在南太平洋地区，日本传统的优势地位日益受到来自其他行为体的挑战。因此，日本想要继续维持其在南太平洋地区的优势地位与影响力，并保障其ODA援助的收益，就需要改变这种低迷状态，对其ODA政策作出相应的调整，以应对南太平洋地区国际战略环境和地区格局的变化。

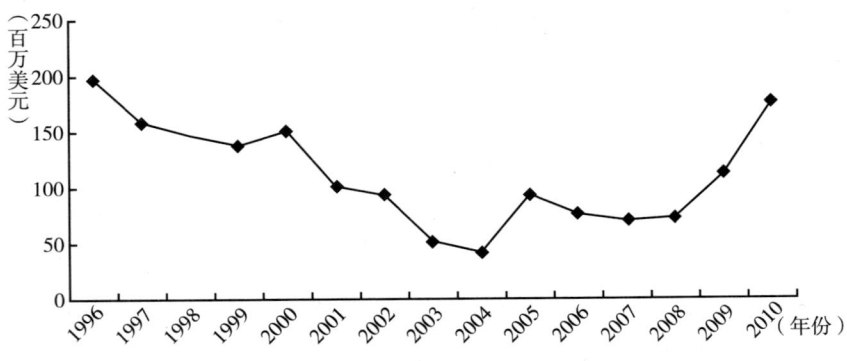

图1　1996~2010年日本对南太平洋岛国ODA年援助额

资料来源：笔者根据日本外务省网站以及日本驻南太平洋岛国各大使馆网站相关数据资料制作而成。

---

① 〔日〕小林泉：《太平洋岛嶼国問題と取り残される日本》，载日本外务省《外交》2012年5月号第13期，第87~88页。

二 日本对南太平洋岛国 ODA 政策的调整

为了应对南太平洋地区国际战略环境和地区格局的变化，近年来日本重新调整其 ODA 政策，加大对南太平洋岛国的援助力度，强调发展与该地区关系的重要性，希望通过发展与太平洋国家的关系，"在地区秩序和规范的构建中发挥主导性作用"。①2009 年 5 月在日本北海道举行的第 5 届日本－太平洋岛国论坛峰会上，日本提出了旨在促进解决太平洋岛国所面临的经济发展、环境保护、人权保障、和平与安全等一系列问题的"太平洋计划"，并承诺在之后的三年时间内就此投入 500 亿日元。②2010 年 9 月，在日本外务省的策划和支持下，日本政府智囊机构——日本国际问题研究所（JIIA）召开"加强日本与太平洋岛国伙伴关系"会议，并发表了加强双方伙伴关系的政策建议报告。报告指出，"鉴于 ODA 援助是维护和巩固与南太平洋地区友好关系极其有效的工具，日本不应减少对该地区的 ODA 援助，而应该继续发挥其最大效用"。③

2009 年，日本对南太平洋岛国的 ODA 援助开始走出低迷，再次突破 1 亿美元，为 1.1189 亿美元，2010 年更是飙升到 1.7629 亿美元，是 2008 年 7293 万美元的 2 倍多（见图 1），2011 年保持在 1.5537 亿美元的水平（见表 1）。

2011 年 11 月，日本召开了有外务省官员、专家学者参加的第 6 届日本－太平洋岛国论坛峰会筹备会议，着重探讨了南太平洋地区国际形势的变化以及日本的应对措施。会上，以小林泉为代表的专家学者向玄叶光一郎外相提交建议书。建议书指出，近年来，围绕太平洋岛国地区的战略环境发生了重大改变，日本在该地区所处的外交环境也在发生急剧变化，鉴于此，从外交战略上

---

① 日本外务省：《外交青書 2012 年》，http：//www.mofa.go.jp/mofaj/gaiko/bluebook/2012/html/index.html，访问日期：2013 年 1 月 1 日。
② 第 5 回日・PIF 首脳会議《北海道アイランダーズ宣言》，参见日本外务省网站：http://www.mofa.go.jp/mofaj/area/ps_summit/palm_05/ha_sen.html，访问日期：2012 年 10 月 1 日。
③ JIIA Public Symposium：《日本と太平洋島嶼国のパートナーシップ強化に向けて》http://www2.jiia.or.jp/kokusaimondai_archive/2010/2010-11_006.pdf，访问日期：2012 年 2 月 10 日。

表1 2011年日本对南太平洋岛国ODA年援助额

单位：百万美元

国名 \ 类别	无偿资金援助	技术合作	政府贷款等	总计
巴布亚新几内亚	22.70	11.28	-22.67	11.31
斐济	7.82	12.41	-1.52	18.71
所罗门群岛	18.70	5.40		24.1
萨摩亚	0.64	4.09	12.63	17.36
瓦努阿图	1.86	3.64		5.5
汤加	14.99	3.51		18.5
基里巴斯	2.25	1.59		3.84
库克群岛		0.07		0.07
图瓦卢	11.56	2.57		14.13
纽埃	1.46	0.36		1.82
马绍尔群岛	3.58	2.63		6.21
密克罗尼西亚	24.94	3.43		28.37
帕劳	0.66	2.97		3.63
瑙鲁	1.46	0.36		1.82
总计	112.62	54.31	-11.56	155.37

资料来源：日本国際協力機構（JICA）：《国際協力機構年次報告書2012》，第178~179页。

考虑，日本对太平洋岛国的ODA援助额不应当减少，至少应维持现有水平，[①]并建议日本政府邀请美国参加拟于来年召开的第6届日本－太平洋岛国论坛峰会，日本与"太平洋地区海洋秩序的主导者"美国一道，共同处理整个太平洋地区的事务。[②]该建议书受到日本政府的高度重视。2012年5月，日本－太平洋岛国论坛第6届峰会在日本冲绳县名护市举行，会议发布了进一步紧密双方关系的宣言。会上，日本宣布其已履行上届峰会上的承诺，3年（2009~2012年）的援助总额为4.93亿美元（约508亿日元），同时承诺将在今后3年

---

① 第6回太平洋・島サミットに向けた有識者会合提言，http://www.mofa.go.jp/mofaj/press/release/23/11/pdfs/1115_06_01.pdf，访问日期：2013年1月1日。
② 第6回太平洋・島サミット有識者会合レセプションの開催及び親善大使「フラガール」のダンス披露，http://www.mofa.go.jp/mofaj/area/ps_summit/palm_06/reception111124.html，访问日期：2013年1月1日。
第6回太平洋・島サミットに向けた有識者会合提言，http://www.mofa.go.jp/mofaj/press/release/23/11/pdfs/1115_06_01.pdf，访问日期：2013年1月1日。

里（2013~2015年），提供5亿美元的ODA援助。① 在日本的积极倡导下，美国首次参加了日本-太平洋岛国论坛峰会。

三 近年来日本对南太平洋岛国ODA援助的特点

长期以来，日本对南太平洋岛国的援助，主要以无偿资金援助和技术援助为主，近年来亦是如此，2011年除为萨摩亚提供贷款外，没有新的贷款。在援助内容上，传统援助领域，如交通基础设施建设、环境和气候变化问题、社会服务和人员交流仍占一定比重。2012年6月，在瓦努阿图首都维拉港（Vila）签订了一个用于国际货运码头建造的ODA贷款协议。在社会服务方面，重点推进斐济南太平洋大学（University of the South Pacific，USP）卫星通信网络的建设以扩展远程教育。由日本援建的、被用于作为大洋洲信息通信技术（Information Communication Technology，ICT）核心的日本-太平洋ICT中心以及位于斐济首都苏瓦的一座多功能报告厅均于2012年2月正式投入使用。日本ODA执行机构日本国际协力机构（JICA）正在实施的"ICT能力建设计划"技术合作项目（2010年2月开始到2013年1月结束），② 目标是向南太平洋岛国提供更多接受高等教育的机会并提升高等教育的质量，使最偏远地区的人们都能够享受到远程教育。

近年来，随着国际局势的变化以及日本与南太平洋岛国关系的变动，日本对南太平洋岛国的ODA援助也呈现出一些新的特点。

第一，随着联合国千年发展目标③实现日期的临近，日本对南太平洋落后国家的援助在对外援助中所占份额明显上升。

日本政府大洋洲政策智囊机构研究情报基金会（FAIR）大洋洲·南太平

---

① 第6回太平洋·島サミット《沖縄キズナ宣言》，参见日本外务省网站：http://www.mofa.go.jp/mofaj/area/ps_summit/paln_06/kizuna_jp.html，访问日期：2012年10月1日。
② JICA：《国際協力機構年次報告書2012》，http://www.jica.go.jp/about/report/2012/ku57pq00000sc3za-att/14.pd，访问日期：2012年12月10日。
③ 联合国千年发展目标是联合国全体191个成员国一致通过的一项旨在将全球贫困水平在2015年之前降低一半（以1990年的水平为标准）的行动计划。2000年9月联合国首脑会议上由189个国家签署《联合国千年宣言》，正式做出此项承诺。

洋委员会①在其太平洋岛国ODA援助政策报告中指出："地缘条件优越的国家，如美拉尼西亚的巴布亚新几内亚和斐济能提供最为乐观的合作前景。"②另据日本外务省资料，日本政府根据发展潜力，将南太平洋岛国分为三类：第一类是有着丰富自然资源和较大经济规模并因此在南太平洋地区具有一定政治地位的国家，包括斐济和巴布亚新几内亚；第二类是具有一定发展潜力的国家，包括所罗门群岛、萨摩亚、瓦努阿图和汤加；第三类是极具脆弱性、需要持续不断给予援助的国家，包括密克罗尼西亚、图瓦卢、马绍尔群岛、帕劳、瑙鲁。③ 长期以来，斐济和巴布亚新几内亚一直是日本ODA援助的重点，如日本对斐济的ODA援助额常年占其对南太平洋岛国ODA援助支出的将近一半，2000～2001年甚至达到50.5%。④ 然而，与以前相比，2011年，日本对密克罗尼西亚、汤加、所罗门群岛、图瓦卢等第二类国家的援助明显加大，投入最多的是密克罗尼西亚，其次是所罗门群岛，对第二、第三类国家的援助额占该年援助额的近81%（见表1）。2011年JICA在南太平洋地区的事业规模也反映了同样的倾向。2011年JICA在南太平洋地区的事业费总共是114.56亿日元，其中所罗门群岛为22.5亿日元，占19.6%，居第一位；汤加和萨摩亚分别占16.6%和13.1%，居第三位和第四位。⑤

第二，环境保护和气候变化问题仍然是日本优先援助的领域，但近年来，日本在该领域的援助，从过去重视对单个国家的援助到单个国家与区域相结合，提高整个区域的应对能力。

---

① 研究情报基金会（Foundation for Advanced Information and Research，FAIR），1985年由日本大藏省赞助成立的大洋洲政策智囊机构，1987年，基金会设立了大洋洲·南太平洋委员会。
② Foundation for Advanced Information and Research (FAIR), "Japanese ODA to Pacific Island Countries," Japan, 1993, p.4.
③ "Country Assistance Evaluation of Pacific Island Countries," (Third-party evaluation, March 2009), http://www.mofa.go.jp/policy/oda/evaluation/country/index.html，访问日期：2012年2月25日。
④ 日本外务省："Why the Pacific Island Countries are important to Japan?" http://www.mofa.go.jp/region/asia-paci/spf/palm2003/relation.html，访问日期：2012年2月10日。
⑤ JICA：《国際協力機構年次報告書2012》，http://www.jica.go.jp/about/report/2012/ku57pq00000sc3za-att/14.pdf，访问日期：2012年12月10日。

大量废弃物的堆积、水资源的减少以及气候变化问题是南太平洋岛国所面临的共同挑战。2009年5月，第5届日本－太平洋岛国论坛峰会上，双方达成构建"太平洋环境共同体"协议，① 日本投入68亿日元，设立太平洋环境共同体基金，持续为南太平洋岛国提供节能产品、提升水资源管理及废弃物管理水平，并帮助这些国家培养环境问题方面的专家。近年来，针对中国对该地区援助的扩大，日本十分重视发挥其在环境保护领域（如垃圾处理等）的优势，根据南太平洋岛国的需要提供援助。② 2010年，JICA与太平洋地区环境计划秘书处（Secretariat of the Pacific Regional Environment Programme，SPREP）合作，开始实施涵盖全部南太平洋岛国的"大洋洲废弃物区域战略（2010～2015）"，目标在于帮助南太平洋岛国建立可持续废弃物管理制度及完善人才培养计划，促使南太平洋岛国减少废弃物的产生，提高废弃物的循环再利用率，帮助其建立可持续性资源循环型社会。该战略的合作在区域以及单个国家两个层面上进行。2011年，日本向该地区的11个国家提供了相关援助。2012年在冲绳召开的第6届日本－太平洋岛国论坛峰会上，双方再次重申了关注包括废弃物与水资源管理在内的环境问题的重要性，尤其强调要加强各国间的合作，培养面向整个区域的人才。

第三，加强与日本地方政府、大学及非政府组织的合作，提高ODA援助的质量。

日本政府在南太平洋岛国废弃物管理问题上，引入"福冈模式"，即日本福冈市与福冈大学合作研发的"准好氧填埋法"，在萨摩亚塔发易咖塔（Tafaigata）村的废弃物处理场按"福冈模式"升级以后能够实现低成本运作和管理。同样的方法也被运用于升级帕劳、瓦努阿图以及密克罗尼西亚的垃圾填埋场。日本鹿儿岛县的志布志市发明了一种在不使用焚化炉的情况下减少废弃物排放并提高资源回收率的方法。JICA通过与志布志市合作，帮助太

---

① 第5回日·PIF首脑会議北海道アイランダーズ宣言，第1付属文書"太平洋環境共同体"，参见日本外务省网站：http://www.mofa.go.jp/mofaj/area/ps_summit/palm_05/ha_sen01.html，访问日期：2012年10月1日。

② 第6回太平洋·島サミットに向けた有識者会合提言，http://www.mofa.go.jp/mofaj/press/release/23/11/pdfs/1115_06_01.pdf，访问日期：2013年1月1日。

平洋岛国加强了废弃物分类来减少废弃物的数量并提高资源有效利用率，促进了废弃物的循环再利用。在帕劳，JICA 与三重县政府及财团法人国际环境技术转化中心（International Center for Environment Technology Transfer）合作建立了一个有机垃圾堆肥项目。在汤加，JICA 与冲绳县那霸市以及非政府组织冲绳再循环运动市民会合作，帮助减少废弃物产生的数量并有效地使用废弃物。

太平洋地区国家同样十分容易受到气候变化的影响。特别是图瓦卢以及其他低洼珊瑚礁国更容易受到海平面上升以及其他由气候变化所造成的现象的影响。JICA 与东京大学以及日本科学技术振兴机构（JST）合作，向南太平洋岛国提供生物工程研究方面的科学技术合作，包括珊瑚礁及由有孔虫等生物导致的砂石的产生、运输和堆积的机理等内容。[1] 日本政府在对南太平洋岛国的 ODA 援助中，注重加强与日本地方政府、大学及非政府组织的合作，既可以缓解日本政府面临的财政压力，又可以提高 ODA 援助的质量，还可以使日本的 ODA 援助从"看不见的援助"转变为"看得见的援助"，提高日本的国际声誉，可谓"一举多得"。

第四，在对南太平洋岛国的援助上加强与美国的合作。

2012 年 5 月，在日本的倡议下，美国第一次被邀请参加了在日本冲绳召开的第 6 届日本 - 太平洋岛国论坛峰会。8 月底，美国首次参加了在库克岛举行的太平洋岛国论坛。9 月 1 日，日本外务大臣政务官中野让和美国国务卿希拉里共同出席了在库克岛召开的太平洋岛国论坛对话国会议，日美两国签署了《关于对太平洋岛国援助日美合作共同声明》。声明规定，日美在对南太平洋岛国援助中，在防灾、环境·气候变化、克服岛国脆弱性与人类安全保障、人员交流与情报共享四个优先援助领域加强合作。[2] 日本试图通过与美国的合作，借助美国的力量，继续保持其在南太平洋地区的优势地位，与美国一道共同构建亚太地区新秩序。

---

[1] JICA：《国際協力機構年次報告書 2012》，http：//www.jica.go.jp/about/report/2012/ku57pq00000sc3za‐att/14.pdf，访问日期：2012 年 12 月 10 日。
[2] 太平洋島嶼国における日米援助協調に関する共同声明，http：//www.mofa.go.jp/mofaj/press/release/24/9/pdfs/0901_01_01.pdf，访问日期：2013 年 1 月 3 日。

Policy Adjustment in Japan's ODA to the South Pacific Islands in Recent Years

Chen Yanyun Cheung Yikfan

Abstract: Over the past few years, some of the world's major states have begun to realize the strategic value of the South Pacific in today's world and have consequently increased their Official Development Assistance to this region. In this context, Japan, which has held interest in and exerted significant influence on the region, began to change its ODA policy towards the South Pacific. The goals of this essay are to explore the international situation in the South Pacific, and to produce research by analyzing and summarizing the changes and new characteristics of Japan's ODA policy towards the South Pacific.

Key Words: Japan; South Pacific Islands; ODA Policy

B.6
澳美同盟关系溯源及现状

叶 菁

摘 要：

1951年9月1日澳大利亚、新西兰和美国在旧金山正式签订《澳新美同盟条约》，澳美军事同盟关系正式确立。此后60余年间，澳美同盟一直被视为澳大利亚安全与防务战略的基石，深刻影响着澳大利亚的外交政策。近年来，随着中国在东亚地区影响力的不断上升以及美国奥巴马政府外交战略重心的调整，澳大利亚这一美国在亚太地区的传统盟国的战略地位再次凸显。2011年9月16日，以澳美同盟关系建立60周年为契机，美国总统奥巴马对澳大利亚进行了为期两天的访问并宣布扩大包括增派美国在达尔文驻军等一系列的军事合作，澳美同盟关系呈现加强趋势。然而"中国因素"始终是美澳同盟无法回避的问题。随着中美、中澳之间经济相互依赖程度的提高，中美两国在亚太新格局下的互动，将深刻影响澳美同盟关系的未来。本文对澳美同盟关系发展历史作了阐述，并分析了在美国"重返亚太"以及中国崛起的大背景下，澳美同盟的发展趋势。

关键词：

澳美同盟 中国因素 外交关系

澳大利亚与美国的同盟关系由来已久。自二战以来，凭借1951年9月签订的《澳新美同盟条约》与美国保持着特殊同盟关系，《澳新美同盟条约》一直被澳大利亚视为其安全保障。进入21世纪以后，基于国家利益的需要，澳美同盟关系相比冷战结束初期有所加强，2001年美国"9·11"事件发生以后，澳大利亚更是首次援引《澳新美同盟条约》，加入美国发动的对阿富汗和伊拉克的反恐战争。此后双方高层互动逐渐增多。2009年奥巴马政府上台以后，一改布什政府过于关注"反恐"，推崇武力的"单边主义"外交，转而携其"巧实力"实用主义外交政策，将美国的战略重心转移到亚太地区。2011年9月，时值澳美同盟建立60周年之际，美国总统奥巴马首次访澳，并表达了进一步加强双方军事合作的愿望。2012年11月美澳在澳大利亚珀斯举行美澳年度部长级会谈，美国国务卿希拉里·克林顿再次表达了增强两国在海军、陆军及空间领域的合作的意愿。在美国高调重返亚太以及中国影响力日益提高等一系列新的国际环境因素的作用下，澳美同盟关系迎来了一个全新的发展时期。

一 澳美同盟关系的起源与发展历程

澳大利亚在历史上长期作为英国的殖民地而存在。1770年英国航海家车克船长率领船队抵达被其命名为"新南威尔士"的澳大利亚东海岸，并代表大英帝国对该地宣示了领土主权。此后，澳大利亚取代北美殖民地，成为英国流放囚犯的场所，1788年1月18日，菲利普船长带领着载有736名罪犯的船队抵达了澳大利亚东部的园林湾（Botany Bay）并建立了英国在澳大利亚的首个殖民地。1901年1月1日，澳大利亚联邦正式成立，但建国后的澳大利亚在很大程度上仍然依附于其母国英国，在外交和重大防务问题上并没有自己的独立自主权。1942年澳大利亚柯廷政府通过《威斯特敏斯特法案》，至此，从法律的层面上赋予澳大利亚更多的外交权力。

（一）澳美战时军事同盟关系的建立

1941年12月，日军偷袭珍珠港，太平洋战争爆发，1942年2月，日本凭借其强大的登陆作战能力攻陷新加坡，并于四天后轰炸了澳大利亚的达尔文以及布鲁姆地区。突如其来的安全威胁使得澳大利亚人意识到，母国英国已经没有能力在战时确保澳大利亚的安全。自此，澳大利亚不得不在加强自身国防和外交自主性的同时，寻求新的能够给澳大利亚带来"安全感"的保护国。早在1941年12月27日，当太平洋战争打响不到一个月的时候，柯廷总理便提

出:"我毫无顾忌地表明,澳大利亚的目光现在都投向美国……我们下定决心不让澳大利亚灭亡。我们要齐心协力,找到新的出路,而美国正是新出路的基石。美国能给我国自信,我们将坚持下去,直到对敌人进行反攻。"① 尽管柯廷政府在当时充满争议性的发言遭到了丘吉尔政府的大肆抨击,但是可以看出,此时的澳大利亚已经开始将维护本国安全的赌注下在了美国身上。美国罗斯福政府也投桃报李,很快对柯廷政府的示好行为作出了反应,表示"美国将全力以赴地支持澳大利亚,并把澳大利亚作为美国军事力量开展行动的一个基地"。② 在太平洋战争爆发后,正如澳大利亚所期望的一样,美国渐渐取代了英国,成为了澳大利亚在军事上的合作伙伴。二战的爆发促进了澳美两国在防务和安全方面的合作,美国以澳大利亚为依托,成功地阻止了日军深入南太平洋地区的侵略野心,保障了澳大利亚本土的安全。"澳美军队联合作战不仅遏制了日本的侵略气焰,而且建立了相互合作与信任的机制。这就为战后澳美同盟关系的缔结奠定了基础并提供了范式。"③

澳美战时紧密的军事合作关系并没有在战后得以持续。一方面,尽管二战使得澳大利亚政府认识到英国已无力保障澳本土的安全,但长期以来与英国建立的依附关系不可能因为英国在战时"令人失望"的表现而完全中断。相反,日本的战败使得澳大利亚本土面临的直接威胁消失,英澳之间关于安全与防务问题上的矛盾得到缓和,根植于澳大利亚民众心中的"英联邦"情结仍是战后澳大利亚的主流。尽管二战的冲击使得澳大利亚更多地开始从本国的立场思考问题,但在对待新中国政权等问题上可以很明显看出,英国在澳大利亚的外交决策中,始终发挥着举足轻重的影响。另一方面,从美国方面来看,由于澳大利亚的实力只能算是一个中等国家,而且,战后初期,对于美国而言,东亚地区形势一片大好:亲美的蒋介石政府事实上控制着大陆政权;美苏之间关系也并未完全破裂;日本彻底沦为美国的附属国。因此,美国更多地将关注点集中在欧洲。在美国战后初期制定的战略报告中,一度将澳大利亚定位为美国国家战略利益的边缘地区。甚至在中国共产党赢得内

---

① 黄源深、陈弘:《从孤立中走向世界:澳大利亚文化简论》,淑馨出版社,1992,第38页。
② 《纽约时报》1941年12月29日。
③ 汪诗明:《1951年〈澳新美同盟条约〉研究》,世界知识出版社,2008,第67页。

战胜利、在大陆建立政权之后,美国国务卿艾奇逊仍然抛出"美国在太平洋的防务范围,是从阿留申群岛,经日本、琉球到菲律宾,没有包括澳大利亚和新西兰"的言论。① 由此可见,战后初期,澳美同盟关系建立的条件并不成熟。

(二)《澳新美同盟条约》的签订

从安全方面来看,澳大利亚政府多次尝试与美国建立安全防御体系,甚至早在战时,澳大利亚已反复向美国政府表达了希望战后能够继续依赖美国的军事存在维护太平洋地区稳定的愿望。但作为中等国家的澳大利亚,由于实力的局限,无法取得美国的青睐,在战后对日处置等事关澳大利亚核心利益的问题上,澳大利亚处于极度边缘化的地位。自主意识不断增强的澳大利亚在寻求美国安全保护无果却又抗争无效的情况下,为发挥其在南太平洋甚至世界中的影响力,在1944年初转而与新西兰签署《澳新协定》,这更招致美国的反感;再加之在联合国筹备初期以伊瓦特为代表的澳大利亚政客在对待大国否决权、联合国大会权力以及在联合国托管问题上争议不断,阻碍了澳美关系的发展。

随着共产主义中国的成立以及朝鲜战争的爆发,东亚地区战略格局发生重大变化。美国为遏制共产主义势力在亚洲的蔓延,不得不对其全球战略重新部署。澳美关系此时迎来了新的发展机遇。

1949年10月1日,中华人民共和国中央人民政府成立,并采取一边倒政策,投向苏联社会主义阵营,亲美的蒋介石国民党政权则被迫退守台湾。1950年6月25日,朝鲜战争打响;6月27日,美国正式参战;10月25日,中国以派出人民志愿军的形式参战,朝鲜战场形势迅速发生逆转。面对形势的变化,澳大利亚当局准确地把握住了发展对美关系的时机。在对待中华人民共和国成立的问题上,英国在1950年初便承认了新中国政权,但是作为英联邦的澳大利亚在权衡利弊后,还是选择了与美国保持同样立场,采取敌

---

① Dean Acheson, Speech on the Far East, January 12, 1950, Department of State Bulletin, January 23, 1950, pp. 111 – 119.

视新中国政权的策略。朝鲜战争爆发后,美国驻联合国代表向安理会提交动议,呼吁组建"联合国军",澳大利亚政府积极主动地迎合了美国的要求,澳大利亚成为除美国之外,首个向朝鲜战场派兵的国家。正是基于澳大利亚一系列立场鲜明的动作,美国开始重新认识澳大利亚的战略价值。早在1948年,基于东亚战略考虑,美国改变了对待战败国日本的政策,转而采取"软"和平的手段,企图将日本扶植成为美国在亚洲反对共产主义的桥头堡。作为在二战中深受日军荼毒的澳大利亚和新西兰,任何对日本不彻底的惩治行为都被视为一种对战争受害国的侮辱,此外,不彻底的"软"和平,对于澳大利亚和新西兰还意味着将面临日本军国主义势力东山再起的风险。美国在对日政策上又必须寻求东南亚盟国的支持。在澳大利亚政府看来,澳大利亚同意对日签订和平条约的前提,就是能够与美国达成在太平洋地区的集体防御协定。"孤立地谈论对日和约不是澳大利亚政府希望尽快解决日本问题的初衷。"① 澳大利亚国家防务的要求与美国亚洲战略调整的需要,使它们在1951年期间逐渐达成妥协,美国、澳大利亚和新西兰开始了关于建立太平洋防御条约的谈判。尽管在关于条约的参与国、条约的适用范围、条约签订时间方面美国和澳新两国有着不同的看法,但签署对日和约的紧迫任务,最终使得澳大利亚、新西兰和美国还是赶在对日和约签订的前几天签订了《澳美新同盟条约》(ANZUS),澳大利亚终于如愿以偿地建立了与美国的军事同盟关系。

(三)澳美同盟关系的发展与演变

《澳新美同盟条约》自1951年签订以来历经60余年的发展,在此期间,随着国际环境的变化,同盟关系有所波动。甚至在20世纪80年代,新西兰工党政府因其坚决的反核立场而宣布退出同盟条约。但对于澳大利亚而言,澳美同盟关系始终作为澳大利亚外交和防务的基石而存在。

澳美两国签订条约的初衷并非一致。澳大利亚作为一个地区性的中等国

---

① N. D. Harper, "Australia and the Peace Settlement with Japan," Australian Paper No. 3, Australian Institute of International Affairs, 1950, p. 21. 转引自汪诗明《1951年〈澳新美同盟条约〉研究》,世界知识出版社,2008,第146页。

家,急切需要美国在南太平洋地区为其提供安全上的保障,防止日本军国主义的威胁显然是澳大利亚签订《澳新美同盟条约》的重点。然而美国作为一个世界性的超级大国,更多地从全球战略的角度看待条约。在东亚共产主义势力扩张的情况下,要想遏制共产主义运动的蔓延,则必须在太平洋西部自北向南构筑一套完整的防御体系。日本和澳大利亚分别成为美国遏制战略中的"北锚"和"南锚"。从根本上来说,澳美同盟中两国的地位并不对称,这也就注定了在《澳新美同盟条约》的相关问题上,美国扮演着主导性的角色。

20世纪60年代,随着越南战争的爆发,澳美同盟关系发展到了新的高度。基于澳美两国在《澳新美同盟条约》中达成的军事合作基础及《东南亚集体防御条约》的义务,1962年开始,澳大利亚先是派遣军事顾问,进而直接派兵前往越南战场。澳大利亚为此付出了500人死亡、4000人受伤的惨重代价。这一时期,澳大利亚在国际事务中以反共为己任,俨然成了美国冷战阵营内部的得力助手,美国部分民众当时戏称,"澳大利亚就像是美国在海外的第51个州"。

20世纪60年代末70年代初,由于美国在越战中元气大伤且国内危机不断,尼克松政府在访问亚洲的途中抛出了代表美国在亚洲地区战略收缩的"关岛主义",此后演变为以"伙伴关系、实力和谈判"为三大支柱的"尼克松主义",并表示美国将不再承担保卫世界自由国家的全部责任。此外,1972年尼克松访华,中美两国发表了代表两国关系缓和的《上海联合公报》。由于尼克松访华事先并没有知会澳大利亚政府,这一改善与共产主义国家关系的反常举动被澳大利亚政府视为美国对澳大利亚人民感情的伤害,也使得澳大利亚长期以来奉行的敌视共产主义国家的政策瞬间失去精神支撑。1972年末,惠特拉姆领导的工党赢得大选,并开始奉行更加独立自主的外交政策。澳大利亚开始将关注的重点更多地放在亚洲地区,并逐渐放弃了将澳大利亚军事力量派往本土之外的"前沿防御"政策。在对待澳美同盟的关系上,澳大利亚则将两国同盟关系的重点由依附美国转移到加强自身军事实力建设上,开始为本国防务承担起更多的责任。但是不可否认的是,尽管美澳同盟关系在这一时期的重要性相对之前有所下降,但无论是工党政府还是自由党乡村党政府,都始终

把美澳同盟摆在澳大利亚外交政策的一个突出位置,从未质疑美国的安全保障对于澳大利亚的重要性。即使在20世纪80年代中期,澳大利亚和新西兰国内反核呼声高涨、新西兰政府被迫退出《澳新美同盟条约》的最困难时期,澳大利亚政府也没有脱离澳美同盟关系。只是由于世界形势的变化,澳大利亚只能被动地承担起更多的责任,在自身定位问题上,更多地从一个地区性中等国家出发,以期发挥其有限的影响力。

20世纪90年代初,随着东欧剧变和苏联的解体,两极格局以西方意识形态的胜利而走到尽头。尽管美国成为了世界上唯一的超级大国,但美国所期望的世界民主并没有因此实现。与之相反,被冷战掩盖的民族主义、宗教、领土纠纷、海洋权益、跨国犯罪等新的问题层出不穷。在亚太地区,美国不仅需要面对诸如中国、俄罗斯和印度等地区潜在大国的挑战,而且还需要面对与日本、韩国、澳大利亚等传统盟国的经济摩擦。为巩固美国在亚太地区的战略利益,90年代中期,美国政府开始着手对亚太政策进行调整,在继续强调盟国应更多地承担自身安全责任的同时,开始更多地介入亚太地区的事务,并试图建立更为稳固的多边安全机制。冷战结束后,美国军事同盟没有随主要战略对手的消失而消失,美国把从冷战中继承的同盟关系当做推行后冷战议程的关键因素,促使同盟体系转型,并丰富同盟内涵、调整同盟职能。美国同盟从应对共同威胁转向应对地区不稳定因素,同盟合作的内容和手段更趋多样化。[①] 澳大利亚作为美国在南太平洋地区的重要盟友,面对新的国际形势,也对其安全战略进行了重新评估。冷战的结束使得安全因素不再是澳大利亚考虑的唯一重点,在对美国加强澳美同盟关系作出正面回应的同时,澳大利亚政府开始将部分注意力转移到经济、社会安全等其他问题上来。总的来说,在这一时期澳美同盟关系得到了一定程度的加强;只是国际环境的变化使得澳大利亚认识到,不可能像冷战时期一样,把澳美同盟看成保障澳大利亚安全的唯一支柱,澳美同盟仍是澳大利亚防务政策的"一个关键因素",但不是唯一的因素。

21世纪初,澳美同盟关系继续向前发展。"9·11"事件后,澳大利亚政

---

① 李凡:《冷战后的美国和澳大利亚同盟关系》,中国社会科学出版社,2010,第66页。

府第一次援引《澳新美同盟条约》，加入到美国在全球的反恐活动中，双方积极推动在军事情报信息、国防科技、联合军事演习等领域的合作。在霍华德政府执政时期，澳大利亚专注本土防御的政策被积极依附美国、全面配合美国在全球的反恐活动所取代。同时，在美国的积极推动下，澳、日、美三国也开始了在多边安全合作机制方面的对话，澳大利亚成为美国在冷战后亚太安全网络布局中的重要环节。奥巴马政府上台以后，基于亚洲在世界格局中的重要地位，开始将外交政策重点向亚太地区转移。奥巴马自称是美国历史上第一位"太平洋总统"，奥巴马政府上台后一改布什政府过于关注反恐活动的"单边主义"政策，高调宣布重返亚太。然而与冷战初期不一样的是，利用美国将注意力转移到中东地区的有利时机，印度和中国等亚洲国家取得了巨大的发展，特别是中国的崛起，已经成为了澳美同盟关系深入发展所无法回避的问题。

通过对澳美同盟关系发展脉络的梳理，可以看出，在过去的 60 余年中，尽管澳美两国同盟关系的亲疏程度随着国际形势的变化而有所波动，但基于共同利益的需要，两国同盟关系得以长期维系。

二 澳美同盟关系的最新进展

2011 年是《澳新美同盟条约》签订 60 周年，为此澳美双方高层进行了一系列的互动。2011 年 3 月，澳大利亚总理吉拉德访美，9 月，澳大利亚外长、前澳大利亚总理陆克文与国防部长史密斯访美，并与美国国务卿希拉里·克林顿和国防部长帕内塔举行了第 26 次澳美年度双部长会议，澳美军事合作迈出 30 年以来的最大步伐，双方达成协议，将最后敲定关于美国自由使用澳大利亚军事基地的协议，同时加强在太空、网络空间、联合军演、弹道导弹防御等方面的合作。11 月，澳大利亚总理吉拉德赴美出席亚太经合组织领导人非正式会议。11 月 16～17 日，美国总统奥巴马第一次访问澳大利亚，并确定双方军事合作计划，计划从 2012 年中开始，陆续派遣 200～250 名美国海军陆战队军人进驻澳大利亚的达尔文，最终使得美军驻澳大利亚总人数达到 2500 人。同时签署了增加美国对澳大利亚空军和海军基地、陆军训练地区和轰炸靶场使用的协议。奥巴马在堪培拉对澳国会的演讲中

说:"毋庸置疑,21世纪在亚太地区,美利坚合众国正全面参与。"① 奥巴马结束对澳大利亚的访问后,紧接着前往在印度尼西亚巴厘岛举行的东亚峰会,这是美国和俄罗斯第一次参加该首脑峰会,被认为是美国重返亚太的重要标志。2012年3月,美国《华盛顿邮报》报道称,"澳美两国将大幅提升军事关系,包括美军将加大对澳大利亚港口的使用"。2012年4月,澳大利亚新任外交部长卡尔在上任不久后即访问美国,其间与美国国务卿希拉里·克林顿就2011年部长会议的议题进行了深入探讨,并强调将进一步在全球和地区等问题上推动双边合作。2012年11月14日,澳美部长级年度会议在澳大利亚珀斯举行,澳大利亚和美国就加强双边防务合作计划表示将继续深化澳美军事合作。在会上,双方针对2011年奥巴马访澳时关于驻军的调整,确定另一批200名美国海军陆战队于2013年到澳大利亚训练,这一轮训数字将于2014年增至1100名,2016年达到预定的2500名。② 可见,在过去的几年时间中,澳美军事合作得到了进一步的加强。

三 影响澳大利亚外交战略中对于"澳美同盟" 关系定位的因素分析

澳美同盟60余年发展的历史经验表明,澳大利亚对于"澳美同盟"的定位受到许多因素的影响。历史联系、价值观、地缘政治、地区格局、安全威胁、美国外交选择、澳大利亚国内政治等因素,均在澳大利亚对于"澳美同盟"关系的定位中起到不可忽视的作用。依据不同影响因子在长时期内的稳定性,可以将以上因素分为"恒量"以及"变量"两种类型。恒量表示该影响因子在较长时间内稳定性较好,不会产生较大的变动;变量表示该影响因子在短期或者中短期内变化频率较高。根据对恒量和变量的界定,在影响澳大利

---

① "Remarks by President Obama to the Australian Parliament," Canberra, 17 November, 2011, http://www.whitehouse.gov/the-press-office/2011/11/17/remarks-president-obama-australian-parliament,访问日期:2012年12月1日。
② 人民网2012年11月25日报道,http://news.xinmin.cn/rollnews/2012/11/15/17181987.html,访问日期:2012年12月9日。

亚对澳美同盟的定位因素中，历史联系、价值观、地缘政治可以看作常量，而地区格局、安全威胁、美国外交选择、澳大利亚国内政治等因素，则可视为变量。其中，恒量保证澳美同盟关系总的发展趋势；而变量则影响澳大利亚对同盟关系的阶段性定位。

（一）澳美同盟关系中的恒量分析

1. 历史联系

澳大利亚和美国在历史上渊源颇深。北美独立战争的爆发使得英国失去了流放罪犯的领地，英国不得不在海外寻求新的殖民地以解决国内监狱人满为患的问题。澳大利亚联邦建立以后，澳大利亚更是奉美国政治制度为圭臬，以美国三权分立制度为蓝本，建立了澳大利亚本国政治制度。1908 年美国大白色舰队访澳开始，澳大利亚已经与美国开始有了直接的接触，尽管当时的澳大利亚并没有独立的外交权，邀请美国舰队造访还需通过宗主国英国的申请，但美国舰队的造访，无论在澳大利亚政界还是在民间都受到了热烈的欢迎。尤其是第二次世界大战中，在太平洋战场上，当英国无力保护澳大利亚安全的时候，又是美国挺身而出，挽救澳大利亚于危亡之际。1951 年《澳新美同盟条约》签订以后，两国同盟关系得到国际法上的确立，澳大利亚自此视澳美同盟为澳大利亚外交与防务的保障。2001 年 "9·11" 事件爆发后，澳大利亚更是第一次援引同盟条约，加入美国的反恐战争。澳美之间悠久的历史联系有利于两国同盟关系的保持与发展。

2. 价值观

建构主义的同盟观，将价值观与身份认同视为维系同盟关系的基础，两个价值观趋同的国家相对于价值观相异的国家更有可能建立合作甚至同盟关系。澳大利亚和美国同属盎格鲁－撒克逊种族分支，与英国有着不可分割的血缘关系。澳大利亚与美国一样，早期作为英国的殖民地存在，使用英语，拥有相近的文化。亨廷顿在《文明的冲突》中将澳大利亚和美国一同划归西方文明。根据亨廷顿的观点，文明内部爆发冲突的可能性极低。美国崇尚的核心价值观"天赋人权""民主自由""世界和平"在澳大利亚国内也广受认同。冷战初期，基于对共产主义的恐惧与仇视的共同心理，澳美新签订

《澳美新同盟条约》，构筑起遏制共产主义扩张的安全防护网；冷战后反对恐怖主义方面的共识，使得澳大利亚加强了与美国的同盟关系。澳大利亚与美国价值观的趋同性在今后两国同盟关系的发展中仍然会发挥重要的促进作用。

3. 地缘政治

澳大利亚地处南太平洋地区，是南半球一个类似岛屿的大陆，占据了重要的地缘战略位置。澳大利亚东部是太平洋各岛国；北面紧邻东亚近海岛屿链和美国海军基地关岛；西北面越过印度尼西亚群岛可直达马六甲、南中国海，在陆地则可到欧亚大陆的中南半岛；西接印度洋，是美国在印度洋最重要的海空基地迪戈加西亚的最大后勤基地，亦可直航到南非的好望角；南部与南极大陆遥遥相望。① 澳大利亚独特的地缘地位对美国的全球战略布局而言意义重大，在今后的很长一段时间内，美国仍然会将澳大利亚看做其太平洋防务网络中的重要一环。

但随着亚洲地区经济的崛起与区域一体化的发展，澳大利亚在地缘战略上迎合美国的利益需要的同时，也渐渐开始更多地以亚洲的视角发展国家关系。

（二）澳美同盟关系中的变量分析

1. 地区格局——亚洲的崛起

亚洲的崛起已成为21世纪最受关注的问题之一。经济全球化背景下的产业转移与亚洲国家内部市场化改革相结合，创造出亚洲国家经济发展的奇迹。亚洲经济和政治影响力的上升改变了全球的经济和地缘战略结构，国际战略中心由大西洋向太平洋地区转移。亚洲成为了最具经济活力的地区。基于美国全球利益的考虑，奥巴马政府上台以后，高调宣布"重返亚太"，将美国战略重心东移。在亚太地区内，逐渐形成了美国、中国、俄罗斯、印度等几大政治力量中心。中国的迅速崛起使得亚太地区的力量对比

---

① 刘新华、秦仪：《略论澳大利亚的地缘战略地位和美澳军事同盟关系》，《世界经济与政治论坛》2003年第3期，第78页。

不断发生变化。美国和中国在亚太地区的角色定位问题成为了今后左右澳大利亚外交政策的一个关键因素。2012年10月28日，澳大利亚总理吉拉德在悉尼洛伊国际政策研究中心公布名为《亚洲世纪中的澳大利亚》的白皮书。白皮书对澳大利亚2025年前的发展方向和发展路径进行了详细的规划，并将"融入亚洲"作为澳大利亚保持经济发展与繁荣稳定的前提。由此可见，亚洲因素，特别是"中国因素"对澳大利亚外交战略的影响程度呈现出逐步上升的趋势。如何面对中国崛起是处理澳美同盟关系定位中无法回避的问题。

2. 安全威胁

澳大利亚是一个地理位置与文化传统极不相称的国家。从地理位置上来看，澳大利亚距离亚洲比距离西欧以及美洲要近得多，然而澳大利亚的历史、文化、制度和意识形态却从西方国家继承而来。这使得澳大利亚在潜意识中产生不安全感，认为随时有可能受到来自亚洲国家的威胁。同时，由于澳大利亚国家实力的局限性，使得澳大利亚在国家安全与防务问题上，总会采取依附西方大国的方式来实现自己的安全保障。二战以前，澳唯英国马首是瞻，寻求英国军事力量的庇护；二战以后，转而将国土安全捆绑在美国的战车上。冷战以前，对于日本军国主义威胁的恐惧，使得澳大利亚一心想要建立太平洋防务体系，并最终实现了与美国建立美澳同盟的愿望；此后，澳将安全威胁转移到共产主义在亚洲的扩散上，澳大利亚不惜远征海外，以东南亚条约组织的名义，参与世界各地的反共战争。

但是，冷战结束以来，国际关系已经发生了很大的变化，美苏两极体系的瓦解，使得安全因素在国际政治中的重要性呈现出相对下降的趋势，同时，由于全球化的发展，经济因素在国际政治中的重要性不断得到提升。核武器以及国际组织的发展，使得爆发世界性战争的可能性降到低点，各国开始更加关注自身的经济发展与社会机制的完善。亚洲经济的迅速发展，为世界经济注入了新的活力。对于澳大利亚来说，自1972年澳大利亚工党政府放弃"亚洲前沿防御"政策以来，便开始注重加强与亚洲的联系。苏联的解体与中国改革开放的实施，使得共产主义威胁下降。进入21世纪以后，陆克文与吉拉德的工党政府，采取更加务实的政策，立足亚洲市场，发挥澳大利亚在矿产资源、农业资源等方面的优势,以实现澳大利亚经济的增长。可以说,澳大利亚与亚洲日益密切的经济联系,使得新时期下,安全威胁对澳大利亚外交政策的影响力有所下降。

3. 美国外交选择

苏联的解体,使得美国成为了世界上唯一一个超级大国。美修复与巩固美国战后建立的同盟体系符合美国的国家利益。"9·11"事件的爆发,使得美国外交战略发生重大转变,布什政府将战略重点部署到中东地区,以反恐之名进行的诸如阿富汗战争、伊拉克战争等一系列的反恐战争,尽管使得美国的势力范围深入中东地区,但却损耗了美国巨大的财力,客观上使得美国相对实力有所下降。紧紧抓住美国将战略重心转移到中东地区的有利机遇,中国通过国内市场经济改革以及发挥巨大的劳动力优势,经济取得迅猛发展,一跃赶超日本,成为世界第二大经济体。由于美国在亚洲地区经济利益的不断提升,加之中国在亚洲地区的崛起客观上对美国在亚洲传统的支配地位构成了挑战,美国外交政策被迫发生调整。奥巴马政府上台以后,开始更加注重发展与亚洲地区国家的关系。正如奥巴马在其关于亚洲政策中的演说中所说的,"美国今天的选择,是如何回应中国在亚洲地区对于美国的领导权的挑战","美国不应甘于沦落为亚洲地区领导之一,而是亚洲唯一的领导国家"。① 美国的外交选择必然深深影响澳大利亚对于澳美同盟的定位,而在当前来看,归根结底是美国应对中国崛起的选择。

4. 澳大利亚国内政治

作为西方民主国家,澳大利亚的外交政策打有深深的政党政治烙印。战后澳大利亚政府基本上呈现工党与自由党②交替执政的局面。在对外政策上,工党和自由党在看待世界局势、外交自主性等方面有所不同。仅以中澳关系为例。中华人民共和国建立初期正值澳大利亚政府选举之际,1949年12月前执政的奇夫利工党政府,在是否承认新中国的问题上,因更多地

---

① Hugh White, *The China Choice*: *Why America Should Share Power*, Griffin Press, 2012, pp. 178 - 179.
② 或自由国家党联盟,简称联盟党。

考虑到英国以及澳大利亚国家利益的需要而犹豫不决；然而继任的孟席斯自由党政府则采取明确追随美国、仇视新生共产主义政权的政策。在1972年12月中澳建交之际，麦克马洪的自由党政府在对待中澳建交问题上一直持反对态度；之后赢得大选的惠特拉姆工党政府，实现了中澳外交关系的最终建立。总的来看，工党政府更加强调国际主义和多边主义，重视联合国作用和地区多边机制的建设，倡导发挥澳大利亚作为中等国家的国际角色；自由党则强调双边主义，重视与美国等传统大国的关系。在对待与亚洲的关系方面，工党相对自由党，采取更加主动融入亚洲的政策。2007年以来的两位澳大利亚总理陆克文和吉拉德均属于工党政府，可以预见，在对待澳美同盟关系与处理亚洲关系方面，澳大利亚将采取更加积极、务实的政策。

四 "亚太世纪"中的澳美同盟关系展望——应对中国崛起的选择

进入21世纪以后，亚洲地区强劲的经济发展势头仍然在持续，世界经济机制的运转依赖亚洲市场的推动。50年来，亚洲地区出口额占世界的比重上升了将近20%（如图1所示）。据国际货币基金组织的预测，到2030年，亚洲将成为世界上最大的经济体，这一历史性的变化必将重塑国际地缘经济与政治格局，惠及亚洲及周边国家与地区的经济发展。① 从世界格局来看，中国逐渐成为亚洲地区性政治和军事大国；美国仍然将不遗余力保持其在亚太地区的传统势力；俄罗斯遭受苏联解体十余年的元气大伤之后开始慢慢复苏；印度作为世界第二大人口大国，也成为亚太地区重要的战略力量；此外，经历长期经济停滞的日本、一体化谋求影响力的东盟，都是亚太地区战略格局的重要组成部分。但从国家力量的对比来看，美国仍然是亚太地区主导性的大国，而中国则凭借不断提升的经济实力积极谋求在亚太地区乃至世界的政治影响力。中美两国在亚太地区的博弈，成为

---

① 《亚洲世纪到来加剧澳大利亚身份认同危机》，《人民日报（海外版）》2012年8月29日。

了当前亚太地区大国关系的主要焦点。无论是如澳大利亚白皮书中表述的"亚洲世纪"还是如美国外交学会会长理查德·哈斯所说的"亚太世纪",澳大利亚与美国同盟关系的发展,都将深深打上"中国因素"的烙印。

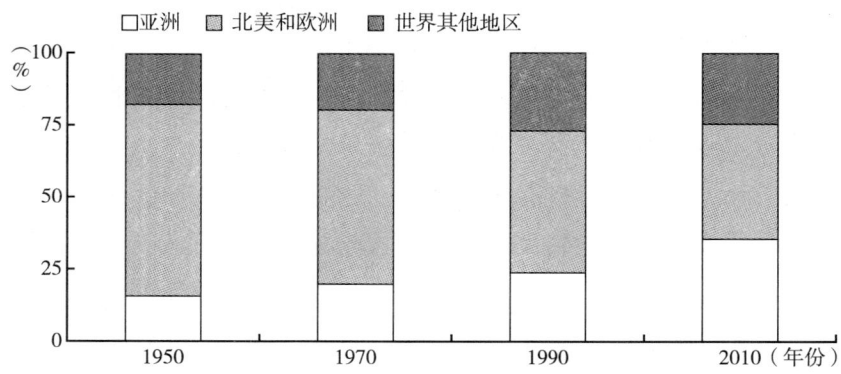

图1 各地区出口占世界的比重

资料来源:Hugh White, *The China Choice: Why America should share power*, Griffin Press, 2012, p.179。

(一)中美关系的发展前景

随着中国国家实力的上升,谋求与其实力相匹配的政治影响力已成为现实问题。作为亚太地区传统领导国家的美国,如何处理与中国的关系,成为影响亚太地区局势的关键。奥巴马总统在其发表的亚洲政策演说中就如何应对中国崛起的问题提出了几种方案:面对中国的挑战从亚洲退却;正面回应中国的挑战,以实力迫使中国妥协;与中国共治亚洲。通过分析可以发现,"退出亚洲势力范围"的政策,尽管能解除美国沉重的防务负担,但是会使得亚洲出现混乱无序的状态,不利于美国的安全与经济利益。"没有一个强大美国的存在将无法保证一个和平与繁荣的亚洲;同样,没有繁荣和平的亚洲,也不会出现一个强大的美国。"而采取极端地遏制中国的政策,同样显然不符合美国的利益,美国的强硬抵制必定会招致中国武力回应,如此循环往复,中美一旦进行正面对抗,最终只能落得两败俱伤的下场。中美经济的紧密联系注定了中美之间只能以和平的方式解决问题。况且,与冷战时期不一样的是,中国的强大靠的是经济的崛起，而不是苏联般毫无节制的军事实力。追溯美国的外交战略可以发现，根植于美国的保守主义传统认定，只有当美国感受到了明确的安全威胁的时候，才会采取敌对行动。这可以解释冷战时期的美苏对抗，但是不适用于当今的中美博弈。最后一种选择，即中美共治亚洲，这是当前学术界比较主流的观点，也是世界大部分国家所愿意看到的，美国将会让渡部分权力给中国，同时，保持美国在亚太地区的核心影响力。在经济上，继续保持与中国的往来，同时加强构筑美国安全防御体系，确保亚太地区美国的安全和经济利益。

（二）中澳关系继续向前发展

2012年是中澳建交40周年，在过去的40年中，中澳两国贸易总额增长了1000多倍。在今后相当长一段时期内，在经济领域内的交流与合作仍然是两国关系发展的主要内容。《澳大利亚年鉴》指出，中国对于澳大利亚的重要性在于其不断增长的国民经济，在亚太地区以及全球经济中的政治和战略影响力。2010～2011年，中国是澳大利亚最大的双边贸易合作伙伴。2010年两国贸易额首次突破1000亿美元，达到1133亿美元；2011年两国贸易额进一步增长，达到1211亿美元。2011年4月，澳大利亚总理吉拉德和中国政治局常委贾庆林实现互访，再次强调发展双方经贸关系。在外交方面，澳大利亚除在北京建立澳大利亚驻中国大使馆以外，还分别在广州、上海和香港建立领事馆，2013年还将在成都增设新的领事馆。此外，中澳之间还有75个城市保持着双边友好关系。在对澳投资方面，作为发展中国家的中国尽管不如美国，但是近年来对澳大利亚的投资有所增长。2011年中国在澳大利亚投资总额170亿美元，排在所有对澳投资国家中的第12位。此外，旅游业也是近年中澳发展势头猛烈的领域，2010年在澳中国游客达到454000人，中国在澳大利亚的留学生占了澳大利亚所有海外留学生的1/4。可以肯定的是，澳大利亚是乐于看到一个经济繁荣的中国的出现的，但澳大利亚更加关注的是中国给澳大利亚带来的经济利益。相比于两国年均10%以上的贸易增长，在政治、安全与文化方面，双方关系几乎处于原地踏步的状态。意识形态的分歧和在南海自由航道的问题上的不同立场等，严重阻碍了两国政治关系的发展。

（三）澳美保持传统同盟关系，扩大安全合作领域

在所有澳大利亚对外双边关系中，澳美关系始终是澳大利亚外交的重中之重。澳大利亚各类外交文件，都明确指出"澳大利亚与美国的关系是澳大利亚广泛的安全与经济利益的基础"。《澳美新同盟条约》构成了澳美安全同盟的核心。在今后很长一段时期内，澳美同盟关系仍然将保持着相当的活力，澳美同盟条约的内涵不断向外延伸：从原始的应对共产主义扩张，到如今在科技合作、军事训练、情报共享以及反恐、防止核扩散、人道主义行为等诸多领域内的合作。2011年9月，奥巴马访澳，表达了进一步加强澳美军事合作的意愿，并受到了澳大利亚民众的热烈欢迎。2012年后美国将先后派遣2500名海军陆战队队员入驻澳大利亚达尔文及北部军事基地，为两国的军事训练与合作提供帮助。作为美国在亚太防御体系中的"南锚"，澳大利亚在安全与防务问题上的需要，仍然是保障澳美独特关系的重要原因。除此以外，在经济投资上，美国仍然是澳大利亚最大的双边投资伙伴。2005年1月1日生效的美澳自由贸易协定（AUSFTA）仍然为澳大利亚的出口和投资提供众多机会。甚至2011年，在澳大利亚的建议下，奥巴马第一次以美国总统的身份参加了亚太经合组织峰会。两国都积极通过跨太平洋合作项目（TPP）促进贸易自由化发展。此外，双方在应对能源清洁、人道主义援助等问题上也有进一步合作。2010年，前往澳大利亚旅游的美国游客达到472200人次，排在所有赴澳旅游国家的第三位。但澳美关系的发展中，也存在制约性因素。尽管美国是澳大利亚最大的投资国，但是澳美两国的贸易关系存在极大的不对等性。由于美国国内采取的贸易补贴以及两国贸易结构的不合理性，澳大利亚对美贸易常年处于入超地位（如图2所示）。由于美国经济实力的衰退，以美国投资来弥补澳美贸易中澳大利亚常年的资金缺口，在今后的发展中必然会成为限制美澳关系的重要因素。一旦中国对澳投资逐渐赶上甚至超过美国，澳美经济相互依赖与澳中相互依赖程度的此消彼长，势必会带来政治关系的震荡。

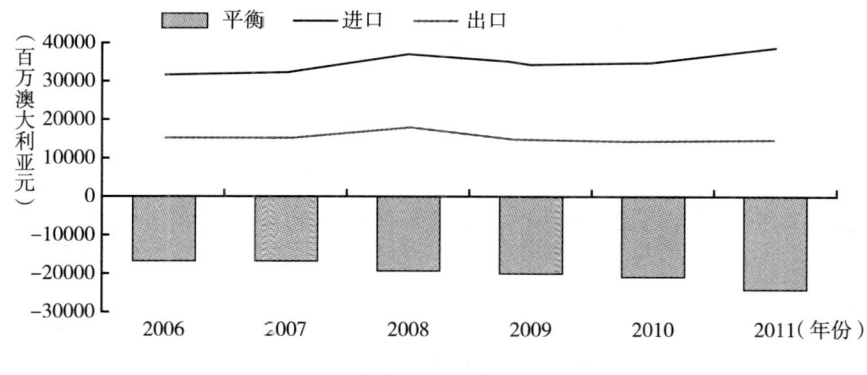

图 2　澳大利亚与美国的贸易

资料来源：澳大利亚 2011～2012 年度报告，http：//www.dfat.gov.au/dept/annual_reports/11-12/section_2/part_2_3_americas.html。

五　结语

在美国重返亚太与中国日益发展的今天，澳美同盟关系的发展注定与中国的政策走向密切相关。正如奥巴马总统 2011 年访澳期间在澳大利亚国会的演讲中说道："无论是美国还是澳大利亚，都与一个和平与繁荣的中国有着深远的利益。"① 在全球化的时代背景下，国与国之间的相互依赖程度逐渐加深，中美两国在经济、安全等方面的共同利益，已使得两国无法再以冷战的思维去应对新时代的问题。通过对美国与澳大利亚诸多外交文献的阅读与梳理，笔者认为，对于澳美两国而言，并不排斥见到一个日益发展强大的中国。然而，问题的症结在于，中国树立一个怎样的大国姿态。从当前的现状来看，伴随着中国国际话语权的逐渐提升，出现在中国周边的并不是一个和谐安定的环境，与之相反，南海主权争端、中日钓鱼岛危机等领土纠纷不断发生。这似乎向中国周边国家发出这样一个危险的信号：中国的崛起意味着在国际政治权力的零和博弈中，周边的中小国家将面临中国潜在霸权的威胁。笔者认为，无论是对处

---

① "Remarks by President Obama to the Australian Parliament," Canberra, 17 November, 2011, http：//www.whitehouse.gov/the-press-office/2011/11/17/remarks-president-obama-australian-parliament，访问日期：2012 年 12 月 20 日。

于和平发展关键时期的中国还是美国或者澳大利亚等其他国家而言,这都是不愿意看到的。伴随着经济实力的增长,中国如何树立一个值得周边国家信赖的大国形象,是中国外交战略调整的当务之急。

澳美悠久的历史文化联系与在安全上的共同利益注定澳美同盟关系在今后将继续向前发展。同时,基于对中国是否能够和平崛起的不确定性,美国在加强双边同盟关系的同时,将会加大构筑以双边同盟为基础、带动多边同盟网络化发展的促进力度。尽管澳大利亚与中国在经济发展上仍然会保持稳定增长,甚至有希望超过美国成为澳大利亚最大的投资国,但是当澳大利亚不得不面对安全利益与经济利益的抉择时,全面倒向以澳美同盟为基础的安全防御体系将是澳大利亚最有可能做出的选择。和平的亚洲将会带动世界经济的发展,而一个回归冷战时代的亚洲,则会给全世界带来无可估量的损失。澳美同盟体系根植于澳大利亚传统的不安全感。在中短期内,当中国的崛起还存在诸多不确定因素的时候,澳美同盟关系必定会得到加强。长期内,澳美同盟的走向,还是得取决于中国在世界舞台上的姿态,当然,笔者持乐观的心态,认为基于国家利益的考虑,中美两国最终将摆脱大国政治的悲剧,实现合作共赢。

The Origin and Development of the Australia-U. S. Alliance

Ye Jing

Abstract: With the signing of the treaty ANZUS among Australia, New Zealand and the United States at San Francisco on September 1st, 1951, the Australia-U. S. alliance relations were formally established. The Australia-US alliance has always been regarded as the cornerstone of Australia's security and defense strategy, and plays a big role on Australian foreign policy. In recent years, as China's power grows, the U. S. begins to pay more attention to Asian affairs. Australia's strategic position to the U. S. becomes important again. On November 16, 2011,

U. S. President Obama visited Australia and announced plans for a sustained new American presence on Australian soil. American troops are to be deployed to Darwin. There is a strengthening trend in Australia and U. S. alliance relations. However, as the U. S., China and Australia become more and more interdependent, the "China Factor" will always be the unavoidable question to Australia-U. S. alliance. The article elaborates on the history of the development of the Australia-U. S. alliance and analyses the future of the Australia-U. S. alliance in the context of Obama's Asian policy and China's rising.

Key Words: Australia-US Alliance; China Factor; Foreign Policy

B.7
新西兰气候变化政策及其启示

王学东 邓 亮

摘 要：

本文主要研究新西兰的气候变化政策及其动因和启示。新西兰一直是应对气候变化问题的积极参与者。无论是前工党政府还是现任国家党政府都非常重视气候变化问题。本文通过对新西兰气候变化政策进行介绍，归纳出新西兰实施如此积极的气候变化政策的动因、它所实施的一些具体的气候变化政策措施如碳排放交易制度（Emissions Trading System，ETS）以及这些政策和措施对国际气候变化机制的借鉴意义和对中国制定气候变化政策的启示等。另外，通过对气候变化问题进行深入研究，可以更加深刻地了解气候变化对于全球的环境、经济的影响，从而为制定何种政策来应对这些问题提供意见，以推动应对气候变化机制向前发展。

关键词：

  矿业繁荣　资源繁荣　产业政策

在气候变化问题上，新西兰一直是一个比较积极的应对者。这跟新西兰自身的环境条件、经济状况、国内党派因素等有着密切的关系。新西兰独特的自然生态环境、经济基础以及社会状况等因素是其气候政策制定的基础与前提，其所制定的一些气候变化政策如碳排放交易制度，以及气候变化政策背后的动因，非常值得研究。

一　新西兰气候政策的基础与背景

新西兰是《联合国气候变化框架公约》附件一国家，并于 2002 年 12 月批准《京都议定书》。新西兰人口 400 多万，GDP 总计 1618.51 亿美元，约占全球总 GDP 的 0.2%。① 新西兰的温室气体总排放量虽然排不到世界的前列，但其人均排放强度却仅次于澳大利亚，排在世界第二位。新西兰温室气体排放状况：2010 年新西兰温室气体排放总量为 7170 万吨二氧化碳等价物，即目前的排放总量比 1990 年的 5980 万吨二氧化碳等价物还要多出 1190 万吨，排放量增加 19.8%。② 新西兰温室气体的排放来源：其温室气体排放主要来源于六大部门，农业部门是 2010 年新西兰温室气体排放量占比例最大的部门，占总排放量的 47.1%；能源部门是第二大部门，这个部门的排放量占总体排放量的 43.4%；工业生产，废弃物和溶解物，以及其他产品属于更小的排放部门，排放量分别为 480 万吨、200 万吨和 3 万吨二氧化碳等价物（分别占总量的 6.7%、2.8% 和 0.04%）。③

新西兰由于其独特的地理位置以及自然生态环境，在全球气候变化过程中显得尤为脆弱，正遭受一系列气候灾难，比如：国家东部地区的降雨量越来越少，干旱程度逐年增加，而西部地区则经常发生洪涝灾害。新西兰南岛的雨雪的持续时间越来越长等都给新西兰人民的生活带来巨大的影响。因此新西兰的气候变化政策日益受到关注，新西兰民众并要求政府积极应对气候变化问题。气候变化不仅仅对自然环境造成巨大的影响，它同样可能对世界经济造成威胁。气候变化会增加经济运行成本，而这个成本我们可以通过减少温室气体的排放量来降低。现在不采取措施，拖延的时间愈长，那么后续的成本就会愈发高昂。气候变化可能带来洪水、旱灾、热浪和其他极端天气气候，这些都有可能带来巨额的经济损失。气候变化也可能导致海平面上升，由此对许多沿海地区的建筑和财产造成损失。气候变化也可能对内陆地区造成影响，例如大规模、长时间、大范围的干旱天气，对农业畜牧业有很大影响。

环境问题作为一个热点问题目前是受到各国政府普遍关注的，也是各国都面临的棘手问题，尤其是环境问题的最主要表现形式——全球气候变化问题，

---

① Bibbee Alexandra, Green Growth and Climate Change Policies in New Zealand, OCED Economic Department working papers 893, Sep. 29, 2011.
② New Zealand's Green House Gas Inventory And Net Position Report 1990 – 2010, *Environment Snapshot*, April 2012.
③ New Zealand's Green House Gas Inventory And Net Position Report 1990 – 2010, *Environment Snapshot*, April 2012.

更是在近些年成为国际政治中的热门话题。新西兰由于其独特的地理位置，以及对气候环境变化的易感性，使得其历届政府都非常重视气候变化问题。在20世纪90年代的时候就针对气候变化问题制定了《资源管理法》等来应对气候变化。特别是1999年12月工党政府赢得选举，联合绿党、毛利党等组成多党政府，对气候变化问题更加重视，制定了一些应对气候变化的政策。海伦·克拉克的工党政府上台以来就对应对气候变化问题表现出非常积极的态度。在2002年的12月就批准了《京都议定书》，是第101位缔约方。工党政府在看待气候变化问题时表现了灵活的一面，既把气候变化当成挑战，又把它当成一次发展的机遇。比如在看待《京都议定书》两个机制问题上，新西兰政府认为联合履行机制有利于新西兰的公司在其他签署国开发项目，赚取减排利润；而清洁发展机制有利于新西兰的公司在发展中国家交付项目，从而赚取利润。关于气候变化，新西兰主要面临两个挑战：一是适应方面的挑战，即如何做好基础设施建设和生态系统建设，调整生产部门，以应对气候变化带来的影响；二是减排的挑战，即如何在不影响经济发展的前提下减少温室气体的排放。面对这些挑战，工党政府采取了一些应对气候变化的举措。

二　新西兰气候变化政策

（一）成立新西兰气候变化办公室，加强与其他国家在气候变化问题上的合作

2004年4月，新西兰气候变化办公室与新西兰地方政府达成了关于正式建立气候变化合作关系的协议。新西兰气候变化办公室为地方政府提供气候变化一揽子政策咨询，通过研讨会提供气候变化科学和可能的影响（包括地区水平）的信息；对地方政府确定温室气体排放清单进行指导；帮助地方政府在日常运作中更好地适应气候变化带来的影响。

新西兰与美国气候变化伙伴关系。2003年，新西兰与美国气候变化合作伙伴关系建立。其主要目的是在气候变化领域的现有关系基础之上（如科研和政策对话），分享气候变化活动的信息和经验，保持与《联合国气候变化框

架公约》签署国的公开对话。新西兰与美国在气候变化方面的合作主要集中在:气候变化科学;技术发展;排放登记和资源计划;林业和农业温室气体核算;商业洽谈;发展中国家援助;南极洲气候变化调查;公众教育措施等。

新西兰与澳大利亚气候变化伙伴关系。两国在气候变化方面的合作主要集中在:农业部门的排放的测量和如何减少排放;技术开发、气候变化政策制定和执行;在现有合作基础上建立能源效率合作;进一步加强气候变化科学和监测;与大洋洲的岛屿邻国一道共同应对气候变化带来的区域挑战。

合作伙伴关系已经被证明对一些气候变化政策的执行是有帮助的。

(二)建立新西兰气候变化研究中心

2007年10月9日,时任新西兰科技部部长史蒂夫·马哈雷宣布,全国九所皇家研究机构、坎特博雷大学和维多利亚大学合作建立新西兰气候变化研究中心。该中心可提高皇家研究机构、大学以及其他新西兰和海外研究人员之间的协作能力。它也能加强政府部门、地方当局、生产者集团和行业之间的联系。如此便可保证新西兰的科学家们能处理好有关气候变化的关键问题,也可以保证研究机构能制定出适应气候和减少温室气体排放的最科学的方案。气候变化是一项严峻的挑战,但同时也给新西兰未来的可持续发展提供了巨大的机遇。通过促进皇家研究机构与大学之间的合作以及借助政府在气候变化研究上的投资,该中心可为新西兰谋求最大的利益。新西兰气候变化中心的作用将有利于促进和协调合作研究工作,满足新西兰的需求;向媒体和公众传达气候变化信息;召集科学家、决策人和顾问,举办气候变化会议和研讨会。同时该中心有力地支持了碳排放交易制度、加强可再生能源的开发、提高能源利用效率以及可持续的土地管理等工党政府应对气候变化的举措。

(三)通过《应对气候变化法》①

新西兰的《应对气候变化法》经过较长周期的艰苦卓绝的争议与讨论,

---

① 此节的写作参考了吴依林发表于中国科技资源共享网的文章《新西兰应对气候变化政策调整》,2009,http://www.escience.gov.cn/MetaDataSiteMap/Crawler? resourceId = ICO_ 534。

终于于 2008 年 9 月正式通过。《应对气候变化法》的内容涉及减排交易法、外交立场、减排目标、配套措施等。首先在减排交易法上。以气候变化章程所确立的原则与目标为依据，新西兰国会于一年后通过了排放交易法案，以法案的方式确切规定向低碳经济的社会方向转型，如此可以实现谁排放谁负责，由原来纳税人承担排放责任过渡到由排放责任者承担；而且，通过市场交易将排放许可价格化，有利于改变现有经济活动中的成本结构，促进减排目标的最终实现。其次是在减排目标上。2050 年成功实现"零排放"（carbon neutral）是新西兰的减排目标，新西兰还将这一目标与工党政府的施政纲领相结合。建设绿色环保型国家，成为构建低碳经济发展模式的领头军是新西兰国家的发展目标。新西兰的气候变化政策纲领确立以后，2007 年 9 月就出台了应对气候变化的章程。章程明确了部分行业力求达到"零排放"以下的减排目标。再次是关于气候变化所持的外交立场。从 2013 年到 2020 年是后《京都议定书》阶段，在这一阶段新西兰为应对气候变化问题所持的外交立场包括下列几个方面。

关于气候变化所持的外交立场方面，新西兰提出了"均衡努力"（comparability of effort）的理念。对于"均衡努力"的理念，新西兰政府是这样理解的：均衡努力是对"共同但有区别责任"原则的引申与发展，体现了国际社会共同应对气候变化的公平性。应对气候变化仅仅依靠发达国家承担责任是不全面的，作为主要的排放国家，无论是发达国家还是发展中国家，都必须积极采取行动，全世界一起努力；共同承担要以各个国家的经济发展实际为参考根据，合理公平地分担，还要有较强的现实可操作性，而绝非仅仅按人口分摊这么简单。

最后，为配合碳交易制度的推行，新西兰配套出台的主要举措还体现在如下几个方面。其一，大力开发可再生能源。其二，为提高能源利用效率，新西兰政府实施了高效照明计划。其三，混合生物燃油计划。新西兰于 2008 年 10 月开始强制实行混合生物燃油，混合比例将从 0.5% 逐年增加，到 2012 年时将混合比例的程度提高到 2.5%。① 其四，政府率先示范。新西兰政府于 2008 年 4 月率先在 6 个政府部门启动了"零排放"计划，并将"零排放"目标定于 2012 年实现，其余 28 个政府部门与公共服务机构也将按照先后顺序被纳入

---

① NZPA, "Vote kills compulsory biofuel quota law," *Dominion post*, December 18, (A2).

"零排放"计划。其五,普及民众教育。通过将有关气候变化的危害编进一些小册子并在民众之间进行发放,以用建设公众网站等方式,加强民众对减排的认识,提升民众自觉减排、环保的意识,进而有效调动民众参与低碳建设的积极性与主动性。

(四)新西兰碳排放交易制度

碳排放交易制度是新西兰当前的热点问题,新西兰国家党政府与最大的反对党工党都主张通过碳排放交易制度来实施减排。怎样实施碳排放交易制度,碳排放交易制度要实施到何种程度,成为两党争议的热点。ETS的概念是什么,新西兰的ETS有怎样的特点,是本文接下来要阐述的主要内容。排放交易制度具体指新西兰为应对全球气候变暖,履行减排的国际责任,将排放温室气体设定一个价格,促进部门、企业减少排放,促进投资转向提高能源利用效率上,倡导绿色环保,发展森林碳汇资源,利用林业对二氧化碳的巨大吸收能力实现减少排放目的的排放交易制度。政府希望利用排放交易制度,对温室气体排放设定一个最低的价格,期望能够产生一个对所有人具有激励作用的机制,尤其是商业和消费者,促使他们转变自己的日常行为,向低碳社会发展。碳排放交易制度还是一个鼓励减少碳排放的市场推动机制,碳排放交易制度要求碳排放机构为自己的碳排放买单,如此比单纯地征收碳税更有灵活性。

碳排放交易制度对于新西兰的发展具有积极的影响,具体表现有如下几点。①可以有效降低新西兰的排放量。②大面积植树,会使新西兰的森林覆盖率显著增加。③促使更多的投资转向可再生能源与清洁能源技术发展。④会大大提升、强化新西兰的"绿色·清洁"的国际形象,为其产品的出口创造有利的条件。为有效控制新西兰的温室气体排放量,新西兰政府出台了碳排放交易制度,其途径就是对排放单位征收相应的排碳费用。很多新西兰人并不直接参与"碳排放交易制度"。他们可能会注意到能源价格的短暂上涨。那些直接参与"碳排放交易制度"的个人和组织,要依据具体情况进行具体分析,进而采取不同的应对措施。例如,拥有森林的林业业主,由于森林具有吸收二氧化碳等温室气体的功能,根据ETS,他们可以从政府那里得到相应的排放单位。例如煤矿天然气公司向大气中排放温室气体,那么根据"碳排放交易制度"它就需要向政府购买排放单位；还有一些面临严峻的能源价格上涨但又没有能力把这些费用转移到消费者身上的公司，将会被政府给予一定量排放单位。这些排放单位可以在市场上相互交易，那些有剩余排放单位的组织或个人可以将排放单位卖给那些缺少排放单位的组织或个人。

1. 两党对排放交易制度的争论

工党时期的ETS 新西兰工党政府首先提出了碳排放交易制度，碳排放交易制度以"排放交易法"的方式实行，具体内容是配合新西兰在第一责任期内（2008~2012年）承诺履行的国际减排责任，立法规定了交通、能源加工、林业以及农业先后依序纳入排放交易体系的时间表。作为过渡时期内的措施，为出口行业、高耗能以及农业在过渡期内核定免费排放许可。排放许可自2019年开始逐年递减，至2030年减至零。到2031年排放直接与企业的经营成本相挂钩，免费的排放许可将永远成为过去，企业需要遵照市场经济发展的规律以市场价进行购买。新西兰在低碳建设方面走在世界的前列，推进的阶段性与制度的全面化是新西兰碳交易制度的显著特征。全面性指的是交易制度涵盖一切温室气体，并且覆盖所有的行业，农业包含在其中——从现阶段实行交易制度的国家与地区来看，农业尚没有被包括在内。阶段性指的是23年的过渡期内，各行业按照一定的秩序纳入交易体系中，部分行业企业的免费排放许可将会从2019年逐年递减，到2031年整个过渡期结束。

国家党时期的ETS 国家党执政后，对碳排放交易制度进行了很大修订。在ETS上工党与国家党的态度十分接近，两党都主张实施ETS，都主张包括对所有市场以及所有气体进行减排的计划。工党与国家党的主要分歧是，国家党政府可能会更多地考虑ETS的实行对工作机会和消费的影响和成本。国家党认为ETS必须能够保持新西兰同澳大利亚以及其他国家之间的竞争力。国家党政府认为节能减排是长期的过程，必须保持经济的平衡发展、社会稳定以及环保减排的相互关系之间的平衡，能公正承担国际减排责任就行。不能因为减排而加大社会的负担，甚至影响经济的发展。如果其他国家比如日本、澳大利亚、美国在减排问题上没有大的行动的话，新西兰也不会在运输、能源、工业以及其他领域全面实施碳排放交易制度。新西兰会立足于本国经济、环境发展的现实情况，将碳排放交易制度确定为一项长期计划。新西兰森林业于2008

年就已经开始被纳入到碳排放交易制度之中，2010年7月燃油、电力以及工业生产部门也陆续被纳入到该制度之中。新西兰政府定于从2013年开始将废弃与综合气体纳入到碳排放交易制度，农业部门也将在2015年开始正式执行碳排放交易制度。反对党对国家党政府碳排放交易制度进行了猛烈抨击，说这项制度会进一步加剧通货膨胀的压力。国家党则指责工党"非常虚伪"，认为假如完全实行工党自己的碳排放交易制度，新西兰民众每年每户的生活成本将比原来高出一倍。

2. 民众的态度以及碳排放交易制度的实施效果

民众对实施"碳排放交易制度"的反应是在碳排放交易制度实行以后。因为根据碳排放交易制度，燃油以及能源公司必须从市场上购买碳排放单位，以此来抵消其产品和服务所产生的温室气体排放，但是许多商家将这一成本转嫁到消费者身上。碳排放交易制度的实行使普通家庭燃油费和电费开支升高，为此新西兰国家党政府推出了税收减免计划，实施的减税计划给国内民众带来的收入涨幅会大于ETS的实行给民众所产生的经济压力。碳排放交易制度在新西兰普通公众之间产生了两种反应。年纪偏大的群体认为碳排放计划没有多大作用，不公平；年轻人群体认为碳排放交易制度在减少碳排放方面力度做得还不够。农牧业的农场主强烈反对碳排放交易制度，他们认为如果将农业纳入到碳排放交易制度内，将使每个奶制品以及牛羊肉农场成本增加。国家党政府解释，会参照世界其他国家的减排计划，假使世界其他国家的碳排放交易制度不把农业纳入其中，那么新西兰暂时也不将农业部门纳入到碳排放交易制度中。

碳排放交易制度实施的效果。碳排放交易制度自出台以来在新西兰就一直存在许多争议，该项具有争议的计划于2010年的7月1日开始在新西兰国内实施。这项计划对改变全球气候变化有着积极影响，同时对新西兰社会发展以及民众生活也将产生深远的影响。新西兰是《京都议定书》缔约国之一，也是世界上首个在广阔的领域内逐步实行碳排放交易制度的国家。国际经济危机对新西兰的经济发展造成了巨大的冲击，新西兰经济呈现衰退形势，因此新西兰的支柱产业——农业暂时没有被纳入到碳排放交易制度当中，这在很大程度上制约了碳排放交易制度的实施效果，因为新西兰的农业排放量占其总排放量

的一半，因此导致温室气体排放总量的降低不够显著。碳排放交易制度是一个鼓励减少碳排放的市场推动机制，排放交易制度对新西兰国内民众，以及其他产业影响很大，碳排放交易制度要求主要的碳排放部门为自己的碳排放买单。同时碳排放交易制度对不同行业温室气体排放量进行了限制，超过了限量的公司将不得不从气体没有超过限量的机构购买碳信用。这就会促进企业尽最大努力来减少排放，并积极投资研发清洁能源技术，从而能够有效降低企业的排放量。碳排放交易制度使得新西兰普通民众的生活成本提高。普通家庭要想降低碳排放交易制度带来的生活压力，就要从改变自己的消费习惯、生活习惯着手，要尽可能节约能源电力等，低碳化出行，低碳化生活，这些对于推进新西兰快速向低碳化社会迈进具有重大的促进作用。

三 新西兰气候变化政策的动因及启示

（一）新西兰气候变化政策的动因

碳排放交易制度使得新西兰成为世界上唯一推出覆盖所有温室气体和经济的所有部门的国家。新西兰为什么会在应对气候变化方面如此积极呢？原因主要有以下三点。

1. 保护生态环境的考虑

近年来全球气候变暖对新西兰的生态环境影响已经显现。国家东部地区的降雨量越来越少，干旱程度逐年增加，而西部地区则经常发生洪涝灾害。新西兰南岛的雨雪的持续时间越来越长。极端天气的频繁出现给新西兰人民的生活带来了极大的不便。如 2008 年的干旱天气导致新西兰的支柱产业农业歉收，严重影响了其经济的发展。由于气候变暖导致海平面上升，日益威胁新西兰沿海人民的生活。不仅如此，气候变化对新西兰生物的影响也已经显现。气候变暖导致新西兰的大蜥蜴濒临灭绝。新西兰大蜥蜴在地球上已经存活了 2 亿多年，是目前为数不多的远古爬行动物物种之一。但是，素有"活化石"之称的新西兰大蜥蜴正面临灭绝危险。英国《泰晤士报》2008 年 7 月 2 日援引科学家发表在《英国皇家学会会报》上的文章报道，由于新西兰大蜥蜴的性别由孵化温度决定，气候变暖使得孵出蜥蜴的雄性比例上升。长此以往，最终将导致大蜥蜴灭绝。① 所以保护好新西兰的生态环境，维护生物物种的多样性，使新西兰人民有一个良好的生态环境，是新西兰积极应对气候变化问题的动因之一。

2. 维护自身国际形象的需要和经济上的需要

新西兰于 2002 年缔结了《京都议定书》并具体规定了《京都议定书》第一期和第二期的减排目标，即到 2020 年的温室气体排放水平下降到 1990 年的排放水平。如果没有积极严格的成系统的气候变化政策，那么新西兰就很难履行其减排义务，对其国家形象会造成不利的影响。另外，农业和林业是新西兰的支柱产业，通过认真接受《京都议定书》规定的国际责任，新西兰坚持要在处理林业和农业规则问题时获得一席之地，这些规则严重关系到新西兰排放物情况，因为农业的排放占其总排放量的将近一半。还有，一些小国可以在典型问题上具有重要意义的作用。针对气候变化问题，新西兰政府制定了可持续发展的经济政策，包括提高能源利用效率，加大可再生能源在总能源消费中的比例，其中最重要的一项就是绿色发展政策。人类活动导致的污染越来越严重，环境的恶化、气候灾难的频繁发生等这些都不断改变着人们的消费习惯，对绿色、清洁的产品的需求不断上升，这对于"100%纯净"的新西兰品牌的经济价值将是巨大的。因此通过积极气候变化政策，向世人展示新西兰应对全球气候变化的负责任的态度，维护新西兰纯净的环境，加强新西兰"绿色·清洁"的国际形象，对于新西兰的农产品的出口以及新西兰的品牌产业——旅游业都有着深远的影响。

3. 大洋洲的其他小岛国家对大国的要求

相比其他的大洋洲国家，新西兰在大洋洲是仅次于澳大利亚的岛屿大国，所以在应对气候变化问题上理应承担起更多的责任。2009 年 8 月，第 40 届太平洋岛国论坛领导人会议在澳大利亚东北部的凯恩斯闭幕。② 在本次会议中，各国领导人关注的焦点都是气候问题，这与当时即将在哥本哈根召开的全球

---

① http://news.xinhuanet.com/newscenter/2008-07/03/content_8478188.htm.
② 中国科技咨询网，http://www.cnetnews.com.cn/2009/0806/1427027.shtml.

气候变化会议的主题相符。出席本次会议的领导人希望各国能够积极加入到保护环境的队伍中，共同应对气候变化问题。出席本次会议的领导人都表达了一个相同的观点，即全球气候变化给太平洋岛国带来的挑战是全方位的。另外，出席本次会议的太平洋小岛国家的领导人还要求发达国家特别是新西兰和澳大利亚能够将解决气候问题落到实处，具体而言就是要颁布相应的减排节能措施。并且，它们希望能在即将来临的哥本哈根气候大会上得到满意的解决方案。如果能够很好地解决气候问题，不仅造福太平洋岛国的人民，同时也对全球人民作了一项巨大贡献。2013年3月24~26日在新西兰的奥克兰举行了太平洋能源峰会，[①] 其目的是给太平洋岛屿国家能源计划和目标寻求赞助和私人投资，它同时也给太平洋岛屿国家领导人、赞助者、私人投资公司提供了一个在能源领域展示他们最好、最新、最具有创意的项目、服务或者技术的机会。新能源开发和如何提高能源利用效率是此次峰会的重要议题，因为随着全球气候变化的影响逐渐展现，新能源的开发以及提高能源利用效率就成了太平岛屿国家应对气候变化问题的关键。此次峰会是新西兰政府资助的，显示了新西兰以及国际社会对太平洋岛屿国家应对气候变化问题的支持。

澳大利亚的气候变化政策的榜样作用。新西兰与澳大利亚有着极其相似的国情，两国人员交往密切，经济联系紧密，所以澳大利亚的国内政治状况以及应对气候变化态度都深刻影响着邻国新西兰。澳大利亚自陆克文上台以后就实行了比较积极的气候变化政策，比如签署《京都议定书》，开征能源税、碳税，以及为此而实行的一系列配套措施等，这些积极的气候变化政策无疑对新西兰有着巨大的榜样作用。

（二）新西兰气候变化政策对中国的启示

1. 积极发展可再生能源

新西兰能源是由矿物能源（煤、石油、天然气）和可再生能源组成的。2003年，新西兰一次能源供应中矿物能源占70%，可再生能源占30%。[②] 但

[①] The Pacific Energy Summit, http://www.pacificenergysummit2013.com/。
[②] 中华人民共和国驻新西兰大使馆经济商务参赞处，http://nz.mofcom.gov.cn/aarticle/slfw/200411/20041100309906.html。

是近年来，新西兰可再生能源在一次能源供应中的比例不断上升。由于碳排放交易制度的逐步实施，新西兰的可再生能源如地热、潮汐、水能、太阳能不断增长，已经是新西兰能源的重要补充。中国近年来随着经济的发展，能源的消费一直呈不断上升的趋势，成为仅次于美国的第二大能源消费大国。矿物能源是其主要的能源供应来源，消耗最大的当属煤和石油，而煤和石油是造成污染的主要来源。中国的石油储量和开采已近枯竭，进口比例已过半，面对周边复杂的国际环境，石油进口的不稳定，为了国家的能源安全，有必要发展替代能源。中国的煤炭资源储量丰富，但中国的煤炭资源利用率较低，而且煤炭的燃烧会产生大量的二氧化碳和二氧化硫，向大气中排放大量的温室气体，是造成酸雨的主要原因。所以，中国可向新西兰学习，大力发展可再生能源和清洁能源。中国地大物博，根据不同的地区可发展相应的可再生能源。例如新疆和内蒙古可大力发展风能和太阳能；高海拔地区如西藏和云南地热资源丰富，可大力发展地热资源。中国水利资源丰富，利用水力发电产能的潜力还很大，所以可进一步利用水资源产能的潜力，逐步降低矿物能源比例。另外应逐步完善西气东输的工程和西电东送工程，使西部过剩的能源和电力能够及时供应到东部经济发达地区，使全国能源供应布局逐渐趋向平衡。最后，就是大力发展核能。核能被称为清洁能源，具有安全高效污染小的特点，中国目前的核能在整个能源供应比例中很低，因此发展的潜力巨大。虽然福岛核事故使得全世界的核能发展趋向一个低潮，但是不能因此否定核能的巨大优势，只要做到在选址上避开地震多发带，提高安全建设标准，完善管理运营制度，提高核电项目人员的安全意识，研究更先进的核能发电技术，核能在我国能源消费中必定有一个广阔的前景。

2. 制定中国的碳排放交易制度

中国是一个发展中国家，承担着保持经济发展和保护环境的双重责任。近年来的经济发展却伴随了环境的不断恶化。中国的碳排放总量在2012年的时候已经超过美国位居世界第一位，占世界总排放量的28%；美国占16%，欧盟占11%。① 特别是近期的气候变化大会上一些发达国家攻击中国

---

① 英国丁铎尔气候变化研究中心的"全球碳计划"2012年度研究成果：《自然·气候变化》专刊，2012年12月。

的气候变化政策，认为中国在减排上需要承担更大的责任；对于联合国气候变化大会所确定的"共同但有区别的责任"也不断地提出质疑，认为发展中国家和发达国家应该承担相近的责任。这显然是不合理的。发达国家已经完成了工业化进程，历史排放总量是发展中国家的数十倍，因此单纯地强调减排相同是对发展中国家的不公平。还有发达国家的经济转型以及产业转移，把那些高耗能高污染的企业转移到发展中国家，这也造成了发展中国家排放总量的不断上升。中国是一个发展中大国，一方面要满足经济发展所需要的巨大能源需求，另一方面又要承担国际减排责任，因此制定一个全面有序的减排体制对于中国未来的不断发展至关重要，实行碳排放交易制度势在必行。碳排放交易制度通过给排放温室气体设定一个价格，把不同的生产部门依序纳入进来，在实行的初期可以免费发给不同企业部门一定数量的排放许可，当企业或者部门超过其本身所拥有的排放许可，那么它就要从国家或者其他生产部门去购买排放许可，而其他部门如果有多余的排放许可，或者有降低总体排放量的部门比如说林业，则可以从国家那里得到一定的补偿或者卖给其他部门。这样，第一，可以有效减排的同时促进经济的平稳发展以及环境的不断改善。例如化工行业、能源行业，制定排污标准，具体分担减排责任，使企业切身感受到自己排放自己埋单的压力，这样就会促使企业为了降低生产经营成本努力降低排放，改进生产技术，节约能源，客观上就降低了总体的排放量。在农业上，加大对农业资金投入，重点攻克世界性的农业减排技术难题，加快农业向低碳化模式转变。在林业上，鼓励植树造林，特别是在西部地区，实行退耕还林政策，加大资金投入，对于退耕还林的地区实行补贴政策，保护现有的森林资源，提高对滥砍滥伐行为的处罚力度，充分发挥森林对于吸收二氧化碳的优势。中国科学院华南植物园研究发现，每公顷森林每年可以吸收二氧化碳达半吨，可利用森林碳汇巨大优势来实现有效减排。对于普通家庭也可设立一个排放标准。家庭生活排放主要指的是家庭用电、汽车等交通工具的排放，通过碳排放交易制度影响普通民众的行为方式，改变其生活方式，提倡节俭节能，减少不必要的排放，有利于整个社会向低碳化生活方式转变。第二，可以减轻国际社会对中国不积极减排的指责，有利于树立良好的国际形象。通过实施比较完善的碳排放交易制度，展示减排的决心和意志,展示一个负责任大国在维护全球环境所作的努力,这对其他国家的减排也将起一定的督促作用。

四 结语

目前人类的发展方式是高耗能高污染,以资源的巨大消耗为代价来换取经济的发展,这种发展方式已经难以为继。环境的巨大变化,气候问题的不断显现,已经在督促人类寻找一种可持续的发展方式。中国作为发展中的大国,面临发展与保护环境的双重任务,气候变化对中国的影响也日渐显现。新西兰通过制定全面的气候变化政策,制定覆盖全行业的碳排放交易制度,利用制度的实施来减少温室气体排放的路径,是非常值得借鉴的。

Climate Change Policy of New Zealand and Its Inspirations

Wang Xuedong   Deng Liang

Abstract: Due to its unique geographical location and the natural ecological environment, New Zealand is particularly vulnerable to global climate change. This article tries to find out the reasons behind New Zealand's such an active climate change policy and the domestic impact it had for implementing a number of specific climate change policies and measures, such as carbon emissions trading scheme (ETS), as well as its implications for our climate change policies. On the other hand, this article also tries to better understand the influence climate change has on the world's environment and economy through a deeper study of climate change, so as to promote the international community to address climate change mechanism forward.

Key Words: Climate Change; New Zealand; Climate Change Policy; ETS

国 别 篇

Country Reports

B.8
澳大利亚政局与政治发展

喻常森

摘　要：

2011~2012年澳大利亚政局发展呈现一种承先启后的过渡时期特征。一方面，吉拉德领导的工党政府继承了前任陆克文政府的许多政策，同时，又加以适当调整。在工党内部经历了周期性的党内"政变"以后，政局逐步走向稳定。另一方面，面临2013年9月的议会选举，工党和反对党联盟党势必围绕一系列重大政策——碳税、矿产资源税、难民问题、外交政策等——展开新一轮的较量。如果联盟党获胜上台，澳大利亚的内政外交政策或许会出现一些新的变数。

关键词：

澳大利亚　政局　政治发展

一　澳大利亚政治制度概述

根据澳大利亚联邦宪法，澳大利亚属于联邦制国家。作为英联邦成员之一，英国女王是澳大利亚的国家元首，由女王任命的总督为法定的最高行政长官。总督由总理提名，由女王任命。澳大利亚总督代表英国女王行使在澳大利亚联邦内的职权。总督有权任免官员、统辖军队、召开和解散议会以及审批议会议案等，但在行使这些权力时须征得联邦总理同意。总理在联邦行政会议的咨询下执掌联邦政府的行政权，为法定的最高行政长官。

澳大利亚联邦议会是澳最高立法机构，成立于1901年，由英国女王（澳总督为其代表）、众议院和参议院组成。议会由参、众两院组成。其中，众院有150名议员，按人口比例选举产生，任期3年。参院有76名议员，6个州每州12名，2个特区各2名。各州参议员任期6年，每3年改选一半，各地区参议员任期3年。澳大利亚实行英国式的议会制度，联邦政府由众议院多数党或政党联盟组成，该党领袖任总理，各部部长由总理任命。政府一般任期3年。在2010年9月举行的澳大利亚联邦第43届议会选举中，执政工党和在野党均未获得多数票，以致形成"悬峙议会"。最后，工党依靠独立议员和绿党议员的支持，赢得76个议席组成少数派政府，吉拉德组建联合政府。

澳大利亚实行责任内阁制，由议会下院占多数席位的政党或政党联盟组成政府，由政党领袖担任政府首脑，即总理。总理从政见基本相同的议员中遴选阁员，组成内阁。内阁成员往往担任负责和处理有关国家事务的各部部长。①

根据联邦宪法规定，澳大利亚实行三权分立制度，澳大利亚最高司法机构是联邦高等法院。它对其他各级法院具有上诉管辖权，并对涉及宪法解释的案件做出决定。它由1名首席大法官和6名大法官组成。各州设最高法院、区法院和地方法院。首都地区和北领地区只设最高法院和地方法院。

政党政治是民主制度的基本标志。目前，澳大利亚有大小政党几十个，主要政党有三个。①澳大利亚工党。该党成立于1891年，为澳最大政党，同工会关系密切，工会会员多为其集体党员。自1940年以来曾12次执政。2007年11月24日，陆克文领导的反对党工党在澳联邦大选中以较大优势击败自由党－国家党执政联盟，时隔11年后重新执政。②自由党。该党于

---

① 沈永兴、张秋生、高国荣编著《列国志——澳大利亚》，社会科学文献出版社，2010，第144页。

1944年成立,前身是1931年成立的澳大利亚联合党。主要代表工商业主利益,曾多次执政。2007年11月24日,霍华德领导的自由党在澳联邦大选中失利,结束了其与国家党连续11年的联合执政。③国家党。成立于1918年,原称乡村党,后称国家乡村党,1982年改用现名。其势力范围主要在农村地区,代表农场主利益。1996~2007年间,国家党与自由党联合执政。另外,澳大利亚政坛还活跃着其他小党,如澳大利亚民主党、绿党和澳大利亚共产党等。

二 吉拉德工党政府面临的内外矛盾

2010年吉拉德取代陆克文组阁以后,澳大利亚工党虽然继续保持执政地位,但是经历了一段较为艰难的时期。但鉴于吉拉德政府将继续出台一系列优惠的政策以换取议会的支持,因此,目前来说,吉拉德政府将继续保持大体稳定。2013年9月,澳大利亚将举行新的大选,工党政府能否继续执政,仍然面临来自党内和党外的挑战。

(1)工党内部力量继续分化组合。2012年2月22日,正在美国访问的澳大利亚外长陆克文突然宣布,因无法得到总理吉拉德的支持而辞去外长职务。吉拉德23日宣布,工党定于27日投票选举党首,以结束领导权之争,维持工党稳定,从而在2013年大选中击败反对党。陆克文24日召开新闻发布会,宣布将参加27日举行的执政党党首信任投票。曾遭吉拉德"逼宫"下台的陆克文此举被外界看做澳大利亚政坛版的"王子复仇记"。① 工党内部纠纷的公开化,导致吉拉德政府面临一场政治危机。在2012年2月27日举行的工党党内投票中,现任总理吉拉德以71票对31票击败前总理、前外长陆克文,连任工党党首。这样一来,吉拉德的总理职位比2010年选举时的任何时期都更稳固了。但是,不久以后,2012年4月22日,因为受到"性骚扰"和"挪用公款"指控,上任不到半年的澳大利亚联邦议会议长斯利珀

---

① 李景卫:《澳大利亚总理之争白热化》,人民网,2012年2月25日,http://world.people.com.cn/GB/157278/17218218.html,访问日期:2012年12月3日。

被迫辞职。这一变故又一次将吉拉德政府推向生死考验的关头，引发朝野的相互指责和激烈的权力绞量。与此同时，工党在其重要根据地的昆士兰州议会选举中失败，其在州议会的席位从51席减少到7席，反对党自由党则获得78席。

（2）在澳大利亚执政工党与在野党关系方面。在下一次大选前，吉拉德政府面临的最有争议的问题是碳排放税的政策问题。2011年澳大利亚政府通过了这一税收法案。从2012年7月1日开始，向500多家公司起始征收价格定为每吨23澳元的碳税。实行这一政策是绿党支持工党联合组阁的重要条件。① 但是，这一政策从一开始就遭到来自反对党联盟的谴责。反对党领袖托尼·艾伯特指责吉拉德的这一方案是个"骗局"，不仅极大加重澳大利亚普通家庭的负担，也会增加企业的生产成本。同时，在2012年初工党政府还成功地推动了《矿产资源租赁税法案》的通过，将对矿企征收30%的利润税（有效税率22.5%）。这一政策曾经促成陆克文的下台。如果政府强制推行，将压缩矿山企业的利润空间，激化联邦政府与州政府的矛盾。这一政策可能是导致工党在昆士兰和西澳大利亚支持率下降的重要原因。

澳大利亚绿党领导人鲍勃·布朗在2012年5月13日晨宣布因个人原因决定辞职。吉拉德总理发表声明，对鲍勃决定辞职表示遗憾，并感谢他在工党组建少数派政府等事宜中所给予的支持。布朗当天发表声明称，他的辞职不会影响绿党当初与吉拉德政府达成的协议，绿党将继续支持工党组建的少数派政府。绿党已选举克里斯蒂娜·米兰担任新领导人，继续履行该党在政坛上的承诺。分析人士认为，澳大利亚政坛某种程度上认同绿党等同于认同布朗本人，吉拉德在即将面临的2013年大选中亟须绿党的大力支持。这一掣肘对吉拉德政府又是一个严重挑战。关键将取决于更换领导人后的绿党能否继续保持号召力，并能否坚持其对少数派政府的支持。

由于民意支持率的下滑以及某些政策的失误，大权在握的工党面对着危险的形势，它即将失去多数盟友的支持，这将导致下届大选提前举行。但另一方

---

① *Country Report*, *Australia*, Economic Intelligence Limited, 2012, Longdon, U. K., p. 3.

面，政府的民调显示，公众在吉拉德政府及托尼·艾伯特领导的反对党之间，更为偏向现任的吉拉德政府。

三 澳大利亚政治发展面临的来自其他方面的挑战

根据《经济学家》杂志2011年度的评估，澳大利亚的民主化程度在165个受调查国家和地区中排名第6，属于25个"完全民主国家"中的一员。尽管经历了困难的一年，但澳大利亚一直履行着对民主的承诺，不足之处在于政府及反对党要采取更多措施来吸引选民。2013年即将进行另一次大选，民调显示，大多数选民对吉拉德一方及以托尼·艾伯特为代表的另一方都感到不满意，认为应该让更多的选民参与政治生活。为了获得更多选民的支持，工党在2012年1月中旬成立了一个19人小组，负责审核修改宪法关于清除部分歧视土著和托雷斯海峡岛上的居民的行为的条款。同时也建议添加条款，使人们更加尊重澳大利亚的原始居民，促使他们进步并对他们的语言和文化提供保护。吉拉德总理对该小组的调查结果表示认可和支持。

为了进一步提升澳大利亚正面的国际形象，澳大利亚政府正在致力于解决难民问题。难民问题是长期困扰澳大利亚的社会问题之一。最近几年，难民船抵达圣诞岛的频率有时多达一周数艘，难民船上通常载有妇女和儿童，人为纵火、倾覆等事件时有发生。澳大利亚作为世界发达国家之一，承诺承担接收国际难民的义务和责任。但是出于安全、就业等社会问题的考虑，澳国内许多人实际上十分反对接收更多难民。长期以来，不断有难民船驶向澳大利亚，国际人口走私集团更利用澳大利亚的有关承诺大发不义之财，形成恶性循环。澳政府一方面要兑现接收难民的承诺，另一方面又难以应对国内反对情绪，难民接收陷入僵局。随即在澳大利亚政坛引发了对难民处理的讨论。工党和反对党联盟担心当前的政策会导致更多寻求庇护者前往澳大利亚。为打破僵局，澳大利亚朝野双方均支持离岸处置难民事务，但就具体处置地点等存有分歧。吉拉德政府曾提出"马来西亚方案"，即把在澳大利亚本土未经过审理的800名难民送至马来西亚，同时交换当地已经过审理的4000名难民。但这一方案并未获得反对党支持。该方案最终被澳大利亚高等法院否决。吉拉德要求独立议员奥

澳大利亚政局与政治发展

克肖特向议会提出一项折中计划,以加快对澳大利亚本土和境外如马来西亚、瑙鲁岛等地难民庇护中心难民的审理工作。该计划将弥补政府此前与马来西亚政府达成的难民交换方案等相关移民法案的不足,并提出在南太平洋岛国瑙鲁等地修建难民中心,将抵达澳大利亚本土的难民转移到第三国予以安置,以降低澳大利亚本土对难民的吸引力。奥克肖特的计划还支持反对党的意见,建议对难民增加人道主义安保措施。若这一问题得不到有效处理,情况继续恶化,澳大利亚政府将更难找到方向,人口走私活动也将越发猖獗,在很大程度上损害澳大利亚的国际形象,并可能给2013年联邦大选带来负面影响。

鉴于反恐战争已经取得阶段性成果,澳大利亚总理吉拉德宣布,澳大利亚将比原计划提前一年从阿富汗撤军,大部分士兵将于2013年回国。吉拉德表示,阿富汗已经做好准备,提早承担起安全的责任。只要阿富汗总统卡尔扎伊宣布阿富汗将接管澳大利亚驻军所在省的安全责任,澳方军队就将开始撤离。而卡尔扎伊将在"未来数月内"宣布这一决定。澳大利亚军队撤离需要12~18个月。吉拉德还称,在适当的条件下,一部分特种部队可能还会留在阿富汗,继续训练等任务。报道还称,吉拉德将在芝加哥的北约峰会上宣布撤军时间表。截至2013年初,驻阿富汗的澳军约有1550人,已有39名澳士兵死在阿富汗。

总之,2012年对澳大利亚政府和政治发展来说都是不平静的一年。正如《经济学家》所评论的那样,对吉拉德政府来说,2011~2012年可能是最漫长的一年。其间,既经历了因工党政权内部的非正常交替引发的短期政局动荡;与此同时,反对党联盟党也正在设法利用工党的任何错误而伺机进行攻击,夺回政权。因而,预计2013年9月的联邦议会大选,将呈现更加明显的白热化状态。

The Development of Australian Politics

Yu Changsen

Abstract:Australia's political development during the period of 2011 – 2012 showed some transitional characteristics. On the one hand, the Gillard government

inherited most policies of the former Kevin Rudd administration; on the other hand, they adjusted them at the same time. After the Labour Party suffered periodic inner-party "coup", the political situation had been stabilized gradually. However, confronted with the 2013 parliamentary elections in September, the Labour Party and the opposition party-Alliance Party will continue to dispute over the following policies-carbon tax, mineral resources tax, the refugee problem, foreign policy and other domestic and foreign issues. If the Alliance Party wins the election, there perhaps will be some new variables in the policy choices.

Key Words: Australia; Political Situation; Political Development

B.9
澳大利亚经济报告:"矿业繁荣"的特征、缘由及其影响

许少民

摘　要:

　　过去十年,澳大利亚经历了前所未有的"矿业(资源)繁荣"。无论是从矿产(资源)贸易对澳大利亚贸易条件(进出口比价指数)的影响还是从矿产(资源)业投资在国内生产总值中所占的比重而言,澳大利亚的"矿业(资源)繁荣"有目共睹。到目前为止,这一波繁荣还未完全结束。尽管作为一个成熟的经济体以及民主国家,澳大利亚的"矿产(资源)繁荣"并没有演变为"资源诅咒"。然而,随着矿产(资源)业的发展势如破竹,矿产(资源)企业利润逐年增加,矿产(资源)企业界通过各种方式影响政府公共政策的能力也在逐渐提升。

关键词:

　　矿业繁荣　资源繁荣　产业政策

一 "资源繁荣":从"矿业繁荣"到"能源繁荣"

众所周知,澳大利亚矿产资源丰富,矿产品至少有70种,素有"坐在矿车上的国家"之称,是世界重要的矿产资源生产国和出口国。[①] 事实上,自欧洲移民定居澳大利亚以来,矿业或资源行业的繁荣已经成为澳大利亚经济发展的主要动力。从19世纪50年代的"淘金热"到如今如火如荼的

---

① Xueli Huang and Ian Austin, *Chinese Investment in Australia: Unique Insights from the Mining Industry*, Hampshire and New York: Palgrave Macmillan, 2011, pp. 5 - 6.

"矿业繁荣",乃至下个10年对"液化天然气"(LNG)资源的大规模开发,"资源繁荣"(resources boom)已经成为澳大利亚经济发展过程中的一个亮点。

必须指出,过去10年来,澳大利亚经历了前所未有的"矿业繁荣"(minerals boom)。尽管专家学者对这一"繁荣"的看法未必完全一致,但根据矿产贸易对澳大利亚"贸易条件"(terms of trade)①的影响以及矿产业投资在国内生产总值中所占的比重,澳大利亚的"矿业繁荣"有目共睹。其一,贸易条件作为衡量在一定时期内一国出口相对于进口的盈利能力和贸易利益的指标,能够有效地反映该国的对外贸易状况。根据图1,我们可以看到,一般而言,澳大利亚的对外贸易条件随着世界经济的繁荣而有所改善,但相对而言,延续时间并不长,即3年左右。然而,过去10年,得益于中国的经济腾飞以及资源密集型产业的迅猛发展,澳大利亚丰富的矿产资源恰好满足了这一庞大需求,因此矿产业发展势如破竹。② 无论从发展规模还是延续时间来看,这一波"矿业繁荣"可谓前所未有。澳大利亚联邦银行(Reserve Bank of Australia,RBA)的报告阐明,"矿业繁荣对澳大利亚的对外贸易账户有着非常重要的影响","贸易盈余占国民生产总值的比例已达20世纪70年代以来的最高峰"。③

其二,作为国民经济的重要组成部分,投资项目的数量及其金额同样可以反映一国经济发展状况。通过对投资项目的梳理,我们可以大略了解某一产业在该国经济中的地位和影响。根据图2,我们可以看到,以5年为一个阶段,在此次"矿业繁荣"之前,矿产业投资在国民生产总值中所占的比重最高是2.5%;然而,在繁荣阶段,其比重却飙升至5%。④ 有报告甚至认为,矿产业

---

① 在经济学和国际贸易上,贸易条件指数也称"进出口比价指数"或"贸易比率",表示一个国家每出口一个单位商品可以获得多少单位的进口商品。其公式为:进出口比价指数=出口物价指数/进口物价指数。
② Ross Garnaut, "The Contemporary China Resources Boom," *Australian Journal of Agricultural and Resource Economics* 56, No. 2 (2012), pp. 223 – 224.
③ http://www.rba.gov.au/publications/smp/boxes/2011/nov/b.pdf,访问日期:2012年12月3日。
④ Bob Gregory and Peter Sheehan, "The Resources Boom and Macroeconomic Policy in Australia," (Melbourne: Center for Strategic Economic Studies, November 2011), p. 2.

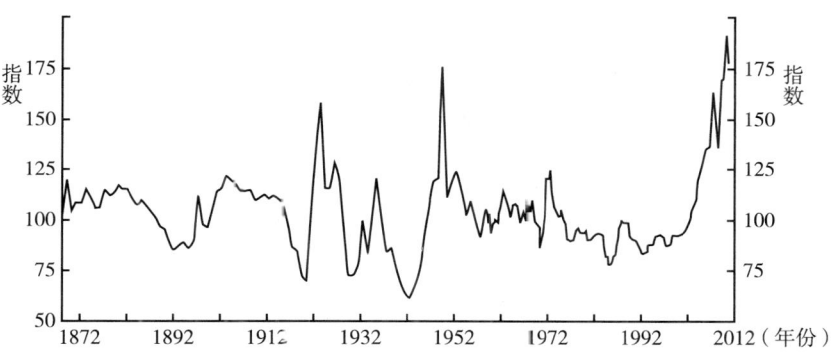

图1 澳大利亚贸易条件 1900/1901~1999/2000 平均指数=100

注：1958/1959 年之前是年度数据，往后使用每年当中最后一季的季度数据，2011年的季度数据是澳大利亚联邦银行的预测数据。

数据来源：Reserve Bank Australia；Australian Bureau of Statistics。

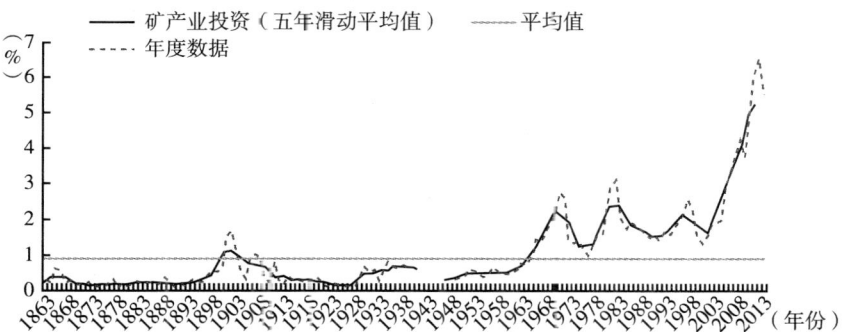

图2 矿产业投资在国民生产总值中的比重

数据来源：Reserve Bank Australia；Data from 2010 on are CSES estimates，转引自 Bob Gregory and Peter Sheehan, "The Resources Boom and Macroeconomic Policy in Australia," p. 2.

投资在国民生产总值中的比重从 2004 年的将近 4% 上涨至 2011 年的 9%。[1] 经合组织报告指出，在 2011 年，"矿业及其相关部门的产出占澳大利亚国民生产总值的 17%"。此外，"在矿业繁荣之前，矿产业年均为澳大利亚非农产业的增长率贡献 12 个百分点，然而矿业繁荣阶段，即 2004~2007 年度，这个比例上升至 27%，在 2010~2011 财政年度，这个比例更是超过 50%"。[2] 在某种程度上，矿

---

[1] David Richardson and Richard Denniss, "Mining the Truth: The Rhetoric and Reality of the Commodities Boom," (Canberra: The Australia Institute, September 2011), p. 1.

[2] OECD, *OECD Economic Surveys: Australia 2012*, OECD Publishing, 2012, p. 55.

产业投资支撑澳大利亚度过2008年的全球金融危机（Global Financial Crisis, GFC），进而推动澳大利亚经济发展，使之在发达经济体中脱颖而出。[1] 简言之，从上述两个方面来看，澳大利亚这一波"矿业繁荣"可谓名副其实。

然而，随着液化天然气项目大规模投资的到来，这一波"矿业繁荣"即将让位于"能源繁荣"。根据报告，在资源繁荣的第一阶段（2003年3月~2008年3月），投资的项目分散在各个不同的资源行业。然而在第二阶段（2008年3月以后），投资主要集中在能源项目，特别是液化天然气项目。根据澳大利亚农业和资源经济科学局（Australia Bureau of Agricultural and Resource Economics and Sciences，ABARES）公布的项目投资数据，截至2011年4月，所有在建或承诺投资的项目总额高达1735亿澳元。在2006年，能源项目的投资占总体项目投资金额的35%，然而到了2011年，能源项目投资却占了2/3。在这5年之中，能源项目的实际投资金额增加了8倍，而其他项目的投资才增加了2倍。可以预见，在未来10年，"矿业繁荣"将让位于"能源繁荣"（参见图3）。鉴于这一波"资源繁荣"主要集中在"矿业繁荣"，以下部分将着重论述矿业繁荣的由来及其影响。

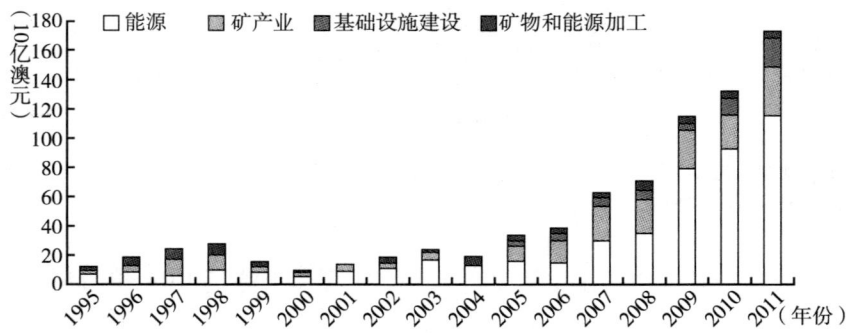

图3　矿业和能源业主要发展项目投资金额，以2010~2011年澳元为计价单位

资料来源：ABARES, Minerals and Energy: Major Development Projects, April 2011 Listing, Canberra, p. 15。

---

[1] James Glynn, "Mining Investment Boom Fuels Australian GDP," *The Wallstreet Journal*, 7 December, 2011.

二 "矿业(资源)繁荣"如何炼成?

显然,"矿业(资源)繁荣"是澳大利亚经济稳健发展的结果。反过来,这一繁荣也为澳大利亚的经济发展助了一臂之力。在某种程度上,这一波"矿业(资源)繁荣"由一些偶然因素催生,诸如中国经济的突飞猛进带动了矿产和能源需求,进而给澳大利亚的矿产(资源)业带来发展的良机。当然,澳大利亚丰富的资源禀赋是这一波繁荣的基础。没有这些资源禀赋,也就没有"矿业(资源)繁荣"。然而,除开这些偶然因素,"矿业(资源)繁荣"主要得益于澳大利亚发达的资本市场、高素质的劳动力、良好的企业管理水平、雄厚的研发投入、稳健的货币和财政政策,以及对外来投资的开放态度。正是这些要素的优化组合带动了矿产业的投资,进而提升产能,最终满足中国日益增加的资源需求。诚然,在上述各个要素中,澳大利亚并不是在所有方面都出类拔萃,但总体而言,澳大利亚的竞争力优势依然非常明显。诚如表1、表2、表3、表4所示,无论是根据世界经济论坛的《全球竞争力报告》(Global Competitiveness Report)还是瑞士洛桑国际管理学院的《世界竞争力年鉴》(IMD World Competiveness Yearbook),抑或伦敦的列格坦繁荣指数排名(Legatum Prosperity Index™ Rankings),还是联合国开发计划署的人类发展指数(The United Nations Development Program, Human Development Report),澳大利亚的表现皆可圈可点。

正因为如此,在2012年发表的政府白皮书中,澳大利亚政府自信地指出,在这个"亚洲世纪"中,"亚洲给澳大利亚带来了良机,但澳大利亚也给亚洲提供了很多机遇"。在他们看来,澳大利亚"拥有世界一流的制度,具备来自多元文化背景的高素质劳动力,同时具有一个高效、开放而又富有韧性的经济"。① 所有这些得益于20世纪80年代以来的经济改革和明智决策。② 在澳政

---

① Commonwelath of Australia, *Australia in the Asian Century White Paper*, October 2012, pp. 1 – 2.
② Stephen FitzGerald, *Immigration: A Commitment to Australia* (Canberra: Australian Government Publishing Service, 1988); Ross Garnaut, *Australia and the Northeast Asian Ascendancy* (Canberra: Australian Government Publishing Service, 1989); Andrew Leigh, "Trade Liberalsation and the Australian Labor Party", *Australian Journal of Politics and History* 48, No. 4 (2002), pp. 487 – 508.

府看来,澳大利亚仍旧需要扬长避短,并在技能培训和教育、创新培育、基础设施建设、税收改革和治理的革新上再接再厉。①

事实上,正因为澳大利亚政府很早就意识到"经济竞争力"将决定澳大利亚的未来,② 因此不遗余力地投入资源发展和提升澳大利亚的竞争力,澳大利亚随后发展成为一个成熟的经济体。最终,尽管这一波"矿业繁荣"同样对澳大利亚政治产生深远的影响(下文将详细论述),但它却不会给澳大利亚带来"资源诅咒"。③ 在不发达经济体中,充沛的资源对于一国的总体利益而言可能是"祸"不是"福",因为"单一矿产品的重要性可能扭曲经济发展,同时也会巩固控制矿产品生产和所得财富集团的政治地位"。④ 再者,通过特许和寻租行为,特权人士和政治强人利用资源产生的财富加强政治压制。然而,对于澳大利亚而言,得益于良好的政府治理以及有效运转的市场经济,矿产业(资源行业)的繁荣并没有腐蚀澳大利亚的政治经济基础。至少从目前来看,这一波"矿业(资源)繁荣"给澳大利亚带来了诸多福利。

表1 澳大利亚"全球竞争力指数"排名

全球竞争力指数	排名(总共144个国家和地区)	得分(1~7分)
2012~2013年	20	5.1
2011~2012年	20	5.1
2010~2011年	16	5.1

---

① Stephen FitzGerald, *Immigration: A Commitment to Australia* (Canberra: Australian Government Publishing Service, 1988); Ross Garnaut, *Australia and the Northeast Asian Ascendancy* (Canberra: Australian Government Publishing Service, 1989); Andrew Leigh, "Trade Liberalisation and the Australian Labor Party", *Australian Journal of Politics and History* 48, No. 4 (2002), p. 134.

② Commonwealth of Australia, *In the National Interest: Australia's Foreign and Trade Policy White Paper*, 1997, p. vii.

③ Frederick van der Ploeg, "Natural Resources: Curse or Blessing?," *Journal of Economic Literature* 49, No. 2 (2011), pp. 366 – 420; William Ascher, *Why Governments Waste Natural Resources: Policy Failures in Developing Countries* (Baltimore: The Johns Hopkins University Press, 1999); Andrew Rosser, "The Political Economy of the Resource Curse: A Literature Survey," in Working Paper No. 268 (Brighton: Institute of Development Studies, University of Sussex, April 2006).

④ 马克·比森、李福建:《中澳关系:地缘政治抑或地缘经济?》,《国际问题研究》2012年第3期,第44页。

续表

全球竞争力指数	排名（总共144个国家和地区）	得分（1~7分）
基础部分（20%）	**12**	**5.7**
制度或机构健全水平	18	5.3
基础设施	18	5.7
宏观经济环境	26	5.6
健康和基础教育	13	6.5
效率提升部分（50%）	**13**	**5.2**
高等教育和培训	11	5.6
商品市场效率	24	4.9
劳工市场效率	42	4.6
金融市场发展水平	8	5.4
技术成熟度	19	5.6
市场规模	21	5.1
创新和商业成熟部分（30%）	**28**	**4.6**
商业成熟度	30	4.5
创新水准	23	4.5

资料来源：*The Global Competitiveness Report 2012 – 2013*, p. 94。

表2　澳大利亚"全球竞争力"排名

年　份	2008	2009	2010	2011	2012
总体表现	7	7	5	9	15
经济表现	15	15	7	13	23
政府效率	5	8	4	7	14
商业效率	6	7	5	7	13
基础设施	16	12	18	14	19

资料来源：*IMD World Competitiveness Yearbook 2012*, pp. 50 – 51。

表3　伦敦列格坦繁荣指数排名

全球繁荣指数排名	国家或地区	经济	创业和机遇	政府治理	教育	健康	安全保安	个人自由	社会资本
1	挪　威	2	4	13	6	4	2	6	1
2	丹　麦	19	1	3	16	16	8	7	2
3	瑞　典	5	2	4	12	14	6	5	9
4	**澳大利亚**	**10**	**8**	**8**	**2**	**17**	**19**	**3**	**3**
5	新西兰	27	13	2	1	20	13	2	4
6	加拿大	8	16	6	3	15	9	1	8

续表

全球繁荣指数排名	国家或地区	经济	创业和机遇	政府治理	教育	健康	安全保安	个人自由	社会资本
7	芬兰	16	3	5	8	12	3	19	5
8	荷兰	14	10	11	11	7	18	9	6
9	瑞士	1	7	1	32	3	10	22	11
10	爱尔兰	25	14	14	14	11	4	4	7

资料来源：*The 2012 Legatum Prosperity Index*^{TM} *Rankings*。

表4 澳大利亚潜在劳动力素质排名

项　目	排名
世界竞争力年鉴2011[a]（瑞士洛桑国际管理学院）	
金融技能	4
外籍高层次人才	4
吸引并留住人才的能力	7
大学教育	7
管理培训	9
全球竞争力报告2012[b]（世界经济论坛）	
中等教育入学率	1
高等教育入学率	9
教育质量	15
管理学院质量	16
研究和培训服务	18
联合国开发计划署（UNDP）人类发展报告[c]	
人类发展指数	2

资料来源：a. Institute for Management Development (IMD), Switzerland, IMD World Competitiveness Online 1995 - 2013 (Update：May 2011, 59 economies)；b. World Economic Forum, Switzerland, *Global Competitiveness Report 2012 - 2013*, p. 95；c. The United Nations Development Program (UNDP), *Human Development Report 2011* (187 economies)。

三　"矿业（资源）繁荣"的积极影响

如上所述，这一波矿产业（资源行业）的蓬勃发展给澳大利亚的经济发展带来诸多福利。具体来说，这些福利主要包括以下三个方面。

第一，更多的家庭收入。作为家庭收入的主要部分，实际工资（real

wage）所得成为衡量一国经济发展水平的重要指标。根据统计，从1979年到2003年，澳大利亚实际工资所得年增长率仅为1.3%，然而在矿产业（资源行业）的繁荣阶段，即从2003年到2008年，实际工资所得年增长率为3.5%，这比同期的全球实际工资增长率以及二十国集团的实际工资增长率都要高。① 由于受到全球金融危机的影响，这一增长趋势骤然变缓。从2008年3月到2010年3月，实际工资增长率仅维持在0.3%的水平。然而，金融危机过后，直至2011年6月，年增长率达到4.1%（参见图4A）。②

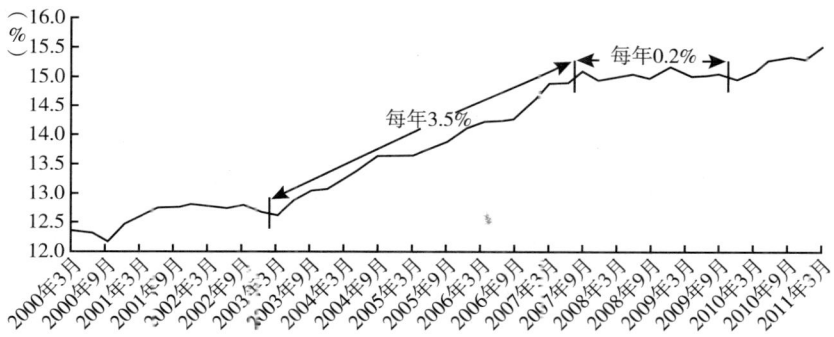

图4A 每小时实际工资变化曲线

再者，如前所述，矿产价格的提升及其对外贸易数量的增长改善了澳大利亚的对外贸易账户，最终促成澳元升值（参见图5）。这意味着进口商品的价格也会随之下降。研究表明，从2002年到2011年，澳元实际贸易加权汇率上升了65%，因此与国内提供的最终消费品价格相比，进口商品价格下降了35.5%。如果仅仅分析这一直接影响的话，与进口商品价格维持不变的状况相比，进口商品价格的下降将国内最终需求的平减指数减少了将近9.7%，最终，家庭的实际收入水平得以提升。特别是当消费支出主要用于进口商品时，这种影响更加明显。③

---

① International Labor Office, "Global Wage Report 2010/11: Wage Policies in Times of Crisis," (Geneva: International Labor Office, 2010), pp. 3 – 4.
② Gregory and Sheehan, "The Resources Boom and Macroeconomic Policy in Australia," p. 14.
③ Gregory and Sheehan, "The Resources Boom and Macroeconomic Policy in Australia," p. 14.

对此,澳大利亚前财政部秘书肯恩·亨利(Ken Henry)直截了当地指出:"出口商品价格的提升导致资源类企业股东的收入也随之'水涨船高'。随后,通过浮动汇率的再分配方式,澳元的升值压低了进口消费品的价格,从而让澳大利亚家庭获益。这其实就是出口商品价格上涨对实际收入水平产生影响的一些例证。"① 有关汇率和实际工资水平的关系参见图4B。

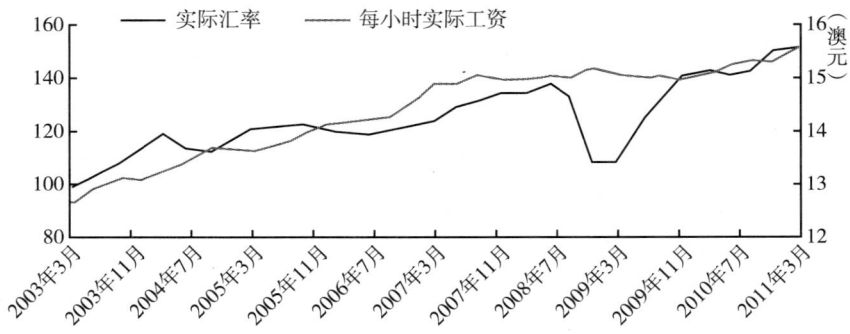

图4B 汇率变化与每小时实际工资变化曲线

数据来源:Australian Bureau of Statistics (ABS) 2011, Australian National Accounts: National Income, Expenditure and Product, March 2011, Cat. No. 5206.0, Table 14: Household Income Account, Current Prices; and Reserve Bank Australia statistics for real exchange rate. 转引自 Bob Gregory and Peter Sheehan, "The Resources Boom and Macroeconomic Policy in Australia," p. 14。

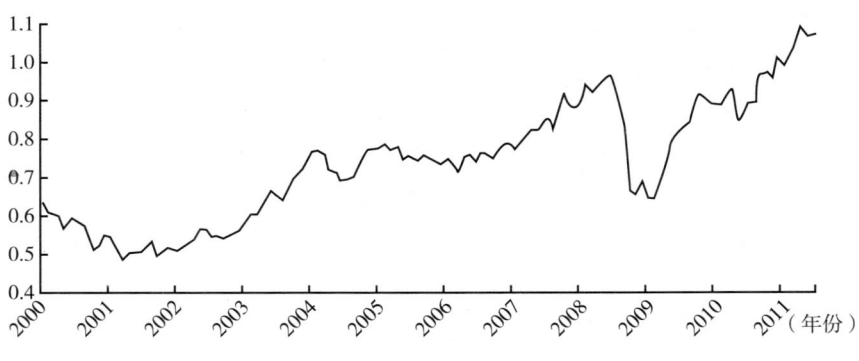

图5 澳元兑美元汇率

数据来源:RBA Statistical Tables。

---

① Ken Henry, "Revisiting the Policy Requirement of the Terms-of-Trade Boom," Address to *the Australian Business Economists*, Sydney, 20 May, 2008.

此外，尽管家庭实际可支配收入会受到诸如员工工资、就业率、税收、利息收入以及进口商品价格下降等多种因素影响，但分析指出，其与这一波矿业繁荣密切相关。例如，从2002年到2011年，家庭实际可支配收入增加了49.4%，年均增长率为4.8%。与之相比，从1979年到2002年，家庭实际可支配收入增加了31.8%，年均增长率为2.6%。① 通过对"矿业繁荣"到来之前及其到来阶段的家庭实际可支配收入进行比较分析，"矿业繁荣"对家庭收入的正面影响显而易见。

第二，更高的资产价值。一方面，出口商品价格的上涨无疑增加了资源类企业的收入，最终导致这些企业的股价随之上升。鉴于市场预期这些企业的未来收益将有所增加，同时考虑到在建的新项目将会扩大企业产能，进而增加收入，因此，在项目还未完工之前，企业的股价就因为市场的良好预期而不断上涨。由于这些资源类企业的大部分股权由外国投资家所有，所以大部分财富流向这些投资商（下文将详细论述）。然而，在分析家看来，澳大利亚本土家庭也能从中受益。②

如图6所示，从2003年2月到全球金融危机肆虐之前的2007年10月，澳大利亚证券交易所（Australian Stock Exchange，ASX）的普通商品价格指数（All Ordinaries Price Index）飙升了144%。同一时期，国内普通股总市值上升了151%，达到10136亿澳元。尽管资源类、金融类以及工业类股票的股价在这一时期全部上涨，但涨幅最大的当属资源类股票。根据统计，资源类股票价格在"资源繁荣"时期的涨幅超过4倍，成为推动总体指数增长的主要因素。③

诚然，由于受全球金融危机的影响，金融类股票的股价大幅下挫，资源类股价也随之下降，但形势并不是很严峻。金融危机过后，各类股价又恢复到昔日的高位。截至2011年3月，资源类股价指数已经接近了金融危机前的峰值。然而，鉴于金融危机余震犹存，市场预期不确定，所以股价又再次下挫。与之相反，金融类股价和其他行业的股价则有小幅上升，但总体而言，资源类股价指数还是遥遥领先。

---

① Gregory and Sheehan, "The Resources Boom and Macroeconomic Policy in Australia," p. 16.
② Gregory and Sheehan, "The Resources Boom and Macroeconomic Policy in Australia," p. 17.
③ Gregory and Sheehan, "The Resources Boom and Macroeconomic Policy in Australia," p. 17.

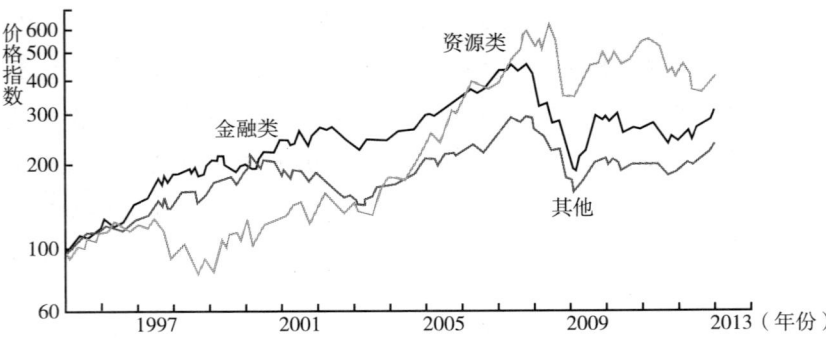

图 6　澳大利亚股市指数（重对数图尺，1994 年底指数 = 100）

数据来源：Bloomberg；RBA；Thomson Reuters；转引自：RBA, "The Australian Economy and Financial Markets," Chart Pack, February 2013, p.23。

另一方面，矿产（资源）业的繁荣不仅提升了金融资产的价格，而且带动了房地产的发展。这是因为，金融资产的增加同时刺激了持股人的购房欲望，房地产价格随之上涨，特别是那些广受欢迎的区域更是如此。从图7我们可以清楚地看到，如果将2003年的房价指数设定为100，那么从2003年到2011年，澳大利亚几大城市的房价都逐年上升。墨尔本、布里斯班和阿德莱德的房价上涨了将近60%，悉尼由于先前的房价已经居高不下，所以涨幅不大，只有7%。西部重镇佩斯（Perth）由于受矿产业发展的影响，房价飙升了

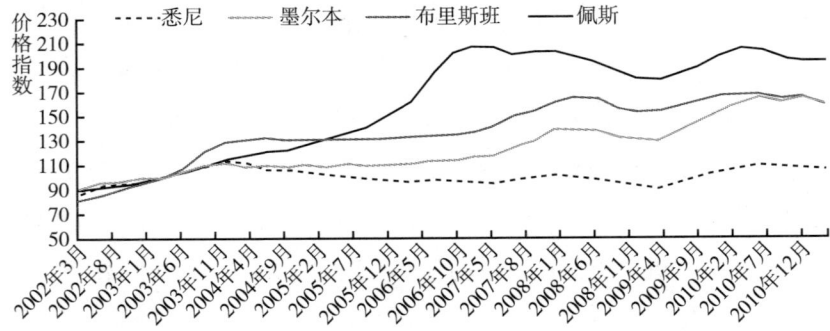

图 7　澳大利亚四大城市房地产实际价格指数（2003 年指数 = 100）

数据来源：ABS 2011, House Price Indexes: Eight Capital Cities, March 2011, Cat. No. 6416.0, Tables 1, 2, 3, 4, 5 and 6: House Price and Selected Housing Indexes, Index Numbers and Percentage Changes. 转引自 Bob Gregory and Peter Sheehan, "The Resources Boom and Macroeconomic Policy in Australia," p.19。

将近95%。房价的上涨受多种因素的影响,但毫无疑问,"资源繁荣"所带来的家庭收入上升和股价上涨成为了这一波房价上升的主要推动力。①

第三,投资增加。如前所述,这一波"矿业繁荣"带动了相关产业的大规模投资,进而衍生出"投资繁荣"(investment boom)。据分析,矿产业投资额占国民生产总值的比重从2001~2002年的1.3%上涨至2010~2011年的4.8%,并有可能在2013~2014年达到7%。在分析家看来,大规模的投资显然会刺激经济的发展。②

有分析家指出,矿产业的投资并没有压缩或者排除其他行业的投资;相反,这些投资拉动了互补性产业的私人以及公共投资,最终提升了投资总额。据统计,在"矿业繁荣"来临前夕(2002~2003年),澳大利亚总体投资额占国民生产总值的22.4%。尽管受到金融危机的影响,在2010~2011年,这一比例达到28.1%。期间,住宅投资有所下降,但非住宅类投资则上升了4.2%。其中,矿产业投资贡献了3.2%,余下由其他行业投资所带动(具体参见表5)。在观察家看来,这意味着"资源繁荣"带来了额外的商业投资,而且归功于全球资本市场的有效运作,资源类行业的投资项目能够在不损害其他行业投资的情况下获得融资。③

表5 实际总固定资产投资构成(占国民生产总值的百分比)

时间	住宅投资(A)	矿业投资(B)	其他私人投资(C)	B+C	公共投资(D)	总投资	备注(A+C)
2001~2002年	5.7	1.3	9.6	10.9	3.9	20.5	15.3
2002~2003年	6.3	1.6	10.6	12.2	3.9	22.4	16.9
2003~2004年	6.4	1.7	11.4	13.1	4.0	23.4	17.8
2004~2005年	6.2	1.8	12.0	13.8	4.3	24.3	18.2
2005~2006年	5.9	2.7	12.7	15.4	4.5	25.7	18.6
2006~2007年	5.7	3.1	12.8	15.8	4.6	26.1	18.5
2007~2008年	5.6	3.7	13.5	17.2	4.8	27.5	19.0
2008~2009年	5.4	4.2	13.0	17.1	5.1	27.5	18.4
2009~2010年	5.3	3.8	12.2	16.0	6.2	27.5	17.5
2010~2011年	5.4	4.8	11.6	16.4	6.3	28.1	17.0

数据来源:ABS 2011, Australian National Accounts: National Income, Expenditure and Product, June 2011, Cat. No. 5206.0, Canberra; ABS 2010, Australian National Accounts: State Accounts, 2009–2010, Cat. No. 5220.0, Canberra。

---

① Gregory and Sheehan, "The Resources Boom and Macroeconomic Policy in Australia," p. 19.
② Gregory and Sheehan, "The Resources Boom and Macroeconomic Policy in Australia," p. 20.
③ Gregory and Sheehan, "The Resources Boom and Macroeconomic Policy in Australia," pp. 21–22.

四 "矿业（资源）繁荣"的负面影响

必须指出，在一些观察家看来，这一波"矿业（资源）繁荣"也给澳大利亚的政治经济发展产生某些负面影响。这种消极影响主要体现在如下三个方面。

其一，矿产品价格的飙升促成澳元升值，这导致制造业（特别是出口行业）和服务业面临越来越大的竞争压力。例如，在矿产品出口快速上涨的时期，其他商品的出口则随之下降（参见图8）。与此同时，制造业占国民生产总值的比例逐年下降。澳大利亚的传统制造业如纺织服装业和鞋业（Textiles, Clothing and Footwear, TCF）、钢铁业以及汽车业面临日益严峻的外部竞争。① 分析家指出，如果"矿业繁荣"能够维持20年，那么澳元汇率将继续维持高位。据此，根据当前的失业率测算，20年之后，澳大利亚的制造业基础将会彻底消失。② 总之，"矿业（资源）繁荣"导致澳大利亚的"双速经济"越来越明显，③ 即资源行业驶入发展的"快车道"，与之相比，其他行业则驶入发展的"慢车道"，甚至停滞不前。④

事实上，早在20世纪70年代，澳大利亚国立大学经济学家鲍勃·格里高利（Bob Gregory）就已经对类似现象进行了研究，学界将其命名为"格里高利效应"（Gregory effect）。这个效应的基本特征是，一个新兴而又快速发展的出口行业会影响本国的进口竞争行业，这与本国进口关税下调对其进口竞争行

---

① Matt Chambers, "BlueScope to Shut Furnace, Mill and Cut 1000 jobs," *The Australian*, 22 August, 2011; Matthew Franklin and Michael Owen, "Jobs Culled as Surging Dollar Stings Sectors," *The Australian*, 2 February, 2012; ABC News, "Pacific Brands jobs head oversea," http://www.abc.net.au/news/2009-02-26/pacific-brands-jobs-head-overseas/1601536.
② Ian Porter, "Without Car Manufacturing, We Are on the Road to Ruin," *Sydney Morning Herald*, 13 January, 2012.
③ "Hitched to the China Wagon: Australia's Two-Track Economy," *The Economist*, August 25, 2012.
④ Mark Thirlwell, "Aussies Surf China's Economic Wave," *Far Eastern Economic Review* 170, No. 1 (2007), pp. 20-21; Therese Jefferson and Alison Preston, "Australia's Other Two-Speed Economy: Gender, Employment and Earnings in the Slow Lane," *Australian Bulletin of Labour* 36, No. 3 (2010), p. 329.

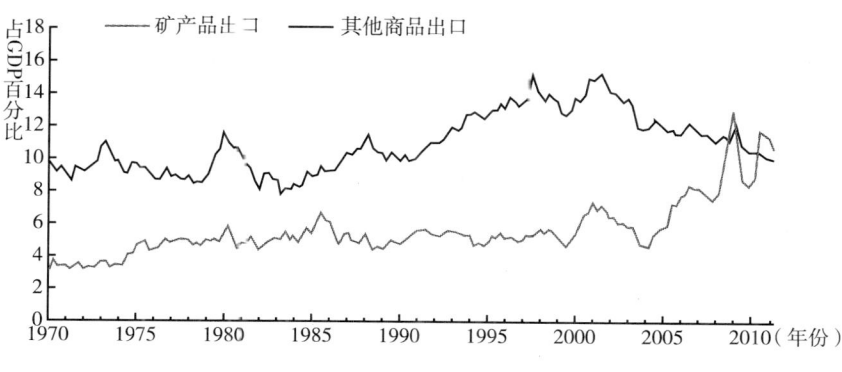

图 8 矿产品出口与其他商品出口走势

数据来源：ABS 2011c；Balance of Payments and International Investment Position, Australia, March. Cat No. 5302.0.5. May。

业所产生的影响并无本质上的不同；同样，这个快速发展的出口行业也会对本国的传统出口行业产生负面影响，这种影响与贸易国提升进口商品关税所产生的作用并无二致。[1] 其运作机制是，某种出口商品价格的飞涨将会导致生产这种商品的国家的货币随之升值。货币升值意味着该国的其他经济部门将丧失竞争力，最终，传统贸易部门将会收缩，高技能的劳动力将被吸引到新兴发展的部门，最终加速这个出口部门的扩张。[2] 在矿产品蓬勃发展的20世纪70年代，格里高利就已经意识到这个快速发展的出口行业将会对澳大利亚的经济结构产生重大影响。如今，一些观察家也深刻认识到这一波前所未有的"矿业繁荣"也会造成类似后果。例如，其对制造业结构的影响可参见图9。

在制造业之外，澳大利亚的传统服务业（特别是旅游业和教育业）也陷入困境。[3] 在旅游业方面，澳元的升值导致短期"出入境人次"[4] 发生显著变化。据统计，澳大利亚公民短期出境人次在 2002～2003 年至 2010～2011 年间

---

[1] R. G. Gregory, "Some Implications of the Growth of the Mineral Sector," *Australian Journal of Agricultural and Resource Economics* 20, No. 2 (1976), pp. 71–91.

[2] David Richardson, "The Benefits of the Mining Boom: Where Did They Go?" (Canberra: The Australian Institute, May 2009), p. 6.

[3] Philip Bowring, "The Lucky Country Faces Hard Times," *The Wall Street Journal*, 6 January, 2012.

[4] 澳大利亚官方统计的是"出入境人次"（number of movements of travelers），而非"出入境人数"（number of travelers）。具体说明参看澳大利亚移民局网站：http://www.immi.gov.au/media/statistics/statistical-info/oad/，访问日期：2012年2月13日。

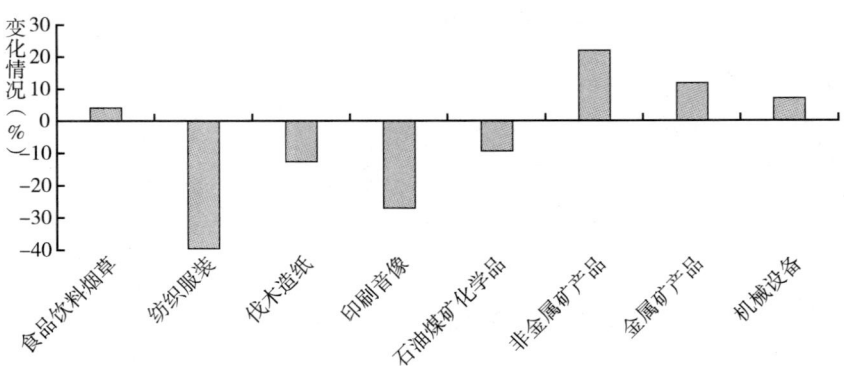

图9　制造业各部门生产总值变化情况（百分比）

数据来源：ABS 2011, Australian National Accounts, Cat. No. 5206.0。

翻了一番，即从原先的330万上升至730万，年增长率为10.5%；而在1989～1990年到2002年间，年增长率仅为3.4%。与之相比，在2002～2003年至2010～2011年间，外国公民短期入境人次年增长率为3.2%，而在1989～1990年到2002年间，这个比例却达到6.0%。① 在2002～2003年，澳大利亚短期入境人次超过出境人次，净额达140万。与之相反，在2009～2010年，短期入境人次比出境人次少了130万（具体参见图10）。

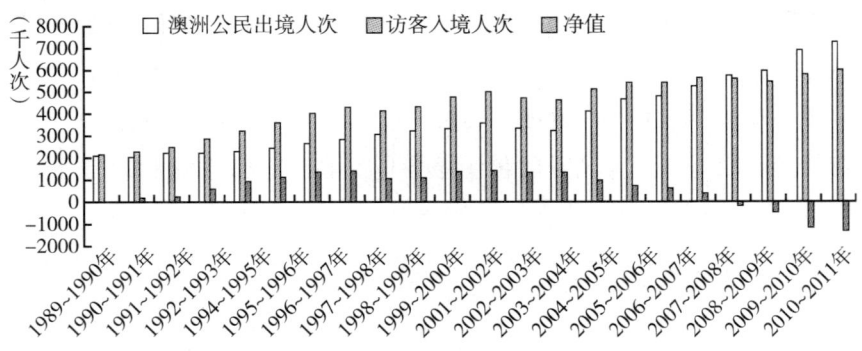

图10　澳大利亚公民出境人次、访客入境人次和净出入境人次

数据来源：ABS 2011, Overseas Arrivals and Departures, Australia, Cat. No.3401.0, Table 2: Total Movement, Departures: Category of Movement。

---

① Gregory and Sheehan, "The Resources Boom and Macroeconomic Policy in Australia," p.32.

由于外国旅客入境人次减少,澳大利亚公民出境人次增多,这必然导致澳大利亚本土旅游业受挫,特别是外国游客青睐的旅游区(如北昆士兰)以及那些高度依赖旅游业的偏远地区(如西澳大利亚州某些地区)更是严重受挫。① 简言之,在"矿业(资源)繁荣"时期,澳大利亚旅游业总产值占国民生产总值的比重呈下降趋势;就业人口占总就业人数的比例逐渐减少(具体参见表6和图11)。

表6 澳大利亚旅游业发展趋势

单位:%

	2003~2004年	2004~2005年	2005~2006年	2006~2007年	2007~2008年	2008~2009年	2009~2010年
占总就业人数的比例	4.8	4.8	4.7	4.6	4.6	4.5	4.5
占国民生产总值的比重	3.1	2.9	2.9	2.8	2.8	2.6	2.6

数据来源:ABS Australian National Accounts; Tourism Satellite Accounts, 2009–2010。

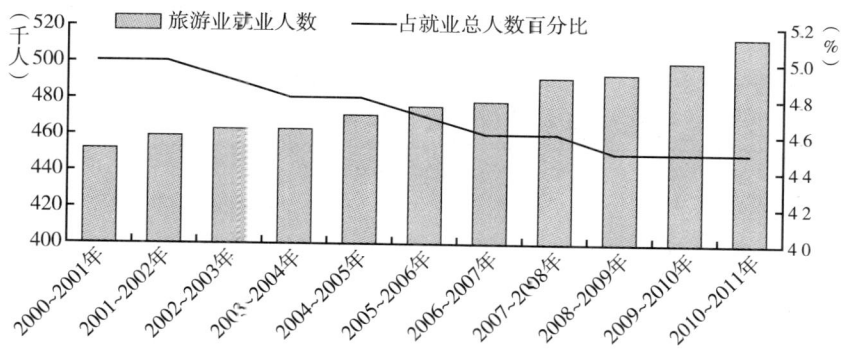

图11 旅游业就业趋势

数据来源:ABS, Tourism Satellite Account, 2010–2011, Cat. No. 5249.0;转引自 Australian Government Department of Resources, Energy and Tourism, Tourism Research Australia, April 2012。

在教育业方面,澳元升值造成的负面影响慢慢显现。在2003年和2010年间,国际留学生在澳大利亚的总注册人数年增长10.7%,其中,高等教育机

---

① Geoff Carmody & Associates, "Australian Tourism: How Deep the Recession?" (Sydney: Tourism & Transport Forum, March 2009), p. 37.

构的注册人数年增长率为7.8%,职业和教育培训(Vocational and Educational Training,VET)机构激增了23.6%。这一时期,尽管澳元升值,但对教育业的影响还不明显。然而,从2010年以来,特别是2011年,澳元升值的负面效应开始凸显,再加上来自其他国家(美国和加拿大)的教育机构的激烈竞争,澳大利亚的教育业开始受到冲击。尽管高等教育机构的注册人数依然在增加,但是职业和教育培训机构的注册人数则下降了18.8%,海外学生英语强化训练课程(English Language Intensive Course for Overseas Students,ELICOS)的注册人数更是暴跌了21.6%(具体参见图12)。① 总注册人数与前年相比下降了9.1%。据专家预测,这一下降趋势有可能延续到2015年。②

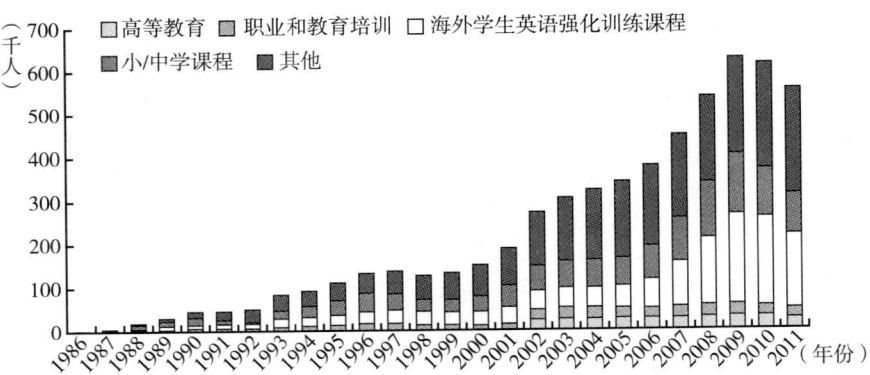

图12　各种教育类型下的国际留学生注册人数(1986~2011年)

资料来源:Colin Walters,"Australian International Education in 2012," Australian Education International (AEI), Department of Education, Employment and Workplace Relations (DEEWR), p.2。

在这个背景下,澳大利亚有识之士已经在思考如何酝酿新的"产业政策",以应对"资源繁荣"的后遗症。③ 专家学者探讨的核心问题在于如何摆

---

① Gregory and Sheehan, "The Resources Boom and Macroeconomic Policy in Australia," p.33.
② John Phillimore and Paul Koshy, "The Economic Implications of Fewer International Higher Education," (Perth: The John Curtin Institute of Public Policy, Curtin University, August 2010), pp.29-31.
③ "Chinese-Driven Resources Boom Doomed: Dow Chief Andrew Liveris," *The Australian*, 28 March, 2012.

脱"自由市场"以及"政府干预"之间截然对立的刻板思维模式，进而实现产业的多元化、产业创新以及提高长期劳动生产率。①

其二，如前所述，"矿业繁荣"使得矿产公司获得丰厚的利润，但这些所谓的"澳大利亚"矿产公司大部分由外国投资者控股。尽管矿产业利润增长非常迅速，但鉴于政府不愿或无法向这些矿产企业征税，大部分利润最终流向海外。②

鉴于澳大利亚丰富的资源、有限的市场以及与西方资本主义世界的特殊关系，因此澳大利亚政府利用国际直接投资开发本国资源并非毫无道理。《澳大利亚人报》（The Australian）的社论对此一针见血地指出，"如果没有外来投资，这些矿石将原封不动"。③ 尽管历届政府——诸如约翰·哥顿（John Gorton）政府、高夫·惠特拉姆（Gough Whitlam）政府和马尔科尔姆·弗雷泽（Malcolm Fraser）政府——采取相应措施抑制外来资本对澳大利亚矿产业和其他产业的控制，④ 但并没有扭转矿产业由外来资本控制的趋势。根据澳大利亚统计局的报告，在20世纪80年代，外国投资商在澳大利亚矿产业的控股比例为52%~58%。尽管澳大利亚统计局在80年代以后停止对这一数据的统计，但据分析，目前澳大利亚矿产业外来投资控股比例与以往相比还要高。⑤ 有关澳大利亚几大矿产企业的外资控股比例可参见表7。

在某种程度上，澳大利亚矿产企业由外资主导的事实与国际经济环境的变迁息息相关。由于国家之间的相互依赖逐渐增强，在政府与市场之间的博弈中，市场的无形之手往往更胜一筹。随着市场自由化程度不断提升，资本自由化不断扩展，在经济层面，国与国之间的边界不再泾渭分明。事实上，诚如专家所言，今日国际贸易和国际生产的性质已经发生了质变。昔日不同国家经济体彼此独立的现象已不复存在，如今，哪怕是发达国家也在生产同质的产品。⑥ 在

---

① Tom Conley and Elizabeth van Acker, "Whatever Happened to Industry Policy in Australia?," Australian Journal of Political Science 46, No. 3 (2011), pp. 503 – 517.
② 马克·比森、李福建：《中澳关系：地缘政治抑或地缘经济？》，第43页。
③ "China and Mining Boom Crucial for Future Success," The Australian, 2 June, 2012.
④ Richardson and Denniss, "Mining the Truth: The Rhetoric and Reality of the Commodities Boom," p. 31.
⑤ Richardson and Denniss, "Mining the Truth: The Rhetoric and Reality of the Commodities Boom," pp. 32 – 33.
⑥ Peter Dicken, Global Shift: Mapping the Changing Contours of the Global Economy, 6th ed. (New York: Guilford Press, 2011).

表7 澳大利亚主要矿产企业排名及外资控股比例

排名	热能煤	焦煤	铁矿	铝矿	铜矿	金矿	镍矿	铀矿
第一位	Xstrata	BHP Billiton	Rio Tinto	Alcoa	Xstrata	Barrick	BHP Billiton	Rio Tinto
外资百分比	100%	76%	83%	100%	100%	100%	76%	83%
第二位	BHP Billiton	Xstrata	BHP Billiton	Rio Tinto	BHP Billiton	Newmont	Minara	BHP Billiton
外资百分比	76%	100%	76%	83%	76%	100%	82%	76%
第三位	Peabody	Anglo American	Fortescue	BHP Billiton	Rio Tinto	Newcrest		Heathgate
外资百分比	100%	100%	40%	76%	83%	0%		未知
第四位	Anglo American	Rio Tinto			Newcrest			
外资百分比	100%	83%			0%			
第五位	Rio Tinto	Peabody			Newmont			
外资百分比	83%	100%			100%			

资料来源：Naomi Edwards, "Foreign Ownership of Australian Mining Profits," *Briefing Paper Prepared for the Australian Greens*, 2011, p. 4。

这个相互依赖的背景下，商品的生产和流通早已跨越了国界。特别是在制造业领域，跨国公司将一个产品的不同零部件分散到世界各地进行生产和加工。① 据此，关于企业"由谁所有"或"由谁控制"在全球化时代未必是一个生死攸关的问题。关键问题在于，"澳大利亚从经济全球化中受益良多"。②

然而，在澳大利亚国内，关于矿产企业"由谁所有"以及"由谁受益"的争论此起彼伏。在2009~2010年度，根据澳大利亚统计局的数据，"矿产企业税前利润已达510亿澳元"。"如果这笔利润能够平均分配到每个澳大利亚家庭，那每户家庭将获得超过5000澳元的利润。"再者，"如果矿产品价格维持不变，那么10年之后，这一利润将上涨至6000亿澳元"。③ 与此同时，尽管矿产企业声称它们给澳大利亚政府贡献了很多税收，但通过专家的深入分析，这一说法有待商榷。据分析，矿产企业将利润所得税与自然资源开采权使

---

① Jeffrey Henderson et al., "Global Production Networks and the Analysis of Economic Development," *Review of International Political Economy* 9, No. 3 (2002): 436-64.
② Commonwealth of Australia, Advancing the National Interest: Australia's Foreign and Trade Policy White Paper, 2003, p. xiii.
③ Richardson and Denniss, "Mining the Truth: The Rhetoric and Reality of the Commodities Boom," pp. 29-30.

用费（royalty）合并，因此导致矿产企业的税负看上去要比其他行业的企业要多。① 事实上，如图 13 所示，矿产业在 2008～2009 年的平均税负只占这个行业所有利润的 13.9%，这比理论上的公司税负（30%）还要低。

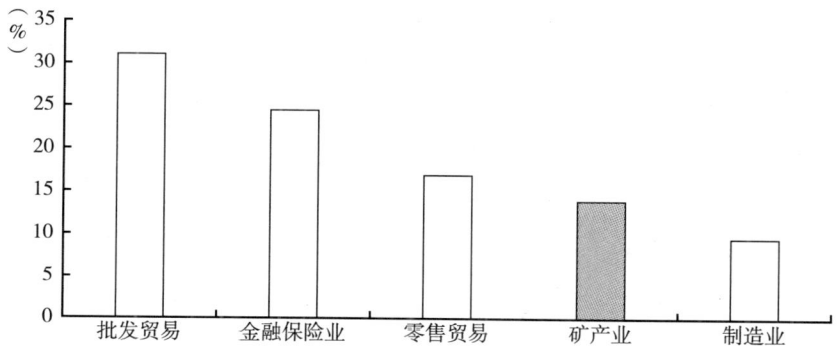

图 13　矿产业和其他行业平均税负（占总营运盈余的百分比）

注：GOS = Gloss Operating Surplus，总营运盈余。
资料来源：Richardson and Denniss, "Mining the Truth: The Rhetoric and Reality of the Commodities Boom," p. 24。

在矿产业利润不断增加和矿产企业夸大纳税金额的背景下，专家学者越来越关注上述议题。单纯从分配正义的角度来说，鉴于矿产企业的巨额利润流向海外，政府对矿产企业的征税有限，政府进行再分配的能力将严重受限。因此，澳大利亚家庭从"矿业（资源）繁荣"中普遍获益的可能性有限。尽管某些观察家认为政府完全没有必要"干预"，因为"市场"能够发挥其应有的作用，但正如澳大利亚著名的国际关系学者马必胜（Mark Beeson）所言，这种说法与那种认为"澳大利亚的自然资源"属于"澳大利亚人"所有的看法截然对立。② 如果"澳大利亚"自然资源禀赋属于所有"澳大利亚人"，那为什么政府不应该干预，以让澳大利亚人能够从这一波"矿产（资源）繁荣"中获益？进一步说，澳大利亚政府应该如何权衡"矿业（资源）繁荣"对澳

---

① Richardson and Denniss, "Mining the Truth: The Rhetoric and Reality of the Commodities Boom," p. 23.
② Mark Beeson, "Australia's Place in the Asia-Pacific Regional Economy," presentation for the conference on the Dynamics of 21st Century Trade and Investment in the Asia-Pacific: An Australia-US Perspective, The United States Studies Center, The Westin, Sydney, 30 November, 2012.

大利亚长远经济利益的影响？显然，关于这一问题的争论还将继续。

其三，专家学者担心日益壮大的矿产企业将会对澳大利亚的政治发展产生负面影响。如前所述，尽管作为一个成熟的经济体以及民主国家，澳大利亚的"矿产（资源）繁荣"并没有演变为"资源诅咒"。然而，随着矿产业的发展势如破竹，矿产企业利润逐年增加，矿产业通过各种方式影响政府公共政策的能力也在逐渐提升。最终，矿产企业直接介入澳大利亚政治，对公共政策产生"四两拨千斤"的巨大影响，导致具有广泛基础的公共政策难以成型。①

澳大利亚精英对这一负面影响的担忧并非毫无道理。归根结底，尽管澳大利亚政府对这些矿产企业的运作模式非常了解，至少它们是澳大利亚政府熟悉的利润导向型并按市场机制运作的独立商业行为体，② 但这并不能掩盖一个事实：这些跨国矿产企业按照"企业利益"而非澳大利亚"国家利益"的准则进行运作。这也意味着，当这些矿产企业的利益与澳大利亚的长远国家利益相互冲突时，它们势必会不遗余力地维护和巩固它们的利益。③

例如，矿产企业和澳大利亚政府之间备受瞩目的"资源超额利润税"（Resource Super Profits Tax，RSPT）攻防战便是明证。原先的倡议指出，直至2020年，澳大利亚政府将征收超过990亿澳元的资源超额利润税。④ 然而，矿产企业并没有坐以待毙；相反，矿产企业耗费2200万澳元掀起一场广告风暴，反对陆克文政府征收"资源超额利润税"。最终结果是："资源超额利润税"被冻结，随后被"矿产资源租赁税"（Mineral Resource Rent Tax，MRRT）所取代。根据新的税收方案，未来10年澳大利亚政府将从矿产企业征收额外385亿澳元的税收。经过这一番激烈较量，矿产企业在未来10年内节省了大约600

---

① Mark Beeson, Milis Soko and Wang Yong, "The New Resource Politics: Can Australia and South Africa Accommodate China?" *International Affairs* 87, No. 6 (2011), pp. 1373 – 1374.

② Jeffrey D. Wilson, "Resource Nationalism or Resource Liberalism? Explaining Australia's Approach to Chinese Investment in its Minerals Sector," *Australian Journal of International Affairs* 65, No. 3 (2011), pp. 283 – 304.

③ Paul Cleary, *Too Much Luck: The Mining Boom and Australia's Future* (Melbourne: Black Inc., 2011).

④ Richardson and Denniss, "Mining the Truth: The Rhetoric and Reality of the Commodities Boom," p. 30.

亿澳元的税赋。① 更甚者，矿产企业耗费巨资而发动的广告"闪电战"严重损害了时任总理陆克文的形象，最终导致其狼狈下台。② 显然，陆克文的下台并不完全是因为他不能游刃有余地消除这场矛盾，其他因素（诸如在环境保护议题上说一套做一套）同样导致他的个人形象和权威一落千丈，③ 但陆克文下台这一事实表明，矿产企业界对澳大利亚政局的影响越来越明显。随着矿产业在澳大利亚经济结构中扮演越来越重要的角色，矿产企业界的政治影响力将日益壮大。对澳大利亚的长远国家利益而言，这或许是个不祥的预兆。

五　结论

过去10年，澳大利亚经历了前所未有的"矿业（资源）繁荣"。无论是从矿产（资源）贸易对澳大利亚贸易条件的影响还是从矿产（资源）业投资在国内生产总值中所占的比重而言，澳大利亚的"矿业（资源）繁荣"有目共睹。到目前为止，这一波繁荣还未完全终结。不可否认，这一波繁荣给澳大利亚带来诸多福利，诸如"更高的家庭收入""更多的投资"以及"更高的资产价值"。然而，它也会对澳大利亚的政治经济格局产生不利影响。首先，矿产品价格的飙升促成澳元升值，这导致制造业和服务业面临越来越大的竞争压力。其次，"矿业繁荣"使得矿产企业获得丰厚利润，但这些所谓的"澳大利亚"矿产公司大部分由外国投资者控股。尽管矿产业利润增长非常迅速，但鉴于政府不愿或无法向这些矿产企业征税，大部分利润最终流向海外。最终，政府进行财富再分配的能力严重受限。最后，专家学者担心日益壮大的矿产企业将会对澳大利亚的政治发展产生负面影响。尽管作为一个成熟的经济体以及民主国家，澳大利亚的"矿产（资源）繁荣"并没有演变为"资源诅咒"；然而，随着矿产（资源）业的发展势如破竹，矿产（资源）企业利润逐年增

---

① Jessica Irvine, "AMYM 60b Riddle: How Miners Took Taxpayers to the Cleaners," *The Sydney Morning Herald*, 18 February, 2011.
② Dennis Shanahan and Matthew Franklin, "Off with His Head: Tax that Killed the King," *The Australian*, 8 December, 2010.
③ Mark Beeson, "Can Australia Save the World? The Limits and Possibilities of Middle Power Diplomacy," *Australian Journal of International Affairs* 65, No. 5 (2011), p. 572.

加，矿产（资源）企业界通过各种方式影响政府公共政策的能力也在逐渐提升。最终，"企业利益"与"国家利益"之间的冲突将会越来越明显。

鉴于"矿业（资源）繁荣"对澳大利亚政治经济的影响有利有弊，现任总理吉拉德（Hon. Julia Gillard）郑重指出，"澳大利亚的未来把握在澳大利亚人的手中，而且这在很大程度上取决于澳大利亚如何应对当前的矿业繁荣"，"如果处理不当，澳大利亚将步履蹒跚；如果处理得当，未来几十年，澳大利亚将蒸蒸日上"。①

The Australian Economic Report: Characteristics, Background and Influence of Mining Industry's Boom

Xu Shaomin

Abstract: In the last decade, an unprecedented "mineral boom" or "resource boom" has been witnessed in Australia. In terms of the impact on Australian terms of trade spawned by mineral or resources trade, and the mineral or resource investment weighted in the Gross Domestic Product (GDP), the so-called "mineral or resource boom" has been justified without any doubt. Until now, this impressive boom has not been over yet. Undoubtedly, this new wave of boom has brought about considerable benefits to Australia, including higher domestic real income, higher asset values as well as rising resource investment. Although Australia will not fall into the well-known "resource curse", the negative influence on Australia's public policy, accompanied by the rising relative power of the mining juggernauts, should not be ruled out.

Key Words: Mineral Boom; Resource Boom; Industrial Policy

---

① Dennis Shanahan, "Back to Work Junking Two-Speed Economy," *The Australian*, 4 February, 2011.

B.10 澳大利亚外交报告：
历史、地理与外交传统

许少民

摘　要：

  "历史"与"地理"始终是影响澳大利亚对外政策的两个重要因素。两者的互动构成了澳大利亚对外政策的主线，并形成了两种时常对立的外交传统。一旦澳大利亚精英执着于历史情结，即将澳大利亚看成远离"母国"和"盟友"，是西方文明世界中一个"孤立的堡垒"，那么澳大利亚在地理上临近亚洲这个事实会令其忧心忡忡，因此澳大利亚渴望寻求一个"大而强"的朋友来维护其安全和区域的稳定。然而在不同时期，澳大利亚精英同样深刻意识到澳大利亚独特的地理位置其实是一种福音，因为与其他"西方"国家相比，澳大利亚能够更容易地融入欣欣向荣的亚洲，进而从中受益。然而，"历史"与"地理"交织而成的两种不同外交传统依然对澳大利亚的外交政策产生此消彼长的影响。随着"亚洲世纪"的到来，两者之间的矛盾依然未消弭。尽管澳大利亚精英试图采用"亚太"的叙事模式模糊这两者之间的对立，但这种中庸之道只是延缓而非彻底解决这个难题。在这个意义上，往后无论是工党还是自由党－国家党联盟执政，澳大利亚对外政策的基本方向应该变化不大。亦即，在战略与安全层面，美澳同盟依旧是澳大利亚对外政策的基石；在经济和社会层面，澳大利亚仍会积极介入亚洲。

关键词：

  外交传统　历史情结　地缘经济　中等强国　美澳同盟　介入亚洲

一　导论

2012年10月，澳大利亚政府发表新的白皮书《亚洲世纪中的澳大利亚》

(*Australia in the Asian Century*)。报告开宗明义,"亚洲世纪是澳大利亚的机遇"。随着全球权力重心逐渐转移到亚洲,"曾经天各一方造成的障碍正在被近在咫尺的前景所取代","澳大利亚占据天时地利——地处亚洲之域,时逢亚洲世纪"。① 为了进一步融入亚洲,白皮书指出,澳大利亚政府必须巩固公平社会和开放经济的基础,推动教育培训和企业创新,同时致力于维护区域安全与稳定,并推进区域内的文化交流。

纵观整个报告,其基调与 20 年前轰动一时的郜若素(Ross Garnaut)报告《澳大利亚与东北亚的异军突起》(*Australia and the Northeast Asian Ascendancy*)并无二致。作为时任总理鲍勃·霍克(Bob Hawk)的经济顾问以及驻华大使,郜若素敏锐地意识到东北亚经济发展的前景。因此,他建议澳大利亚必须搭上东北亚经济发展的快车,推动经济自由化改革,融入亚洲,熟悉亚洲,进而从中受益。尽管时移世易,中国已经替代日本成为澳大利亚的主要贸易伙伴,但"比较优势"和"经济互补性"的逻辑一脉相承。② 这份新近发表的白皮书同样倡导澳大利亚必须因势利导,推动自由贸易并鼓励澳大利亚人掌握亚洲语言和文化。然而,在安全和战略层面,这份白皮书也重申美澳同盟关系对维护区域和平与稳定至关重要。③ 随着奥巴马政府将美国的战略重心转移至亚太,④ 澳大利亚独特的地理位置将有利于美澳之间推动更深层次的战略合作。

总而言之,澳大利亚将在经济和社会层面上进一步融入亚洲,在安全和战略上则继续维持美澳同盟关系,这便是这份报告的主要结论。⑤ 从这一点来

---

① Commonwelath of Australia, *Australia in the Asian Century White Paper*, October 2012, p. 1.
② 马克·比森、李福建:《中澳关系:地缘政治抑或地缘经济?》,《国际问题研究》2012 年第 3 期,第 42 页。
③ *Australia in the Asian Century White Paper*, p. 131.
④ Barack Obama, "Remarks By President Obama to the Australian Parliament", The White House, Office of the Press Secretary, 17 November, 2011; Hillary Clinton, "America's Pacific Century," *Foreign Policy*, No. 189 (November 2011), pp. 56 – 63; Department of Defense, "Sustaining US Global Leadership: Priorities for 21st Century Defense," (Wasington D. C.: Department of Defense, 2012).
⑤ Mark Beeson, "Australia's Place in the Asia-Pacific Regional Economy," presentation for the conference on the Dynamics of 21st Century Trade and Investment in the Asia-Pacific: An Australia-US Perspective, The United States Studies Center, The Westin, Sydney, No. 30, 2012.

看，这份报告其实并没有太多新意，因为这种"双轨"政策由来已久。① 这是因为，如何在"亚洲"与"美国（西方）"之间进行协调，抑或在"地理"与"历史"之间实现均衡，始终是澳大利亚外交政策的一条主线。澳大利亚依然面临着挥之不去的困境，在这两者之间，澳大利亚唯有如履薄冰。② 中国驻新西兰前大使张援远在评论白皮书时就指出，"在将重心转移到亚洲问题上，澳大利亚几十年来都处于两难的局面，在地理上，它接近亚洲，但在心态上还是与西方比较接近"。③ 已故政治学名家亨廷顿曾将澳大利亚界定为"文化精神分裂症"的典型代表，这个结论或许还未过时。④

二 "地理"VS"历史"：澳大利亚对外政策的主线

毋庸置疑，澳大利亚独特的地理位置及其历史深刻影响了澳大利亚历届政府的对外政策，随之形成了两种时常对立的"外交传统"或"外交迷思"。⑤ 两者的互动继而构成澳大利亚对外政策的主线。第一种外交传统认为，尽管澳大利亚拥有得天独厚的岛国环境，但澳大利亚却远离"母国"和"盟友"，是西方文明世界中一个"孤立的堡垒"。这种脆弱感让澳大利亚历代政治精英忧心忡忡，⑥ 最终罹患"被侵略的焦虑症"。⑦ 这种外交传统深刻影响了澳大利亚的亚洲政策。具体而言，由于政治精英认为澳大利亚是一个伴随着欧洲历史的移民社会，同时将亚洲看成是一个在文化上与澳大利亚格格不入而又充满敌对

---

① William T. Tow, "Asia's Competitive 'Strategic Geometries': The Australian Perspective," *Contemporary Southeast Asia* 30, No. 1 (2008), p. 30.

② Gorjo Paulo, "Australia's Dilemma Between Geography and Hostory: How Consolidated is Engagement with Asia?" *International Relations of the Asia-Pacific* 3, No. 2 (2003), p. 180.

③ 《建构开放与包容的亚太世纪》，《联合早报》2012年11月1日。

④ Samuel P. Huntington, *The Clash of Civilizations and the Remaking of World Order* (New York: Simon & Schuster Inc., 1996), pp. 151 – 154.

⑤ David Martin Jones and Andrea Benvenuti, "Tradition, Myth and the Dilemma of Australian Foreign Policy," *Australian Journal of International Affairs* 60, No. 1 (2006), pp. 103 – 124.

⑥ Mark Beeson and Hidetaka Yoshimatsu, "Asia's Odd Men Out: Australia, Japan, and the Politics of Regionalism," *International Relations of the Asia-Pacific* 7, No. 2 (2007), p. 232.

⑦ Anthony Burke, *Fear of Security: Australia's Invasion Anxiety* (Melbourne: Cambridge University Press, 2008).

意味的邻居，因此澳大利亚精英致力于寻找一个"志同道合"而且"大而强"的朋友来维护自身安全以及区域的稳定。反过来，正因为如此，澳大利亚始终无法全心全意地融入亚洲。① 第二种外交传统则认为，澳大利亚需要融入欣欣向荣的亚洲，以此推进澳大利亚"独立自主"的中等强国外交。再者，澳大利亚需要在发展自主防御力量的同时减少对美国的战略和安全依赖。② 按此逻辑，澳大利亚能够在经济、政治和安全领域齐头并进，最终实现独立自主而又积极稳健的外交政策。诚然，纵观澳大利亚对外政策的历程，这两种外交传统并非完全对立。两种传统各自在不同时期或不同议题（诸如政治、安全、经济和移民等议题）上占据主导地位，但与此同时并没有排除另一种传统对澳大利亚外交政策的潜在影响。③ 总而言之，这两种传统此消彼长的趋势依然明显，而澳大利亚政府的长期任务在于实现地缘经济利益与其历史情结之间的和解。④

三 "历史"优先：严防亚洲

在早期，第一种外交传统主导了澳大利亚的对外政策。尽管地理上与亚洲临近这个事实在整个 20 世纪塑造了澳大利亚的外交政策及其对这个区域的认知，然而受到第一种外交传统的束缚，澳大利亚很多届政府都无法下定决心完全融入亚洲。尽管有识之士早在 20 世纪 30 年代就已经预见到东亚对澳大利亚经济繁荣的重要性，并号召政府调整与这个区域的经贸关系，但这些先见之明却无法撼动澳大利亚政治精英那种根深蒂固的历史观和脆弱感。⑤ 在他们看

---

① David Walker, *Anxious Nation: Australia and the Rise of Asia 1850 – 1939* (St. Lucia: University of Queensland Press, 1999); Rawdon Dalrymple, *Continental Drift: Australia's Search for Regional Identity* (London: Ashgate, 2003).
② Paul Kelly, "Howard's Decade: An Australian Foreign Policy Reappraisal," in *Lowy Institute Paper* No. 15 (New South Wales: Lowy Institute for International Policy, 2006), p. 6; "All the World's a Stage," *The Weekend Australian*, July 26, 2003.
③ 类似观点参见 Michael Wesley and Tony Warren, "Wild Colonial Ploys? Currents of Thought in Australian Foreign Policy," *Australian Journal of Political Science* 35, No. 1 (2000), pp. 9 – 26.
④ Martin Griffiths and Michael Wesley, "Taking Asia Seriously," *Australian Journal of Political Science* 45, No. 1 (2010), p. 26.
⑤ Ann Capling, "Twenty Years of Australia's Engagement with Asia," *The Pacific Review* 21, No. 5 (2008), p. 604.

来，由于临近亚洲，华人以及来自其他亚洲国家的移民将如潮水般涌入地广人稀的澳大利亚。这一恐惧心理甚至使这些政治精英将其与6世纪前蒙古人征服欧洲相提并论。① 最终，澳大利亚政府俯顺舆情，出台"白澳政策"（White Australia Policy）。这种赤裸裸的歧视政策无疑阻碍了澳大利亚与亚洲之间的沟通与交流，并在很长时间内成为一道横亘在澳大利亚与亚洲之间的无形障碍。

二战的惨痛经历使得政治精英更加笃信固有的外交传统。对日本侵略澳大利亚的恐惧以及3万澳大利亚战俘在日本军营的悲惨遭遇显然加深了澳大利亚精英对亚洲的消极认知——亚洲是"威胁"之渊薮而非"机遇"之源泉。这种负面认知在冷战之初更为明显。在20世纪五六十年代，保守党领导的澳大利亚政府与美英一起抗衡共产主义并遏制中国。在这个时期，政治和学术精英的关注焦点在于明确谁能够"威胁"或"保护"澳大利亚的安全。据此，《澳新美安全条约》（Australia, New Zealand and the United States, ANZUS）被看成是一道防御来自苏联的"红色"威胁和中国的"黄色"威胁，以及防止东南亚地区出现"多米诺骨牌效应"的坚实堡垒。在这些精英看来，如果没有美国这个盟友的保护，地广人稀的澳大利亚将无法抵御来自亚洲的威胁。②

在20世纪70年代，鉴于亚洲的安全、经济和政治局势发生变化，澳大利亚精英对亚洲的认知也逐渐改变。具体来说，在安全领域，美英两国逐渐从东南亚地区撤军，而且东南亚地区的局势逐渐稳定。在经济领域，日本取代英国成为澳大利亚最重要的出口市场。与此同时，亚洲新兴经济体的崛起也让澳大利亚看到了机遇。③ 在这个背景下，原先主导澳大利亚对外政策的传统不再无懈可击。亚洲不再纯粹是威胁之源，它也成了机遇之域。这一时期，两个突破性的外交举措预示着澳大利亚的亚洲政策已经发生质变。其一，高夫·惠特拉姆（Gough Whitlam）政府废除了"白澳政策"；其二，惠特拉姆政府决定与中国建立外交关系。这两个重大

---

① Greg Austin, "Reactions in Australia and New Zealand to a Rising China," in Kokubun Ryosei and Wang Jisi ed., *The Rise of China and a Changing East Asian Order* (New York and Tokyo: Japan Center for International Exchange, 2004), p. 266.

② Richard Higgott and Jim George, "Tradition and Change in the Study of International Relations in Australia," *International Political Science Review* 11, No. 4 (1990): 426; 类似观点参见 Wesley and Warren, "Wild Colonial Ploys? Currents of Thought in Australian Foreign Policy," pp. 14 – 15.

③ Capling, "Twenty Years of Australia's Engagement with Asia," p. 604.

举措为澳大利亚融入亚洲扫除了障碍,并为澳大利亚与亚洲的经济和安全合作创造了条件。这些合作反过来促使澳大利亚精英反思原先的外交传统,并为澳后期新的外交传统的成型埋下伏笔。

四 "地理"优先:融入亚洲

在20世纪80年代中后期,新的外交传统终于应运而生。霍克(Bob Hawke)政府大力倡导澳大利亚全方位融入亚洲。在这一时期,霍克的经济顾问郜若素撰写的经济报告,首任驻华大使费思芬(Stephen FitzGerald)的移民报告,时任外交部长关于澳大利亚区域安全政策的论述,以及亚太经合组织(APEC)的成立,都为澳大利亚全面介入亚洲做了铺垫。① 从此以后,"介入亚洲"(engagement with Asia)便成为澳大利亚外交政策的"口头禅"。冷战的结束加速了这一进程。如同许多国家一样,澳大利亚也在重新界定自己的身份并重构自身的世界观。② 基廷(Paul Keating)政府因势利导,沿袭前任政府的思路,加快融入亚洲的步伐。③ 在这个过程中,总理基廷、外交部长加雷斯·埃文斯(Gareth Evans)及其团队不遗余力地推动"澳大利亚生活的亚洲化"(the Asianization of Australian life)。④

简言之,在霍克和基廷政府时期(1983~1996年),"地缘政治"逐渐让位于"地缘经济",经济学家在澳大利亚的对外政策中扮演更加重要的角色。对于澳大利亚而言,东亚地区蓬勃发展的经济意味着澳大利亚的决策精英不得不与他们的北方邻居建立更加密切的合作关系。⑤ 经济合作和贸易往来继而成

---

① He Baogang, "The Awkwardness of Australian Engagement with Asia: The Dilemmas of Australian Idea of Regionalism," *Japanese Journal of Political Science* 12, No. 2 (2011), p. 268.
② Richard Devetak, "An Australian Outlook on International Affairs? The Evolution of International Relations Theory in Australia," *Australian Journal of Politics & History* 55, No. 3 (2009), p. 353.
③ Keating Paul, *Engagement: Australia Faces the Asia-Pacific* (Sydney: Pan Macmillan, 2000).
④ Anthony Milner, "The Rhetoric of Asia," in *Seeking Asian Engagement: Australia in World Affairs*, 1991 – 1995, ed., James Cotton and John Ravenhill (Melbourne: Oxford University Press, 1997), p. 33.
⑤ Mark Beeson and Kanishka Jayasuriya, "The Politics of Asian Engagement: Ideas, Institutions, and Academics," *Australian Journal of Politics & History* 55, No. 3 (2009), p. 368; Allan Gyngell and Michael Wesley, *Making Australian Foreign Policy* (Cambridge: Cambridge University Press, 2007), pp. 255 – 256.

澳大利亚外交报告：历史、地理与外交传统

为促进双边关系发展的润滑剂，并成为澳大利亚的"亚洲政策"中一以贯之的主旋律。① 事实上，只要浏览新近发表的政府白皮书，我们便可以看到经济合作与贸易往来的议题在澳大利亚的"亚洲政策"中依然非常突出。

五 霍华德政府：重回"历史"

然而，随后十年，霍华德（John Howard）政府（1996~2007年）减慢了融入亚洲的步伐。亚洲是澳大利亚对外政策中一个"首要"但"并非唯一"的议题。② 尽管经济合作与贸易往来仍旧成为澳大利亚与亚洲互动的主要内容，但在安全与政治层面，霍华德政府显然遵循第一种外交传统。这种"霍华德教义"（Howard Doctrine）③ 充分体现在其任期内发布的外交、贸易和军事政策白皮书之中。具体而言，这个教义包含以下几个主要方面。第一，澳大利亚的利益并不纯粹由它的地理位置所决定，它的国家利益也体现在全球层面上，因为澳大利亚是一个位于"亚太"地区的"西方自由民主国家"。它在介入亚洲的同时也同北美以及欧洲保持密不可分的联系。第二，实现澳大利亚区域和全球利益的主要方式是发展、巩固和维护"美澳"以及其他双边关系。与此同时，澳大利亚将选择性地采纳多边合作方式，目的是在国际舞台上将澳大利亚塑造成为一个负责任的、建设性的和注重实际的国家。第三，积极介入亚洲并不意味着澳大利亚需要重新确定它的身份或放弃澳大利亚既有的核心价值观和传统。换言之，澳大利亚从其"地理"与"历史"的互动中汲取力量，澳大利亚因此也无需在"历史"与"地理"之间进行取舍。④

---

① Griffiths and Wesley, "Taking Asia Seriously," pp. 16-18.
② Capling, "Twenty Years of Australia's Engagement with Asia," p. 610.
③ Richard Leaver, "The Meanings, Origins and Implications of 'the Howard Doctrine'," *The Pacific Review* 14, No. 1 (2001): 15-34; Michael Wesley, *The Howard Paradox: Australian Diplomacy in Aisa 1996-2006* (Sydrey: ABC Books, 2007).
④ Commonwealth of Australia, *In the National Interest: Australia's Foreign and Trade Policy White Paper* (Canberra 1997), pp. iii-iv; *Advancing the National Interest: Australia's Foreign and Trade Policy White Paper* (Canberra, 2003), pp. vii-x; *Australia's National Security: A Defence Update* (Canberra: Department of Defence, 2005), pp. 12-13; *Australia's National Security: A Defence Update* (Canberra: Department of Defence, 2007), p. 34.

　　回顾这段时期，霍华德政府不遗余力地强化美澳联盟关系，具体原因在于，一方面，美澳之间享有相似的意识形态取向；另一方面，霍华德政府重新将"战略安全"的需要置于外交决策的优先位置。① 经济利益从属于政治和战略安全需要，最典型的例子是美澳之间签署自由贸易协定（Australia-United States Free Trade Agreement）。② 尽管在很多观察家看来，澳大利亚为此作出了太多的让步，但霍华德政府还是力排众议，最终签署这份特惠贸易协定。③ 此外，在"9·11"恐怖袭击事件之后，分析家指出澳大利亚的战略安全观随后发生了"范式转移"。传统上"地缘战略"的"中心"叙述模式在"9·11"事件之后已经发生转变，亦即，地缘因素只是塑造澳大利亚对外战略的"一个"因素而已。④ 特别是在2005年的军事白皮书中，这一趋势表现得更加明显。诚如观察家所言，"澳大利亚的战略地理区位与其军事力量结构之间的紧密联系已被霍华德政府打破"。⑤

　　正如我们所见，霍华德政府义无反顾地支持美国的军事战略及其行动，澳大利亚军队也被派遣到远离澳大利亚本土的战区与美国军队并肩作战。"战略安全"与"美澳同盟"成为霍华德政府对外政策的重中之重，这在很大程度上影响了澳大利亚的亚洲政策。诸如在反恐议题上，霍华德政府声称将保留在东南亚地区采取"先发制人"的权利无疑损害了澳大利亚与东南亚国家之间来之不易的友好关系。⑥ 尽管有论者认为霍华德政府强化与美国的联盟关系无可厚非，因为"与那种提倡介入亚洲同时依

---

① Beeson and Jayasuriya, "The Politics of Asian Engagement: Ideas, Institutions, and Academics," p. 371.
② Mark Beeson, "Australia's Relationship with the United States: the Case for Greater Independence," *Australian Journal of Political Science* 38, No. 3 (2003): 392; Ann Capling, *All the Way with the USA, Australia, the US and Free Trade* (Sydney: UNSW Press, 2004).
③ Patricia Ranald, "The Australian-US Free Trade Agreement: A Contest of Interest," *Journal of Australian Political Economy*, No. 57 (2006), pp. 30–56.
④ Christian Hirst, "The Paradigm Shift: 11 September and Australia's Strategic Reformation," *Australian Journal of International Affairs* 61, No. 2 (2007), pp. 190–191.
⑤ Paul Dibb, "Is Strategic Geography Relevant to Australia's Current Defence Policy?" *Australian Journal of International Affairs* 60, No. 2 (2006), p. 248.
⑥ Mark Beeson, "Australia, the US and East Asia: Are Close Ties with the Bush Administration Beneficial?," *Pacific Affairs* 79, No. 4 (2006), p. 600.

赖美国安全保护的政策相比,'扈从'(bandwagoning approach)美国的政策给澳大利亚带来更多红利"。甚至在他们看来,"美澳之间的安全合作在21世纪初期已经达到顶峰,这种高度恐怕日后难以被超越"。① 然而,在许多观察家看来,"权力转移"已是暗流汹涌,特别是随着中国的迅速崛起,"亚洲世纪"不再是天方夜谭。这将给澳大利亚的对外政策带来新的挑战和机遇。② 在这个趋势之下,澳大利亚需要重新反思与美国、中国以及亚太地区其他国家的关系。③

六　陆克文-吉拉德(Rudd-Gillard)政府:左右为难

在霍华德政府后期,美澳之间的紧密合作关系逐渐成为时任政府的"累赘"。在阿富汗和伊拉克战争结束之后,这两个国家先后陷入混乱状态,政权更迭进展缓慢,逐渐沦为"失败国家"。在2007年联邦大选中,阿富汗和伊拉克都是最重要的议题。随着这些议题的重要性日益凸显,霍华德政府的功绩——维持美澳紧密同盟关系同时促进中澳贸易的蓬勃发展——逐渐被遗忘。④

在这个背景下,公众对新任总理陆克文期待很高。由于不隶属于任何

---

① Rod Lyon and William Tow, "The Future of the U. S. -Australian Security Relationship," *Asian Security* 1, No. 1 (2005), p. 26.

② Andrew Shearer, "Sweet and Sour: Australian Public Attitudes towards China," (Sydney: Lowy Institute for Internatonal Policy, August 2010), pp. 1 – 16; Carlyle A. Thayer, "China's Rise and the Passing of U. S. Primacy: Australia Debates Its Future," *Asia Policy*, No. 12 (July 2011), pp. 20 – 26.

③ Hugh White, "The Limits to Optimism: Australia and the Rise of China," *Australian Journal of International Affairs* 59, No. 4 (2005), pp. 81 – 93; "Power Shift: Rethinking Australia's Place in the Asian Century," *Australian Journal of International Affairs* 65, No. 1 (2011), pp. 469 – 480; Baogang He, "Politics of Accommodation of the Rise of China: the case of Australia," *Journal of Contemporary China* 21, No. 73 (2011), pp. 53 – 70; James Manicom and Andrew O'Neil, "Accommodation, Realignment, or Business as Usual? Australia's Response to a Rising China," *The Pacific Review* 23, No. 1 (2010), pp. 23 – 44; Beeson, "Australia's Relationship with the United States: the Case for Greater Independence," pp. 387 – 405.

④ James Cotton and John Ravenhill, "Middle Power Dreaming: Australian Foreign Policy during the Rudd-Gillard Government," in *Middle Power Dreaming: Australia in World Affairs 2006 – 2010*, ed., James Cotton and John Ravenhill (Victoria: Oxford University Press, 2011), pp. 6 – 7.

政党派阀，同时深受公众拥戴，外界认为陆克文政府至少能够在他所擅长的外交领域有所突破与创新。然而遗憾的是，陆克文政府的外交政策与前任相比其实相差不大。2008年6月和12月，陆克文分别在亚洲协会澳亚中心和美国布鲁金斯研究所的演讲中阐述了新任政府外交政策的荦荦大端。他指出新任政府对外政策的"三大支柱"。第一个支柱依然是美澳同盟关系，因为它是澳大利亚外交和战略政策的"基石"。第二个支柱是联合国。观察家认为，这或许是陆克文政府的外交政策明显不同于前任政府的地方。在陆克文看来，联合国等多边机制是澳大利亚施展"富有创造力的中等强国"外交的重要舞台。第三个支柱是现任政府将承诺与亚洲国家建立强韧而又紧密的合作关系。在陆克文看来，澳大利亚需要在经济和战略领域上同亚太地区一些国家建立"双边关系"，然而单纯依靠双边关系显然是不够的，澳大利亚需要在亚太区域建立一个强健而且有效的地区机制（regional institution）。① 为此，他勾勒出"亚太共同体"（Asia Pacific Community）的蓝图。

这个蓝图包括以下三个重要部分。第一，这个亚太区域机制的成员应该包括澳大利亚、美国、日本、中国、印度、印尼和其他国家；第二，这个机制应该推动相关成员在有关经济、政治以及安全的议题上进行全方位的对话、合作与行动；第三，这个机制的目的是鼓励发展一个真正而又全面的"共同体"（Community），其中"合作"成为这个共同体的惯常指导原则。② 在2009年12月的悉尼演讲中，尽管陆克文有意修正原先的提法，即将"大写的"共同体（Community）改为"小写的"共同体（community），③ 但倡议的具体内容

---

① Kevin Rudd, "It's Time to Build an Asia Pacific Community," Speech to the Asia Society AustralAsia Center, (4 June, 2008), http://www.theaustralian.com.au/politics/full – text – of – kevin – rudds – speech/story – e6frgczf – 1111116541962; "The Australia-US Alliance and Emerging Challenges in the Asia Pacific Region," (31 March, 2008), http://usrsaustralia.state.gov/us – oz/2008/03/31/pm2.html.

② "It's Time to Build an Asia Pacific Community," Speech to the Asia Society AustralAsia Center; "Building on ASEAN's Success-towards an Asia Pacific Community," in *The Singpore Lecture* (Singapore: Institute of Southeast Asian Studies, 12 August, 2008).

③ Philomena Murray, *Regionalism and Community: Australia's Options in the Asia-Pacific* (Canberra: Australian Strategic Policy Institute, November 2010), p. 10.

保持一致。此后,陆克文依然不遗余力地推广他的"亚太共同体"构想。①

尽管陆克文正确意识到亚太地区缺乏一个涵盖经济、政治和安全议题的广泛机制,并且高瞻远瞩,率先提出远期构想,但这个倡议本身存在许多盲点和不足。从微观层面来说,如同学者所言,这个倡议将"机构(architecture)的建立"作为重中之重。然而,关键问题并不在于建立一个"机构"而在于塑造一个"地区"。为此,澳大利亚政府应该将"亚太共同体"的构想置于"建立互信"和"形塑共同体"的坚实基础之上。换言之,陆克文不应该将"共同体"与"机构"的概念混为一谈。为了促成这个目的,观察家认为澳大利亚政府可以采取如下五个战略:第一,将澳大利亚塑造成为"观念先行者"或"观念变革者";第二,鼓励澳大利亚成为一个"协调者",以推动亚太地区国家之间关系的发展;第三,充分利用澳大利亚的"软实力"(诸如教育和文化交流),夯实亚太国家之间的长远关系;第四,在机构改革的新倡议中提出合理可靠的指导原则;第五,推动亚太地区国家在新兴地区机构的领导层、成员、使命及其持续性等议题上形成一个日益牢固的"地区共识"。②

然而,从宏观层面来讲,有分析家指出"亚太共同体"构想得以实现的障碍并不局限于是否建立新的机构及其与现存机制的关系这个焦点,还在于文化、规范、身份以及国际权力格局等制约因素。③ 这些因素又与"地理"和"历史"之间的根本矛盾密切相关。尽管陆克文想通过"亚太"的叙事模式模糊或者消除澳大利亚外交传统中"地理"与"历史"之间的固有矛盾,但由于陆克文政府继续将美澳同盟作为澳大利亚对外政策的起点,"亚太共同体"的叙事模式因而更强调"太平洋"而非"亚洲"的重要性。因此,"亚太共同体"的倡议也就无法引起亚洲精英的强烈共鸣。这可以从其他国家的政府以

---

① Kevin Rudd, "Speech at the Opening of the National Security College," (24 April, 2010); "Political and Military Leadership Transition in China: Core Strategies for Sustaining and Strengthening a 21st Century Rules-Based Order," (25 October, 2012), http://www.iiss.org/EasySiteWeb/getresource.axd?AssetID=70158&type=full&servicetype=Attachment.
② Murray, *Regionalism and Community: Australia's Options in the Asia-Pacific*, p. 3.
③ Baogang, "The Awkwardness of Australian Engagement with Asia: The Dilemmas of Australian Idea of Regionalism," pp. 271–282.

及政治精英对"亚太共同体"的倡议不冷不热的态度中获得佐证。① 事实上,费思芬早已指出"亚太"叙事模式的缺陷。他曾一针见血地指出,"澳大利亚一方面将'亚洲'等同于'亚太',同时将承诺介入'亚太'与介入'亚洲'相提并论,然而亚洲人不仅知道这两者的区别,而且对澳大利亚属于'亚洲'的观点持保留意见"。② 时至今日,这个论断依然发人深省。

回顾陆克文任期的外交政策,分析家认为,在贸易、安全、难民、地区合作、中澳关系、环境保护等议题上,陆克文政府的表现都乏善可陈。③ 陆克文的"中等强国"外交显然受到掣肘。④ 继任的吉拉德政府基本上遵循旧制。一方面,吉拉德政府配合美国战略重心东移的行动并继续深化美澳同盟。具体来说,2010年10月,美澳在墨尔本举行"2+2"会议,即澳美部长级定期磋商会议(Australia-United States Ministerial Consultations)。会上宣布成立"双边兵力态势工作小组"(Bilateral Force Posture Working Group)。随后,经过长达一年的磋商,奥巴马和吉拉德宣布两项新的合作倡议。其一,美国空军将扩大进入澳大利亚北部地区的权限。其二,美国海军陆战队将在达尔文地区轮流驻扎6个月。首批派遣250名,5年内增至2500名。此外,双方仍在商讨美国海军驻扎西澳首府佩斯(Perth)附近的皇家海军斯特灵基地(HMAS Stirling)的合作计划。⑤ 另一方面,吉拉德政府顺应"亚洲世纪"的潮流,继续推动与亚洲国家的经贸合作。澳大利亚政府于2012年10月发布的白皮书《亚洲世纪中的澳大利亚》便是为这一政策背书。

澳大利亚著名国际关系学者马必胜(Mark Beeson)指出,尽管工党与

---

① Baogang, "The Awkwardness of Australian Engagement with Asia: The Dilemmas of Australian Idea of Regionalism," pp. 270 – 271.
② Stephen FitzGerald, *Is Australia an Asian Country*? (NSW: Allen & Unwin, 1997), p. 53; 有关亚洲人的"亚洲观"参见 He Baogang, "East Asian Ideas of Regionalism: A Normative Critique," *Australian Journal of International Affairs* 58, No. 1 (2004), pp. 105 – 125.
③ James Cotton and John Ravenhill, eds., *Middle Power Dreaming: Australia in World Affairs 2006 – 2010* (Victoria: Oxford University Press, 2011), Chapter 1, 5, 8, 10, 12, 14, 16.
④ Mark Beeson, "Can Australia Save the World? The Limits and Possibilities of Middle Power Diplomacy," *Australian Journal of International Affairs* 65, No. 5 (2011), pp. 563 – 577.
⑤ Tomohiko Satake and Yusuke Ishihara, "America's Rebalance to Asia and its Implications for Japan-US-Australia Security Cooperation," *Asia-Pacific Review* 19, No. 2 (2012), pp. 16 – 17.

自由党-国家党联盟在国内政策上存在重大分歧,但双方在外交政策上并没有太大差异。这缘于历届联盟政府在政治上都趋于保守,且传统上坚定支持美澳同盟。因此,如果自由党领袖托尼·艾伯特(Tony Abbott)能够在今年成为新任总理,澳大利亚对外政策走向应该变化不大。① 易言之,在战略与安全层面,美澳同盟同样是澳大利亚对外战略的基础。在经济和社会层面,澳大利亚仍会积极介入亚洲。这种"地理"与"历史"之间的互动将会继续上演。

七 结论

"历史"与"地理"始终是影响澳大利亚对外政策的两个重要因素。两者的互动构成了澳大利亚对外政策的主线。一旦澳大利亚精英执着于历史情结,澳大利亚在地理上临近亚洲这个事实会令其忧心忡忡,因此澳大利亚渴望寻求一个"大而强"的朋友来维护澳大利亚的安全和区域的稳定。然而在不同时期,澳大利亚精英同样能够意识到澳大利亚独特的地理位置其实是一种资产,因为与其他"西方"发达国家相比,澳大利亚能够更加容易地融入欣欣向荣的亚洲,进而从中受益。然而,"历史"与"地理"交织而成的两种不同外交传统依然对澳大利亚的外交政策产生此消彼长的影响。随着"亚洲世纪"的到来,两者之间的矛盾依然未消弭。尽管政治精英试图采用"亚太"的叙事模式模糊这两者之间的对立,但这种中庸之道只是延缓而非彻底解决这个难题。在这个意义上,往后无论是工党还是自由党-国家党联盟执政,澳大利亚对外政策的基本方向应该变化不大。亦即,在战略与安全层面,美澳同盟同样是澳大利亚对外战略的基础。在经济和社会层面,澳大利亚仍会积极介入亚洲。

在某种程度上,澳大利亚的确是一个非常"幸运"的国家。② 这种幸运使得澳大利亚能够在国际格局变迁的惊涛骇浪中安然无损。然而,这种幸运或许会导致澳大利亚人不愿意下决心去严肃认真地思考这个国家的未来。2012 年

---

① 马克·比森、李福建:《中澳关系:地缘政治抑或地缘经济?》,第 49 页。
② Donald Horne, *The Lucky Country: Australia in the 1960s* (London: Penguin, 1965).

的政府白皮书《亚洲世纪中的澳大利亚》明确地指出，尽管澳大利亚拥有天时地利，但澳大利亚的未来并不在它的"机遇"，而取决于它的"抉择"。① 尽管澳大利亚的政治和知识精英意识到"抉择"的重要性，但正如我们目前所看到的，由于很少对现存的政策进行深切的反思与客观的分析，因此这种"抉择"对澳大利亚未来的影响仍然有限。"天佑澳大利亚"或许还是澳大利亚人的深切期待。

Understanding Australian Diplomatic Policy: History, Geography and Cultural Tradition

Xu Shaomin

Abstract: Both "history" and "geography" have always played highly significant roles in shaping Australia's foreign policy. The interactive quality between them has also been a main theme in Australian foreign policy, and results in two frequently incompatible traditions regarding Australian foreign affairs. If the distinctive history resides deeply in the minds of Australian elites, that is, they view Australia as a somewhat isolated bastion of Western civilization far away from "home" and the alliance, then the fact that Australia is close to Asia, which they knew little and basically cared less about indeed produces anxiety in them. Therefore, they argue that Australia definitely needs a "great and strong" friend to ensure its security and maintain the stability in the region of which Australia has been a part. However, the "tyranny of distance" can be replaced by the "prospects of proximity". Simply put, adjacent to Asia, Australia can be relatively easy to engage in an economically fast-growing Asia and benefit from this process. In short, both traditions accompanied with the complex interaction between "history" and "geography" exert different impact on Australian foreign policy in various issues and periods. Even as "Asia Century" is unfolding, the dilemma between "history" and "geography" remains.

---

① Australia, *Australia in the Asian Century White Paper*, p. 2.

Indeed, Australian elites have spared no efforts to adopt "Asia-Pacific" narratives in order to reach a reconciliation between "history" and "geography", nonetheless, such efforts still have a long way to go. In this sense, it is to infer that Australian foreign policy may not change substantially whether Labor or Liberal-National coalition holds power in the future. Put it another way, the Australia-United States alliance is the strategic bedrock of Australia's foreign and security policy. Australia, meanwhile, delivers its commitment to pursue positive engagement with Asia economically and socially.

Key Words: Diplomatic Tradition; Historical Complex; Geo-Economics; Middle Power; The US-Australia Alliance; Engagement With Asia

B.11
新西兰经济与社会发展问题

王 青

摘 要：

在全球经济低迷、国内社会问题凸显的背景下，2011~2012年度，新西兰经济总体增长羸弱；地震也在短期内延缓了经济增长的步伐。但是，尽管增长幅度较小，在出口导向、国内消费以及震后重建的三重拉动下，新西兰经济仍然处于恢复性增长过程之中。为了重塑健康的经济发展环境，新西兰政府先后出台了一系列经济和社会发展综合改革措施，主要包括：推行税制改革、进一步完善社会保障体系结构、有计划地出售国有资产股份，以及解决土著毛利人高犯罪率等问题。上述改革取得了一定的成效。

关键词：

新西兰概况　财政整固　养老金体系改革

一 全球金融危机背景下的新西兰经济形势

自爆发全球金融危机以来，受出口疲软、消费下降以及投资损失等影响，新西兰经济增长羸弱。2011年，得益于大宗商品价格上涨、亚洲新兴经济体复苏以及呈增长态势的国内需求，新西兰的经济表现明显好转，国内生产总值实际增长1.4%，通货膨胀率为4%。虽然克赖斯特彻奇的接连两次地震短期内延缓了经济增长的步伐，但其经济基本面没有受到影响，预计新西兰经济中短期内仍将延续增长势头。

首先，持续增长的国内消费提振经济复苏。截至2011年7月，占新西兰经济比重约60%的国内消费已连续8个月上升，虽然上升幅度较小，但未来趋势看好。随着经济的逐步复苏，人们将渐渐走出经济危机的阴影，融资需求也会相应地从保守回归正常,未来4年居民收入也将以5%的速度增长,消费将持续增加。

其次,出口主导型经济复苏正在进行。2011年新西兰出口总额为435亿纽币,①同比增长9.6%;而进口表现逊于出口,为423.69亿纽币,同比增长5.3%,全年实现贸易顺差。其中,黄油、芝士,尤其是奶粉这类乳制品对贸易顺差贡献巨大,占新西兰出口商品顺差的25%以上。同时,得益于商品出口价格上涨,自2009年9月起新西兰贸易条件上升了约20%。② 作为石油净进口国,新西兰的贸易条件在过去一年国际油价上涨近30%的情况下,不降反升,并创37年来新高,可见其对外贸易优势显著。第一,对华贸易出口提振新西兰经济复苏。随着亚洲新兴经济体的快速增长,新西兰果断地将贸易重点转向此区域。2008年,新西兰成为第一个与中国达成自由贸易协定的发达国家。截至2011年,新中双边贸易额为115.88亿纽币,同比增长19.5%,其中新西兰向中国出口48.25亿纽币,同比增长33%;自中国进口67.63亿纽币,同比增长11.5%。中国已成为新西兰第二大贸易伙伴,仅次于与之相邻的澳大利亚。第二,与澳大利亚相比更具出口竞争优势。虽然纽币汇率上涨对出口有一定影响,使出口商无法尽享交易伙伴高速增长带来的收益,服务出口产业例如旅游和教育受高汇率拖累严重,但相比澳大利亚,纽币升值幅度远低于澳元,且贸易条件也相对较好,这使得新西兰的旅游和教育出口性价比较澳大利亚更具竞争力,出口商由此直接获益。第三,震后重建将拉动投资持续增长。虽然强震对新西兰经济造成短期伤害,但其地震保险制度发达,既合理地利用了市场手段,又有效地发挥了政府作用,将损失和影响降到最低。2011年第一季度,新西兰国内生产总值环比增长0.8%,表现远超预期。而政府还将投入约150亿纽币用以支持灾后重建工作,由此所带来的收益远大于投入的资本,这为2011年经济增长贡献约2个百分点。新西兰联储3月更及时将官方指标利率下调50个基点至2.5%,帮助震后恢复信心和支撑经济。此外,2011年底在新西兰举办的橄榄球世界杯吸引了上万游客,对经济增长也有一定的推动作用。

---

① 2012年11月2日汇价:1纽币=0.8245美元。
② 贸易条件(terms of trade)也称作出口商品与进口商品的交换比率,即进出口商品比价,通常用指数表示,即进出口商品比价指数。计算公式是:贸易条件指数=出口价格指数/进口价格指数。

2011年上半年新西兰的通货膨胀率上升至5.3%,创21年来新高。其中有2.3%是由于2010年第四季度商品和服务税从12.5%调高到15%所致。但从长远看,通货膨胀仍处于可控范围内。预计央行将在第四季度启动加息进程,使新西兰通货膨胀率于2011年底回落至4.0%,并于2012年回落至3%以下。

虽然新西兰的失业率自金融危机起就居高不下,但2011年前两个季度的失业率已稳定至6.5%,优于2010年第四季度的6.7%。失业率的季度变化表明新西兰劳动力市场在不断稳固。而针对青年失业率较高的现状,新西兰政府将投入5520万纽币用于增加就业机会和培训津贴,使雇主更愿意雇佣年轻职员,从而降低青年失业率。预计未来4年新西兰有望增加17万个就业岗位,使失业率降至4.5%。

综上,随着个人消费与商业信心恢复、新西兰与中国贸易激增、贸易条件大幅提升以及受灾地区重建工作的展开,预计未来两年新西兰经济将在现时低速增长基础上稳定增长,并于2013年达到3.2%。

目前,新西兰是世界最大的乳制品出口国,其中大部分都出口到中国。中长期看,新西兰将大力发展奶肉果蔬的食品加工业,随着中国乳制品消费攀升,及对新西兰乳制品依赖的加大,其乳制品出口将持续增长,这将使新西兰未来15年内人均收入提高60%。此外,新西兰最大的贸易伙伴澳大利亚中长期的经济增长前景乐观,这有利于新西兰的出口增长。而随着澳大利亚持续缩紧移民政策,新西兰的教育产业出口将更具竞争力,这也为新西兰社会带来更多高素质的人口,促进其经济长期健康增长。

二 欧债危机背景下的财政整固

2008年以前,新西兰政府长期财政盈余,财政基础稳健。不过,受金融危机影响,其经济遭受重创,复苏进程缓慢并导致财政收入增幅较慢。此外,赈灾救援使得政府财政支出激增,2010~2011财年,新西兰财政运营赤字飙升至167亿纽币,占国内生产总值8.4%。中短期内将依然保持赤字状态。为了缓解财政压力,特别是避免欧洲国家主权债务危机的命运,新西兰政府近期主要采取了以下针对性措施。

首先，在增收方面于 2011 年启动了 25 年来最大规模的税制改革，力图优化税制结构，增加税收收入。受益于此，虽然新西兰连续遭遇两次地震灾害，但其 2010～2011 财年的中央政府税收收入不降反升，达到 512 亿纽币，占国内生产总值的 26%，同比上涨 1%。预计随着经济的复苏及税制改革的深入，新西兰未来一年税收收入将达到 560 亿纽币，同比增长 9.4%。

其次，政府推出一系列措施缩减支出。

第一，改变新西兰社会保障体系结构。目前政府出资占到新西兰社会保障基金的一半以上，而其资金来源主要依靠海外融资。这种依靠政府贴补社会保障基金的做法变相增加了国内私人储蓄，但同时也降低了公共储蓄，对国家储蓄并无多大益处。2012 年政府将缩减补贴力度，并加大社会保障体系中的个人贡献率，增加雇佣者和受雇者的缴纳比例并废除雇佣者养老金贡献税减免的优惠。预计新的社会保障体系可以帮助政府在未来 4 年削减 25 亿纽币的支出。

第二，优化家庭税收补贴结构及比率。2006～2009 年，"家庭税收补贴"的受益人从 16 万激增至 42 万，大大加重了政府的财政负担。因此，政府根据家庭收入、子女人数及子女年龄作出了更科学的调整，使低收入家庭较之前受益更多，同时又将高收入家庭彻底拒于门外。预计此次调整将在未来 4 年为政府节约 4.5 亿纽币的支出。

第三，严控助学贷款。2010～2011 财年，政府借出的助学贷款已高达 16 亿纽币。一方面助学贷款在过去 5 年以年均 10% 的速度快速增长，而另一方面贷款门槛较低又造成其违约率高得惊人。政府平均每借出 1 纽币，只能收回其中的 55 分。因此，政府决定严控助学贷款审批，收紧对年龄超过 55 岁、兼职、贷款已过期或违约的学生的贷款，力争将助学贷款发放到真正需要资助的学生手中。预计紧缩的助学贷款政策将在未来 5 年为新西兰政府节约 2.3 亿纽币的运营支出以及 1.7 亿纽币的资本支出。未来 5 年，新西兰政府将新增支出约 40 亿纽币，主要用于教育、医疗和司法。预计其 5 年中的削减开支将达到 52 亿纽币，净削减 12 亿纽币。同时，政府财政支出也将从占国内生产总值的 35.5% 缩减至 30.7%，并最早于 2014 年恢复财政平衡。

最后，政府计划出售国有资产控股权来优化其资产负债结构，进而缓解财政赤字与融资压力。未来 5 年，政府将持续增加对公路、铁路、宽带网及电力等方面的基础设施建设投资以促进经济发展。由于投资资金全部来源于政府的税收收入，而如此庞大的财政支出必将加重政府的债务负担，因此政府适时地推出了优化资产负债结构计划。执政的国家党计划出售部分国有资产，以缩小政府高额外债。国家党希望借鉴新西兰航空公司的经营模式，推广公私合营的运作模式，出售包括子午线能源、新西兰快递在内的部分国有电力和能源公司的股份，但政府将保持对这些公司的主要所有权。而出售股权获得的资金又可用于其他公共资产的投资，减轻政府的融资压力。预计该项计划将可为政府带来50亿~70亿纽币的收益，相当于其针对社会基础设施建设及学生贷款新增投资的1/3。如此资产置换可使政府灵活地利用其庞大的资产，进而实现资本收益最大化，同时也避免了不必要的借贷。

三 养老金体系难以为继？

目前新西兰人的法定退休年龄为65岁。许多专家都认为，随着新西兰婴儿潮一代逐步进入退休年龄，当前的新西兰养老体系将难以为继。而约翰·基总理在上次大选之前已对银发选民承诺，在他任期内不改变退休计划；这是否意味着这个难题仍会"击鼓传花"，留给未来一代解决？现在正年富力强的一代，是否今后准备退休时，退休年龄却被延迟到70岁呢？

先来看一下新西兰养老体系的制度背景——统一养老金制度。新西兰的养老金模式经历了反复的改革历程。新西兰是较早建立养老金项目的国家之一，于1898年开始实行税收融资、统一标准、非缴费型的养老金。受益对象为65岁以上的、非亚裔的、接受经济情况调查的、"品质良好"的老年人。在经济大萧条过后，1938年的社会保障法案引进了2个税收融资的、统一标准的养老金项目：基于收入调查的60岁及以上的老年人补贴和需纳税的65岁以上的统一标准养老金（不与前一项养老金重复发放）。接下来的一段动荡时间内，国家实行了强制性缴费型养老金体制，但很快以失败告终。1977年政府用一个更加慷慨的公共养老金项目"国家退休金"取代了1938年的2个项目，这个公共养老金起初的水平是平均周工资的80%（一对夫妇）和48%（单身），发放对象是60岁及以上的个人，需纳税。随着此项公共养老金项目的推出，人们开始担心财政的负担和年龄设置的偏小，但实践证明这一项目起到了很好的消除老年贫困的作用。

在 1985 年，统一养老金项目开始向有额外收入的领取者征收额外费用，1991 年将领取者年龄提高到 65 岁。新西兰的养老金体制经历了波折反复的改革历程，但是它在预防贫困和鼓励参与方面效果很理想。实践证明，一旦实行了统一养老金项目，就很难再取消，因为投票人都能认识到它的好处。

由此，新西兰养老金主要包括两部分，一部分是发放给所有符合年龄和居住要求的老年人非缴费的统一标准的养老金，另一部分是自愿性储蓄。领取养老金的要求是达到 65 岁并且自 20 岁起居住在新西兰，其中 5 年是 50 岁以后的。融资方式是政府收入的现收现付制。大部分来自累进所得税和营业税。租房的养老金领取者还可申请附经济情况调查的住房补贴。自愿性储蓄形式多样，例如房地产私人经理基金、共同基金，直接持有的股份、债券、现金以及少数劳动者参与的雇主协助的储蓄计划和雇主补贴的养老金计划。在新西兰，人们自由选择证券投资组合，政府没有对任何一个投资项目给予税收优惠。当前，与其他西方国家类似。战后婴儿潮一代带来了以下的统计数据：新西兰 65 岁以上的人口在 2006~2031 年之间将翻倍；政府预算中，大约 1/4 用在了 65 岁以上人口中，这个比例到 2050 年将是 40%；2005 年时 65 岁以上人口占 12%，2030 年以后将超过 1/4；目前政府花在养老金发放上的钱占国民收入的 4.4%，到 2050 年则预期达到 8%。在国民老龄化过程中，新西兰社会其实已发生了显著变化。研究显示，目前 65~70 岁的人口中，大约有 1/3 仍然在工作，而 20 年前，这个比例仅为 11%；到 2031 年，新西兰的男性的预期寿命将为 78 岁，女性为 82.1 岁。

显然，挑战是显而易见的，如何在保证代际间平等、不阻碍经济增长、财政有能力支付的前提下，给所有的老年人一份合理、足额的收入正在考验当代新西兰政治家、政策研究者们的智慧。

一位新西兰前任政府财政部高级官员认为，政府财政无法在现在的体制下长期运行，如果要将退休收入维持在目前水平，那么未来几十年里，一定有某届政府要作出实质性改变。他指出，一些国家已开始削减退休金的发放水准，而 OECD 中的发达国家也在提高退休年龄。2010 年澳大利亚公布了 67 岁的退休年

龄，德国和美国也将提高到 67 岁，英国的目标是 68 岁。65 岁以上仍工作的趋势，在未来会更明显，到 2026 年，新西兰 65 岁以上仍在工作的人口将达到 11.8 万人，是 2001 年时 3.8 万人的 3 倍多。1991 年时新西兰工作人口平均年龄 36 岁，而 2012 年就会达到 42 岁。这些无疑是正在或将要产生的深刻的社会变化。而工作人口中老龄人口比例的升高对于潜在经济发展来说，将产生负面作用。

根据新西兰财政部的预测，延续目前的养老金体系，公众债务将从现在的 36% 提高到 2050 年的 223%，而这将是一个无法负担的数字。财政部认为，除非新西兰改革其公众健康系统和养老金系统，不然新西兰将会面临高利率、高税收和低发展速度的境遇。老龄化人口的增加和依赖程度的上升，将拖累新西兰经济造成预算赤字增加，而在国家债务迅速累积的过程中，总有一天外国借贷者将会关上借贷的"水龙头"，从而导致国家经济陷入当前希腊式的危机。

针对当前政府拒绝提高退休年龄的立场，新西兰前国家党领导人唐·布拉什（Don Brash）博士提出了新西兰养老金的新构想，引起了社会各方面的关注。其原则是将新西兰的保守心态和干瘪的钱包结合在一起，用有限的钱让尽量多的人感到满意。布拉什博士的构想很简单：首先，将退休年龄从 65 岁提高到 67 岁，然后，允许人们自己选择合适自己的退休年龄——早退休，则有生之年获取退休金的比例相应调低，反之则相应调高。他认为，总的养老金支出还是保持和 65 岁退休不变，但是对国家的好处是，因为有了这个激励，更多的人会选择工作，所以在税收上会产生结余。同时由于继续保持工作状态，预期国家在健康方面的支出则会下降。布拉什博士自己并不属于婴儿潮一代，他属于大萧条到二战期间出生的"沉默的一代"。作为前储备银行行长，2005 年交出国家党领导权的他，显然比在位的约翰·基更能够道出国家的财政实情。但他作为"不在其位"的前任领导人，其构想能在何时、多大程度上转变为政府政策，尚不得而知。

四 "司法歧视"？——毛利人的高犯罪率问题及其解决之道

在今天的新西兰，土著毛利人口占新西兰总人口的约 13%，而在 2010

新西兰经济与社会发展问题

年,在监囚犯中比例则超过50%,毛利人的高犯罪率问题已引起新西兰社会的普遍关注。

争论

对此,毛利党负责人声称,警方内部存在对毛利人的系统性歧视,要求司法系统针对如何对待毛利人进行一次检讨。

在2011年大选中,毛利党副党魁沙普尔斯(Pita Sharples)对《星期日星报》(Sunday Star Times)说:"和非毛利人相比,毛利人在大街上更可能被警察盘问……许多报告,送到我这里来的报告中都有数字。他们更可能被(警察)带到警察局,他们更可能被起诉……可能性要高6~7倍。警察、法院和惩教部门存在有体系化的对毛利人的歧视。"他说,同样罪行发生时,毛利犯法者的被逮捕概率要比非毛利人高3倍。他援引阅读的一系列高规格的警方和司法系统的报告来证明自己的观点。

沙普尔斯的言论遭到了警察部长柯林斯(Jucith Collins)和警察协会主席奥康那(Greg O'Connor)的批评。柯林斯表示不接受其观点,称其说法完全没有根据。"警察之所以会关照一些人,是因为他们违背了法律,而不是因为他们的种族,"他说,"将这联系到司法系统腐败和歧视,只会制造出一种对执法机构的不信任,而这将会使沙普尔斯所担心的问题更加激化"。柯林斯说,警员在培训期间都接受了多文化能力训练,"尤其是在和毛利、岛裔和少数民族社区打交道的时候"。警察协会主席奥康那说,他对沙普尔斯攻击言论的性质感到惊讶,并质问是不是一个竞选噱头。

但沙普尔斯说,他的言论从社会上的担心而来,和竞选噱头无关。"为什么监狱里51%的人是毛利人?"他说,"其他(种族的)人做了同样的事,得到的却是轻罪免诉和在家服刑,这类问题存在得太久了,毛利人最后总是被关在铁窗后面。我们要解决这个问题,不能一直拖下去"。

解决之道

以往,针对毛利人的高犯罪率状况,新西兰主要效仿英国和美国的政策,但收效甚微。最近一份政府报告指出,应该更多以毛利人自我发展为参照,从

学校教育着手，弥补这个鸿沟。这主要是针对50%的毛利学生在中学阶段就离开了学校这一事实，它被认为直接导致了毛利人高犯罪率现象。

为了缩小毛利学生的差距，新西兰政府设立了专门的Tai Wananga Tu Toa 毛利环境的学校。作为教育部的实验项目，Tai Wananga Tu Toa 目前仍处于起步阶段，主要面向9～13年级的学生。在这种学校中，学生在毛利文化环境中上课，而非按照传统的"班级"组织上课。在这里，老师的职责更像是一位辅导员。这种以毛利人为绝对主体的学校达到了NZEA（新西兰教育联盟）98%通过率的良好结果。目前，教育部为扩大招生名额，正在逐步扩大拨款力度。

Tai Wananga Tu Toa 学校的创始人之一杜利爵士（Sir Durie）在接受采访时说，学校并不是将毛利孩子圈在一起，丧失和其他文化交流的机会的。他说，各学校之间的体育赛事，使这些孩子还是有和其他文化背景的孩子交流的机会的。他说："主流学校会着眼于我们这些孩子身上的问题，从而看不到他们的潜力……我们则正好反过来，我们的看法是，没有人注定失败，因此我们是从完全不同的角度来教育。"不过，还是有人担心将毛利问题孩子放在一起教育，会让他们与世隔绝。一位教育界人士说，以毛利学生为中心的学校能够提高教育程度，但需要保证校际之间的交流，不能只在毛利之间有交流。"如果学校里只有毛利学生，他们很难有这种（多文化交流）机会，这也不是一个真实的世界。"

此外，资料统计表明，虽然新西兰政府为复兴毛利人的传统与文化做了大量的工作，毛利人的地位也有了很大的提高，但是由于历史上的原因以及毛利人本身的科学、文化素质相对较低，毛利人的真实经济社会发展状况仍然远远落后于新西兰社会的整体发展水平，1999～2001年，毛利人的失业率（10.8%）是非毛利人失业率（4.9%）的2倍多。[1] 在家庭收入方面，年收入在7万到10万新西兰元的高收入家庭，毛利人占2%，非毛利人占5%；年收入在5万到7万新西兰元的家庭，毛利人占3%，非毛利人占6%。[2] 在申领政

---

[1] 参见新西兰统计局网站国内劳动力调查信息发布，http：//www. stats. govt. z/products - and - services/info - releases/hlfs - info - releases. htm，访问日期：2013年1月20日。

[2] 参见新西兰统计局网站国内劳动力调查信息发布，http：//www. stats. govt. z/products - and - services/info - releases/hlfs - info - releases. htm，访问日期：2013年1月20日。

府救济金方面,每百名申请者中毛利人占33%,非毛利人占15%。① 在拥有房屋所有权的调查中,根据1996年的统计,有50%的毛利人拥有自己的房屋,非毛利人的这一比率则为72%。② 赤贫与豪富为邻即是革命的温床。事实上,研究表明,贫富差距对推升犯罪率也具有同样的效果,这在全世界范围内是一种普遍现象,美国黑人族群犯罪率偏高即是一例。因此,除了着手解决毛利人教育不足的问题,新西兰政府在全面提升毛利人的经济社会发展状况,从而消除这一族群高犯罪率的根源方面,还有很长的路要走。

The Economic and Social Challenges to New Zealand

Wang Qing

Abstract: At present, in the context of the global economic downturn and heavy domestic social issues, New Zealand's overall economic growth was still very weak; and with the impact of the earthquake, the pace of economic growth in the short term was slow. However, the New Zealand economy is still in the recovery process owing to the following three stimulating factors of domestic consumption, export orientation, and post-earthquake reconstruction. In order to rebuild the healthy economic development environment, the New Zealand government had issued a series of comprehensive reform of the economic and social development measures, including the implementation of tax reform, further improvement of the social security system, sold out of state-owned assets stock and to solve problems such as high crime rates in indigenous Maori. The reform has achieved some results.

Key words: Overview of New Zealand, Fiscal Consolidation, Reform of the Pension System

---

① 参见新西兰统计局网站国内劳动力调查信息发布, http://www.stats.govt.z/products-and-services/info-releases/hlfs-info-releases.htm,访问日期:2013年1月20日。
② 参见新西兰统计局网站国内劳动力调查信息发布, http://www.stats.govt.z/products-and-services/info-releases/hlfs-info-releases.htm,访问日期:2013年1月20日。

B.12
巴布亚新几内亚政治、经济和外交关系发展

张祖兴　左林　宋艳　牛恒

摘　要：

　　就人口和国土规模而言，巴布亚新几内亚是南太平洋上最大的岛国。2012年，该国大体上顺利地进行了大选，组成了新一届的议会和内阁，结束了一年多政局动荡的局面。近10年来，巴布亚新几内亚经济呈快速增长的态势，人民生活水平在不断提高，通胀、就业基本形势稳定。巴布亚新几内亚矿产、林业、渔业资源丰富，对外部投资者有吸引力。作为英联邦成员国，巴布亚新几内亚历来与澳大利亚和其他西方国家关系密切。在美国高调重返亚太的背景下，美国对巴布亚新几内亚等太平洋岛国更加重视。中国与巴布亚新几内亚关系近年来发展迅速，未来仍有巨大的发展潜力。深入全面地了解巴布亚新几内亚政局变动、经济发展和对外政策，对于我们进一步挖掘潜力、发展与巴布亚新几内亚的各方面关系有重要意义。

关键词：

　　巴布亚新几内亚　政局变动　经济发展　外交政策

　　2012年1月，一场没有流血的军事政变让巴布亚新几内亚这个矿产资源丰富、风景优美的太平洋岛国进入了更多人的视野。独特的社会文化，快速的经济发展，潜伏的社会矛盾，再加上不太稳定的政治局势，太平洋最大岛国巴布亚新几内亚接下来的发展动向充满变数。在美国"重返亚太"的战略环境下，谋求区域影响力的提高必然要求中国加深对亚太国家的了解并增强与它们的交流。巴布亚新几内亚作为中国在太平洋岛国中最大的贸易伙伴，同中国保

巴布亚新几内亚政治、经济和外交关系发展

持着密切的经济联系,在这样的背景下,加强对巴布亚新几内亚的了解尤为必要。本文试图介绍巴布亚新几内亚的基本国情,并从政治、经济和外交三个角度对巴布亚新几内亚在 2012 年的发展情况进行总体描述,呈现巴布亚新几内亚最新的发展动向。

一 巴布亚新几内亚国情简介

巴布亚新几内亚全称巴布亚新几内亚独立国,首都为莫尔斯比港,是位于太平洋西南部的一个岛屿国家,主要涵盖新几内亚岛东半部,领土面积达 462840 平方公里。巴布亚新几内亚西部与印度尼西亚的巴布亚省相邻,南部和东部分别与澳大利亚和所罗门群岛隔海相望。巴布亚新几内亚地处热带季风气候区,国内大部分地区为高山,其余则为起伏的山麓和沿海低地。山间谷地土壤肥沃,在巴布亚新几内亚现代化以前,大部分人口居住于此,并早在一万年前就已经开始农业生产,但由于交通不便,一些谷底低地直到 20 世纪 30 年代才为外界所知。

(1)巴布亚新几内亚简史

巴布亚新几内亚早在数千年前就有人定居。1511 年,葡萄牙人来到新几内亚岛。1884 年,英、德相继瓜分新几内亚岛东半部及其附近岛屿。1906 年英属新几内亚交由澳大利亚管理,改称澳属巴布亚领地。一战期间,澳军占领德属部分,1920 年 12 月国际联盟决定委托澳管理。二战后,联合国委托澳继续管理两部分领地,1949 年,澳将两部分领地合并成一个行政单位,即"巴布亚新几内亚"。1973 年 12 月 1 日,巴布亚新几内亚实行内部自治,1975 年 9 月 16 日,巴布亚新几内亚脱离澳大利亚独立,正式成为独立国家,并继续留在英联邦内。

(2)巴布亚新几内亚人口、语言、宗教等情况

根据 2012 年最新统计数据,巴布亚新几内亚现有人口 680 万。近年来,人口规模以年均 2.2% 的速度增长。巴布亚新几内亚居民主要为巴布亚人和美拉尼西亚人,外来移民约占巴布亚新几内亚总人口的 1%,其中半数以上来自澳大利亚,大多数的移民都是传教士。自从独立以来,约有 900 名外国人取得巴布亚新几内亚国籍。由于山地隔绝,巴布亚新几内亚国内文化极为丰富多样,存在的语

155

言就有860多种,目前通行的官方语言有三种,分别是英语、托克皮钦语和莫土语。虽然文化丰富多样、语言众多,但巴布亚新几内亚国内宗教信仰情况却较为简单,大约96%的民众都是基督徒,另外稍有影响的就是传统的拜物教了。

(3)巴布亚新几内亚主要社会发展指标

作为一个发展中国家,巴布亚新几内亚各方面发展相对落后。由于医疗技术水平低下,痢疾、肺炎、疟疾等疾病流行,直到2009年巴布亚新几内亚的婴儿死亡率仍然高达5.2%,平均预期寿命也只有62岁。近年来随着经济发展,巴布亚新几内亚在普及初级教育方面进展顺利,虽然目前的识字率仅有49.3%,但1至6年级儿童入学率已大幅提高,达到了53%。并且巴布亚新几内亚政府已制定相关政策,从2012年开始对1至10年级学生实行免费教育并对11年级到大学的学生给予补贴教育。同时,巴布亚新几内亚的新闻媒体也进一步发展,除了官方的巴布亚新几内亚国际通讯社之外,还有《国民报》《信使邮报》和《同乡报》等主要报纸,国家广播公司(NBC)和EMTV电视台影响力也日益扩大。

(4)巴布亚新几内亚国防力量发展状况

由于国土面积狭小、人口稀少以及经济发展水平低下等,南太平洋岛国的军事力量普遍落后,不少国家甚至没有正规军队。巴布亚新几内亚作为太平洋地区面积最大、人口最多的岛国,国家安全面临不少挑战,国防军事力量建设不容忽视。不过,虽然近年来巴布亚新几内亚经济取得快速发展,但国防建设依然相对落后。环境恶化、自然灾害增多以及人口过快增长等一系列问题使巴布亚新几内亚国家安全问题更为凸显,但经济的发展和各大国的重视和援助也为巴布亚新几内亚国防力量的发展带来了莫大的机遇。军事力量的提高,对巴布亚新几内亚维护国家安全、区域和国际和平都将发挥积极的作用。

根据巴布亚新几内亚宪法,巴布亚新几内亚国防军的职责包括以下几方面:①保卫巴布亚新几内亚及其领土主权;②支持政府(民选权威)保护国家的内部安全;③对政府处理灾难的行动进行支援;④国家面临紧急情况时,在议会授权下,如有需要,帮助警察恢复国内公共秩序和国内安全;⑤执行国内建设任务;⑥帮助巴布亚新几内亚实现其国际义务,通过维持和平的行动来为地区和国际和平安全作出贡献。

目前,巴布亚新几内亚国防军已进入良性发展轨道,2012年巴布亚新几内亚初始国防预算达到1.88亿基纳，同时巴布亚新几内亚还同澳大利亚、美国、中国等国军队开展了良好的交流活动。据澳大利亚统计数据，巴布亚新几内亚国防军包括陆海空军在内共有超过2000名的正规军事人员，主要驻扎在莫尔斯比港。巴布亚新几内亚国防军的发展不仅有力地支持着巴布亚新几内亚的经济社会发展，还为地区和国际和平作出了贡献，在灾害援助、全国大选甚至是地区和联合国的维和行动中都可以看到巴布亚新几内亚国防军的身影。

巴布亚新几内亚国防军虽然取得一定的发展，但巴布亚新几内亚的国家安全形势依然不容乐观。310万平方公里海洋专属经济区所带来的丰富金枪鱼资源是巴布亚新几内亚发展的一大优势，但同时也为巴布亚新几内亚带来巨大的安全挑战。非法捕捞的外国舰船不仅窃取巴布亚新几内亚资源造成巴布亚新几内亚收入损失而且侵犯其主权，往往还从事人口贩卖、走私、非法运送药品和武器、抢劫等其他跨国犯罪活动，严重威胁、破坏地区安全。另一方面，巴布亚新几内亚国内洪水、海啸、火山爆发、地震等自然灾害多发，受气候变化的影响，这些灾害在未来将呈增长之势。

总体而言，巴布亚新几内亚还是一个较为落后的发展中国家，近年来，随着经济的发展，相当多的民众从乡村地区移居到莫尔斯比港和其他一些主要城市，巴布亚新几内亚现代化在莫尔斯比港等一些大城市已得到初步体现。但巴布亚新几内亚经济的高速发展并没有带来相应的民众生活水平的提高，甚至，城市化的加速带来了棚户区、公共设施不足等一系列的问题。而现代化进程下民众权利意识的提高，也进一步激化了原有的种族冲突、权力斗争以及其他各种社会矛盾甚至是暴力犯罪，巴布亚新几内亚在高速经济发展下潜伏着一定程度的社会矛盾压力。

二　巴布亚新几内亚政治发展及2012年大选

（一）巴布亚新几内亚基本政治特点概述

作为一个英联邦国家，巴布亚新几内亚自1975年独立以来就实行君主立宪制，目前，英国女王伊丽莎白二世仍然是巴布亚新几内亚名义上的国家元

首。由巴布亚新几内亚议会选出的总督作为女王代表行使礼仪性职能。总督任期6年,有权在议会的建议下任命或者解雇总理,并在总理的建议下任命内阁成员。同时,巴布亚新几内亚还效仿英国三权分立原则建立起现代国家的政治体制,立法、司法、行政三权分立并且相互监督。立法权由111名议员组成的议会掌握;司法权独立,设立最高法院以保障宪法权利并对法律进行解释;行政权则由总理及国家执行委员会也就是内阁掌握。

巴布亚新几内亚宪法规定,议会选举产生总理,总理负责组阁。由于巴布亚新几内亚的政治竞争大多依赖成员个人及其种族部落在其选区的基础而不是党派关系,因而成员的党派忠诚度较低。这也导致到目前还没有任何一个政党单独组阁,也即巴布亚新几内亚历届政府都是多党组成的联合政府。虽然法律规定新政府在5年任期的前18个月可以受到宪法的保护,免于受到不信任案的冲击,但政党林立、党派忠诚度低以及联合政府等因素仍然是巴布亚新几内亚政局动荡的巨大诱因。在行政管理方面,巴布亚新几内亚将全国划分为21个省和1个首都莫尔斯比港特区,议会所有111个议员席位中的22个正是来自各省的选区,而另外89个席位则来自开放的选区。

(二)2012年度巴布亚新几内亚大选

2012年大选前,巴布亚新几内亚政局在很长一段时间里处于动荡中。自2011年4月起,迈克尔·索马雷(Michael Somare)和彼特·奥尼尔(Peter O'Neill)围绕谁是合法的总理的问题展开了旷日持久的争执。索马雷得到最高法院的支持,奥尼尔则得到议会中多数派、部分军方和公务人员的支持。在距离原定2012年大选还不到一个月的时候,巴布亚新几内亚总理职位纷争以奥尼尔的宣誓就职落下帷幕。

2012年8月3日,新成立的巴布亚新几内亚议会举行了选举,作为唯一获得提名的总理候选人,奥尼尔当天在议会投票中以94票赞成、12票反对的表决结果当选新一届政府总理。他随后在首都莫尔斯比港宣誓就职并组建新一届政府。

大选后,各政党在议会中的席位没有发生很大的变化,并且新内阁中也多是老面孔。奥尼尔领导的全国人民代表大会党(PNC)在竞选前有24名议员,大选后共有27名议员。① 唐·波利（Don Polye）领导的胜利文化权利党（Triumph Heritage Empowerment Party）在本次选举中成为第二大党，获得12个席位，索马雷领导的国家联盟党在这次竞选中只赢得了5个席位。这次选举中最大的输家被认为是前任副总理贝尔登·纳马哈以及他的PNG党，该党在议会中的席位从19个减少到了8个。而且，从奥尼尔组阁的情况看，新一届的内阁组成虽然基本反映了巴布亚新几内亚各大政治势力竞争的最新结果，但是33位内阁成员中大多数却都是老面孔。有12位内阁成员在特姆贝兰议院（the Haus Tambaran）已担任了三届议员，有11位内阁成员是他们的第二届任期，只有10位是第一次担任国会议员。帕拉（Fala）、阿伦（Allen）等人是索马雷政府中熟悉的名字，只是在新政府中换了职务。帕特里克·普瑞曲（Patrick Pruaitch）又一次成为了林业部长。威廉·杜马（William Duma）历经了三届政府，仍然紧紧抓住石油和能源部门，唐·波利重又做回财政部长。科仁噶·库阿（Kerenga Kua）作为第一任议员成为了司法部长和总检察长，但是他并不是一个政治新手——他一直是索马雷的私人律师。

从地区来源上看，有10位阁员来自高山地区（the Highlands），10位来自南部地区（Southern），8位来自莫马斯地区（Momase），另外有5位则来自新几内亚岛（New Guinea Islands）。虽经过换届，但地区主义再一次成为奥尼尔及其联合执政党内重要成员职务安排和分配的重要考虑因素。总体而言，这种平衡地区利益的安排对于维护政局的稳定应该是有益的。

（三）大选后的政治形势

巴布亚新几内亚国内一年多来的政局动荡因大选结束，毫无疑问，这种定期的政治选举在维护稳定方面还是起了非常重要的作用的。如果没有这种选举制度结束僵局，政治动荡很难找到一个合适的结束方式。大选后，奥尼尔表示，联合政府已同意把注意力放在5个领域：健康、教育、法律和秩序、经济以及促进私有制投资和产业的增长等。不出意外，巴布亚新几内亚将沿着这一方向进一步促进国家的发展。

---

① *Australia Network News*, August 7, 2012.

但是，巴布亚新几内亚政治局势的平息并没有彻底改变其政治发展的基本特征。政党林立、政党忠诚度低、个人利益高于政党原则、议员更换频繁等问题都没有变化，实现政局的长期稳定依然存在着许多不利因素。巴布亚新几内亚议员在大选中的变更幅度很大，大党难以形成，因而也就难以形成一个有强大的政党和民意支持的强有力的政府。其结果只能是政党联合执政，政局变幻无常。另外，从政治文化的角度看，巴布亚新几内亚的政治竞争大多依赖成员个人以及种族部落在其选区的选民基础而不是政党的政治主张和政党的组织基础，党员的党派忠诚度较低。这种社会的多元化和利益集团的分散化，决定着未来巴布亚新几内亚政局仍将延续旧的格局而难以有根本的改变。此外，贪污腐败、行政效率低、司法独立未受到足够的尊重等，也都是妨碍未来经济发展和政治稳定的主要因素。

无论如何，2012年大选后，在各方共同努力下，巴布亚新几内亚政局趋于稳定，这种稳定对于本国的经济发展和地区的和平稳定是有益的。

三 巴布亚新几内亚经济发展状况

（一）巴布亚新几内亚基本经济概况

巴布亚新几内亚是一个资源丰富的太平洋岛国，有大量矿产、石油、天然气、木材和渔业资源等。以丰富的资源能源为基石，发展了以矿产、石油和经济作物种植为支柱产业的经济。但同时，其经济部门呈现出明显的二元结构特点，以依赖自给自足的农业为中心的传统经济部门以及以资源开发为中心的现代经济部门同时存在。近年来，巴布亚新几内亚政府集中精力发展经济，制定了《2005~2010中期发展战略》、《2010~2015中期发展战略》以及《2010~2030二十年计划》等，扭转了经济滑坡趋势，使巴布亚新几内亚经济从2002年的负增长转变为连续8年以8%的速度实现正增长。目前经济形势处于历史最好水平。①

---

① http://pg.mofcom.gov.cn/aarticle/jmxw/201111/20111107847093.html，访问日期：2012年9月3日。

但巴布亚新几内亚经济仍然相对落后,2010年名义国内生产总值94.8亿美元,人均国内生产总值为1300美元,约75%的人过着较为原始的自给自足的生活。① 全国人口中约有40%的人生活在国际贫困线(人均1美元/天)以下。2011年联合国开发计划署人类发展指数显示,巴布亚新几内亚在187个国家中列第153位。②

(二)巴布亚新几内亚对外贸易情况

对外贸易在巴布亚新几内亚经济中占重要地位。巴布亚新几内亚进口产值约占其GDP的40%。主要进口交通运输设备、工业制成品、粮食、矿物燃料、化工产品等。主要贸易对象国有:澳大利亚、新加坡、中国、日本、马来西亚、美国、新西兰、印度尼西亚、泰国和韩国(见表1)。出口产值约占GDP的67%。主要出口铜、金、矿砂、原木、原油、椰干、椰油、可可、咖啡、棕榈油等初级产品。主要贸易对象国有:澳大利亚、日本、中国、德国、菲律宾、韩国、印度、美国、西班牙和意大利。③ 近年来巴布亚新几内亚与中国的联系发展十分迅速,接受了中国的大量援助和投资,中国现在是巴布亚新几内亚的第二大贸易伙伴,仅次于澳大利亚。

表1 巴布亚新几内亚2012年第一季度主要贸易伙伴国简表

单位:亿基纳,%

排序	进口			出口		
	国家	金额	占比	国家	金额	占比
1	澳大利亚	5.04	32	澳大利亚	8.66	32
2	新加坡	3.56	23	日本	6.58	24
3	美国	3.25	21	德国	3.37	13
4	中国	0.92	6	中国	1.69	6
5	日本	0.7	5	新西兰	1.33	5
6	新西兰	0.33	2	美国	1.24	5

资料来源:http://pg.mofcom.gov.cn/aarticle/jmxw/201208/20120808293785.html,访问日期:2012年9月3日。

---

① http://www.state.gov/r/pa/ei/bgn/2797.htm,访问日期:2012年9月3日。
② http://hdr.undp.org/en/statistics/,访问日期:2012年9月3日。
③ http://www.state.gov/r/pa/ei/bgn/2797.htm,访问日期:2012年9月3日。

(三)巴布亚新几内亚接受外国投资情况

巴布亚新几内亚对外国投资持积极欢迎态度。主要投资来源国有澳大利亚(占总额近2/3)、马来西亚、新西兰、韩国、中国、日本和美国等。巴布亚新几内亚工、矿、林、农、渔各业几乎均为澳、日、英、美等国公司所控制。在巴布亚新几内亚所获外国投资中,基础设施方面的外国投资比较匮乏,唯一一个由澳大利亚投资的水力发电项目至今无动工消息。与此相对,在石油天然气领域的投资则是应接不暇。最为引人关注的是,投资超过150亿美元的LNG项目已经启动,预计将于2014年正式投产。在渔业方面,据巴布亚新几内亚渔业局统计,如果目前的金枪鱼加工项目全部启动,将为巴布亚新几内亚经济带来2790万美元的外国直接投资,金枪鱼年出口收入也将达到约1344万美元。

虽然外国在巴布亚新几内亚的投资呈增长趋势,但是巴布亚新几内亚的投资环境和投资前景仍然堪忧。根据世界银行发布的2012年经商容易度指数,巴布亚新几内亚不是一个容易经商的地方。而且,受治安问题影响,过去国际零售商不愿在巴布亚新几内亚投资,因为大型国际零售商不会愿意花费超过5%的股金仅用于安全保卫。如果这种情况持续,国际零售商进入巴布亚新几内亚将更难。对一个发展中国家而言,这是经济增长和地区繁荣最危险的阻力。[①]

巴布亚新几内亚最近几年分别制定了《中期计划》《2010~2030二十年规划》《2050年展望》等,分析自身经济缺陷,努力优化产业结构,完善基础设施,吸引外国投资,已见初步成效。同时,正值美国重返亚洲、中美竞争对太平洋岛国影响力之际,对于巴布亚新几内亚来说,这是一个吸收外国资金以及基础设施建设援助的好机遇,经济发展前景较为乐观。但是由于基础设施落后、人才缺乏、经济结构不完善、投资和经营环境与各项制度保障缺乏等问题,巴布亚新几内亚的经济发展仍然有很长一段曲折之路要走。

---

① http://pg.mofcom.gov.cn/aarticle/ztdy/201209/20120908332120.html,访问日期:2012年9月3日。

巴布亚新几内亚政治、经济和外交关系发展

四 巴布亚新几内亚对外关系概述

自独立以来，巴布亚新几内亚政府就致力于同其他国家建立和保持正常的外交关系。巴布亚新几内亚政府主要通过外交和移民事务局来执行和处理外交和国际事务，不仅致力于通过大使、高级专员以及驻各国领事确保巴布亚新几内亚同其主要伙伴和盟友间有效的政治外交关系，而且还通过驻外代表使团来谋求代表、促进和扩大巴布亚新几内亚在所驻国家和地区的社会、经济、政治以及战略利益的广泛组合。由于历史和地理位置上的原因，巴布亚新几内亚的外交政策明显反映了它同澳大利亚及其他传统盟友之间的紧密联系，但随着近年来经济的迅速发展，巴布亚新几内亚的经济贸易伙伴日益增多。美国、澳大利亚、日本、新西兰、中国、德国、英国、马来西亚等国家都与巴布亚新几内亚建立了频繁的经济贸易联系。截至目前，巴布亚新几内亚已经同56个国家建立了外交关系，并且参与到联合国、东南亚国家联盟、不结盟运动、亚太经济合作组织、东盟地区论坛、太平洋岛国论坛、美拉尼西亚先锋组织等一系列的国际组织的活动中。

在全球政治和经济事务中，巴布亚新几内亚一般保持着温和稳健的政策立场，主张各国和平相处，增加经济交流和合作往来。作为最大的太平洋岛国，巴布亚新几内亚传统上将自己视为整个太平洋的一部分，致力于南太平洋地区的和平与稳定。2002年索马雷政府上台后，大力鼓励出口和吸引外来投资，因此，近年来巴布亚新几内亚在保持同澳大利亚和欧美等传统外交关系的同时，也进一步加大了对东亚和东南亚的关注，努力培养同亚洲国家的友好关系。

虽为岛国，但巴布亚新几内亚对国际事务的参与十分积极，并且积极支持联合国在国际事务中发挥作用。在联合国改革问题上，巴布亚新几内亚支持和鼓励改革联合国、联合国机构和联合国秘书处，以便使其在应对国际、区域和国家挑战时反应能够更加迅速和积极。并且巴布亚新几内亚认为，联合国安理会的改革应该在考虑当今世界的地缘政治现实的基础上，对安全理事会常任和

非常任理事国两个类别的数量都加以扩充。① 而为实现世界的和平与安全，巴布亚新几内亚作为《南太平洋无核区条约》的缔约国，致力于创造一个没有大规模杀伤性武器的世界。为此，巴布亚新几内亚期待能对联合国维持和平行动作出建设性的贡献，同时也对美国及其他观点相同国家为加强核武器的不扩散和鼓励裁军所提出的积极倡议表示支持。②

以上是巴布亚新几内亚外交政策基本观点的总体阐述，基于澳大利亚、美国、日本、印度尼西亚等国对巴布亚新几内亚外交的重要性，接下来本文将分别对巴布亚新几内亚同这些国家的双边关系发展进行介绍，以期对巴布亚新几内亚2012年在外交方面的动向有进一步的了解。

（一）巴布亚新几内亚与澳大利亚的双边关系

自1975年独立以来，澳大利亚凭借其地理和历史上的紧密联系就一直是巴布亚新几内亚最重要的邻国，澳大利亚对巴布亚新几内亚的影响几乎渗透到巴布亚新几内亚政治经济和社会生活的方方面面。一直以来，避免和防止自己的周边出现失败国家是澳大利亚对本地区政策的重要考量之一。作为二战后新独立的国家，巴布亚新几内亚近年来经济取得快速发展的同时也依然面临着基础设施不完善、社会公共服务不健全、政府治理能力低以及经济发展成果如何造福全体国民等种种挑战，因此两国在推动双边关系发展上拥有广泛的共同利益，这一共同利益奠定了澳大利亚与巴布亚新几内亚密切合作并为巴布亚新几内亚提供广泛援助的坚实基础。为应对共同挑战并促使巴布亚新几内亚及其人民获得进一步的可持续发展，2008年8月，澳大利亚与巴布亚新几内亚签署《澳大利亚与巴布亚新几内亚发展合作伙伴协定》，③ 这一合作伙伴关系的确立翻开了澳大利亚与巴布亚新几内亚合作的新一页。合作计划谋求2015年前巴布亚新几内亚在减少贫困及其他千年发展目标等方面取得更大的进步。为此，

---

① 联合国会议发言记录，http://daccess-dds-ny.un.org/doc/UNDOC/GEN/N11/513/71/PDF/N1151371.pdf?OpenElement，访问日期：2012年9月3日。
② 联合国会议发言记录，http://daccess-dds-ny.un.org/doc/UNDOC/GEN/N09/531/64/PDF/N0953164.pdf?OpenElement，访问日期：2012年9月3日。
③ 英文标题为"Partnership for Development between the Government of Australia and the Government of Papua New Guinea"。

双方约定在教育、健康、司法以及交通运输等重点领域进行一系列合作。随后在 2011 年 10 月举行的部长级论坛上，巴布亚新几内亚和澳大利亚进一步明确了合作伙伴协定的详细计划安排。

1. 两国经贸和投资情况

清晰明确的合作计划推动了两国经济贸易和投资的稳定增长，也为澳大利亚对巴布亚新几内亚的系列援助提供了指导方向。由于历史和地理上的原因，一直以来澳大利亚都是巴布亚新几内亚最大的贸易伙伴和投资来源国。近几年来两国贸易都保持着快速发展趋势，2011 年巴布亚新几内亚和澳大利亚双边商品贸易额达 59.84 亿澳元，同比增长 18.4%，其中巴布亚新几内亚向澳大利亚出口 36.75 亿澳元，同比增长 21.8%。另外，同期巴布亚新几内亚和澳大利亚的双边服务贸易额也高达 12.88 亿澳元。① 作为巴布亚新几内亚最大外资来源国，澳大利亚 2011 年在巴布亚新几内亚的投资总额达到 162.02 亿澳元，极大地促进了巴布亚新几内亚资源的开发和基础设施的建设。而据巴布亚新几内亚央行统计，虽然巴布亚新几内亚 2012 年第一季度对外贸易额呈下降趋势，但巴布亚新几内亚与澳大利亚的双边贸易总额仍然高达 13.7 亿基纳，占巴布亚新几内亚进出口总额的 32%，② 双边贸易的稳定性和重要性可见一斑。

巴布亚新几内亚国内资源丰富，经济发展水平较低，其与澳大利亚的双边贸易情况反映了两国经济发展水平之间的客观差距。从历年统计数据看，巴布亚新几内亚对澳大利亚的出口以资源性产品为主，主要包括黄金、原油、银、咖啡豆等。2011 年巴布亚新几内亚在金银以及原油方面对澳大利亚的出口超过 35 亿澳元。与此相对，巴布亚新几内亚从澳大利亚的进口则主要集中在原油、土木工程和精密机械的设备、零件以及肉类产品上，2011 年这些产品的进口额达到 7.05 亿澳元。③ 2011 年 11 月，巴布亚新几内亚政府对促进商务和

---

① "Papua New Guinea Fact Sheet," http：//www.austrade.gov.au/PNG‐profile/default.aspx，访问日期：2012 年 9 月 29 日。

② http：//pg.mofcom.gov.cn/aarticle/zxhz/tjsj/201208/20120808293785.html，访问日期：2012 年 9 月 30 日。

③ http：//www.austrade.gov.au/PNG‐profile/default.aspx，访问日期：2012 年 9 月 29 日。

投资国家工作小组进行了改革，并于2012年10月11日为该小组成立的永久秘书处制定了行动纲要。① 这是巴布亚新几内亚政府接受并落实联合国千年发展目标愿景、建设有利环境、促进商业和投资的增长的有效举措，而这也必将推动澳大利亚与巴布亚新几内亚双边贸易以及发展合作的进一步深化、加强。

2. 澳大利亚对巴布亚新几内亚的援助

尽管近年来经济迅速发展，但巴布亚新几内亚仍然是一个较为落后的发展中国家，有40%的人口依然生活在基本贫困线以下，教育、交通以及基本的医疗卫生服务水平低下，政府治理能力亟待提高。② 作为澳大利亚的近邻，巴布亚新几内亚人民生活水平的提高以及地区稳定是澳大利亚利益的中心，③ 因而对巴布亚新几内亚的持续援助是巴布亚新几内亚与澳大利亚双边关系的重要内容。2008年8月两国签署了《澳大利亚与巴布亚新几内亚发展合作伙伴协定》，④ 在第20届澳大利亚－巴布亚新几内亚部长级论坛上双方参照巴布亚新几内亚2011～2015年中期发展目标制定了重点领域的合作计划安排，结合澳大利亚的相对优势，澳大利亚选择教育、健康和艾滋病防治、司法以及交通运输等重点领域对巴布亚新几内亚进行广泛援助。⑤

3. 澳大利亚与巴布亚新几内亚的军事交流

巴布亚新几内亚国防军无论是在建设国家、保护人民利益还是推进民主政治的发展上都发挥着重大作用，也自然成为应对这些安全挑战的中坚力量。作为巴布亚新几内亚的近邻，维护区域安全、保证太平洋地区的稳定发展对澳大利亚至关重要，因此澳大利亚一直对巴布亚新几内亚的发展保持着强烈关注，并为巴布亚新几内亚军事力量提供大量援助。

---

① 促进商务和投资国家工作小组的改革和永久秘书处工作纲要的制定来源于：http://www.thenational.com.pg/? q = node/39704，访问日期：2012年10月15日。
② http://www.ausaid.gov.au/countries/pacific/png/Pages/why – aid.aspx，访问日期：2012年9月1日。
③ http://www.ausaid.gov.au/countries/pacific/png/Pages/why – aid.aspx，访问日期：2012年9月1日。
④ "Partnership for Development between the Government of Australia and the Government of Papua New Guinea".
⑤ http://www.ausaid.gov.au/countries/pacific/png/Pages/default.aspx，访问日期：2012年9月1日。

澳大利亚基于以下原因对巴布亚新几内亚军事力量的发展提供援助。第一，澳大利亚人希望其在巴布亚新几内亚的朋友和伙伴可以充分实现经济、政治和民事可能性。很明显，对澳大利亚而言，一个安全、繁荣的巴布亚新几内亚对地区的和平和发展是必要的。第二，两国地理位置上的相近促使巴布亚新几内亚和澳大利亚需要共同合作来保护两国和整个地区的繁荣和共同利益。从军事战略的观点看，澳大利亚不希望巴布亚新几内亚的主权被破坏，从而成为威胁澳大利亚和地区安全的导火索。因此，澳大利亚和巴布亚新几内亚签署了国防合作计划，通过双边训练，增加两军互通性，共同协作来应对巴布亚新几内亚国防军面临的挑战。

国防合作计划（DCP）是澳大利亚在太平洋地区开展军事合作的重要举措。巴布亚新几内亚正是澳大利亚最大国防合作计划的对象，并且随着两国合作的增强，这一计划还将继续扩大。目前，这一国防合作计划主要通过24名在巴布亚新几内亚的澳国防人员实现，并且澳大利亚每年为这一计划提供约1000万美元的资金支持。澳大利亚对巴布亚新几内亚的援助还包括两国的年度双边演习。为提高两国军队对人道主义和灾难救助等意外事件的反应能力，巴布亚新几内亚和澳大利亚每年都会举行名为"铁杆勇士"（Wantok Warrior）的陆军演习。澳大利亚还利用 Exercise Puk Puk 计划增强巴布亚新几内亚国防军的基础设施，2011年10月该计划开展的重点项目——将旧的空军信号建筑翻修为巴布亚新几内亚国防军联合指挥中心——正式完工。此外，该计划还对巴布亚新几内亚国防军的公寓和军营食堂等基础设施进行了改善。

除了对DCP项目的继续支持外，澳大利亚还计划在空中运输、人员编制、基础设施发展、战略规划、训练、维和行动、健康以及治理等各方面同巴布亚新几内亚进行合作。2012年2月7日，作为对巴布亚新几内亚大选的系列援助之一，澳大利亚出资700万美元对巴布亚新几内亚国防军提供固定翼运输机的援助。按照这一援助计划，短期内澳大利亚将向巴布亚新几内亚国防军提供2架民用直升机以满足巴布亚新几内亚大选期间运送人员和设备的需求。长期而言，澳大利亚将同巴布亚新几内亚国防军合作解决运输问题，建立巴布亚新几内亚国防军未来空中运输能力的基础。

（二）希拉里参加太平洋岛国论坛后对话会及巴布亚新几内亚与美国关系发展

1. 希拉里参加太平洋岛国论坛后对话会

2012年，巴布亚新几内亚与美国的关系出现了一些新动向。在中国区域影响力上升和美国重返亚太的背景下，美国更加重视太平洋岛国。巴布亚新几内亚作为南太平洋最大的岛国，经济发展迅速，受到美国更多的重视。2012年8月29日至31日，太平洋岛国论坛在库克群岛召开，美国国务卿希拉里·克林顿首次出席论坛后对话会，并同巴布亚新几内亚总理奥尼尔进行了会谈，双方就进一步开展双边合作进行了磋商，① 两国关系发展的一些新动向值得重视。

在此次高规格参与太平洋岛国论坛后对话会之前，美国对太平洋地区的重视程度就随着其"重返亚太"的推进而与日俱增。希拉里曾表示，为确保在亚太地区奉行更全面的战略和参与，美国将主动扩展与太平洋岛国等其他各方的关系，邀请其一起构建一套基于规则的区域和全球秩序并参与其中。此次希拉里罕见参与太平洋岛国论坛后对话会，更是将其"重返亚太"、参与太平洋的举动推向新高潮。

通过此次到访，希拉里强调美国将继续保持和扩大在太平洋岛国地区的存在，并将围绕两个领域加大对这一地区的投入。在打击跨国海洋犯罪、维护海洋安全等海洋事务方面，美国正努力扩展现有的"搭船项目"，使得太平洋岛国的执法人员在搭乘美国海岸警卫队的船只之外还可以搭乘美国在该地区的海军军舰进行巡逻。② 另外，希拉里还承诺，在已有的200万美元之外，美国将另外提供350万美元用于支持太平洋岛国清理二战期间遗留在该地区的未爆炸炸弹。③ 希拉里表示，美国希望将与太平洋岛国的合作打造成基于共同价值，

---

① 对话期间，奥尼尔会见了美国国务卿希拉里·克林顿，讨论了投资数十亿基纳的LNG项目、美国对巴布亚新几内亚持续援助和两国关心的其他问题。http://pg.mofcom.gov.cn/aarticle/jmxw/201209/20120908318446.html，访问日期：2012年9月19日。
② http://www.state.gov/secretary/rm/2012/08/197262.htm，访问日期：2012年9月19日。
③ http://www.state.gov/secretary/rm/2012/08/197262.htm，访问日期：2012年9月19日。

并能为地区经济和社会发展带来实际利益的美国模式。① 为此，希拉里还宣布，在当前每年投入3.3亿美元用于支持太平洋岛国人民之外，美国即将投入总额超过3200万美元的资金在太平洋岛国开展一系列新项目。②

希拉里在对话会期间表示"这是一个广阔而又充满活力的地区，是全球经济和政治的重要驱动力"，③ 巴布亚新几内亚经济的高速发展正是这一表达的绝妙注解。其实，鉴于巴布亚新几内亚以及太平洋岛国地区的重要地缘价值以及美国在该地区的巨大利益，一直以来巴布亚新几内亚和美国之间保持着一种长期的紧密关系，并且这种关系被看作美国整个亚太战略的一部分。④ 巴布亚新几内亚等太平洋岛国和美国在自由航行、气候变化合作、食品安全以及生物多样性的保护等多方面存在着共同利益，而巴布亚新几内亚等太平洋岛国在这些问题上甚至充当着领导角色，尤其是在联合国和维持国际和平安全等场合，太平洋岛国发挥着重要作用。⑤ 为此，美国持续加大对这一地区的投入，在增加气候变化援助、女性权利保护、提高政府治理能力、艾滋病防治以及环境保护等方面对巴布亚新几内亚等国进行了广泛的援助。⑥

在此次对话会期间，巴布亚新几内亚总理奥尼尔与希拉里进行了会晤。投资数十亿基纳的LNG项目投产在即，希拉里此前曾表示，美国将进一步帮助巴布亚新几内亚提高政府治理能力及其透明度，坚持对于巴布亚新几内亚建立主权财富基金的承诺，并称美国将大力投资LNG项目以支持其将资源转化为经济繁荣的动力，⑦ 因此LNG项目成为双方讨论的一大重点。2012年巴布亚新几内亚多个地区遭遇持续暴雨，美国提供了5万美元的人道主义救济援助，⑧ 而在2012年的选举中有3名女性成功当选为巴布亚新几内亚议员。提供人道主义援助，提高女性权力地位以及对海洋环境和资源的保护都是美国对

---

① http://www.state.gov/secretary/rm/2012/08/197262.htm, 访问日期: 2012年9月19日。
② http://www.state.gov/secretary/rm/2012/08/197266.htm, 访问日期: 2012年9月19日。
③ http://www.state.gov/secretary/rm/2012/08/197266.htm, 访问日期: 2012年9月19日。
④ http://www.state.gov/r/pa/prs/ps/2010/11/150334.htm, 访问日期: 2012年8月24日。
⑤ http://www.state.gov/r/pa/prs/ps/2010/11/150334.htm, 访问日期: 2012年8月24日。
⑥ http://www.state.gov/r/pa/prs/ps/2010/11/150334.htm, 访问日期: 2012年8月24日。
⑦ http://www.state.gov/secretary/rm/2010/11/150352.htm, 访问日期: 2012年8月24日。
⑧ http://www.state.gov/r/pa/ei/bgn/2797.htm, 访问日期: 2012年9月20日。

巴布亚新几内亚的重点援助领域，在此次会谈中双方也就这些领域的持续援助进行了重点探讨。为进一步增强在这一地区的发展伙伴关系，美国还于2011年10月在巴布亚新几内亚首都莫尔斯比港开设了负责地区援助事务的办事机构，有力地推动了美国与巴布亚新几内亚以及太平洋岛国关系的稳步发展。

2. 美国与巴布亚新几内亚的军事交流

巴布亚新几内亚是南太平洋地区面积最大、人口最为稠密的岛国，拥有世界上最大的保存完好的热带雨林和生物多样性资源。并且，巴布亚新几内亚与印度尼西亚动荡不安的东部地区交界，巴布亚新几内亚的发展对整个地区的稳定和发展都具有重大影响。基于这样的认识，作为全球唯一超级大国的美国一直都没有放弃在这一地区的军事存在。随着重返亚太战略的推进，美国对太平洋岛国的重视程度也将日益升高，可以预见，巴布亚新几内亚同美国的军事交流将可能进一步发展。

2003年11月，巴布亚新几内亚与美国重启正规化军事交流。近几年来，美国每年约投入30万美元用于资助同巴布亚新几内亚的军事交流活动。为使巴布亚新几内亚国防军具有参与包括国际维和行动在内的国际军事活动的能力，美国在巴布亚新几内亚开展长期的国际军事教育和培训项目（IMET），为巴布亚新几内亚国防军提供专业化军事教育，提高巴布亚新几内亚国防军的训练水平。此外，两国还签署了防务合作和联合军事演习等系列协议。根据协议安排，美国通过总部设在夏威夷的太平洋司令部为巴布亚新几内亚国防军提供培训。巴布亚新几内亚允许美国军舰停靠其港口，截至2012年两国已经举行了一系列小规模联合演习。为进一步密切两国的军事交流，美国还通过太平洋地区伙伴计划、派遣军舰参与人道主义援助等方式加强与巴布亚新几内亚等太平洋岛国的联系。2011年6月美国太平洋舰队司令威拉德陪同助理国务卿坎贝尔访问巴布亚新几内亚等9个太平洋岛国以及2012年8月希拉里首次参加太平洋岛国论坛时，执行后勤保障任务的美国军舰都对太平洋岛国进行了人道主义援助。

（三）巴布亚新几内亚与日本

一直以来太平洋岛国地区都是日本对外交往与ODA援助的重点区域。在中日亚太区域主导地位竞争日益激烈的背景下，日本更加重视太平洋岛国的作用。2012 年 5 月，第 6 届"日本·太平洋诸国论坛首脑会议"在冲绳召开，巴布亚新几内亚等 13 个太平洋岛国和地区与会。作为太平洋地区最大岛国，巴布亚新几内亚一直是日本重要的经贸和外交对象。日本在太平洋地区的积极行动为巴布亚新几内亚经济快速发展提供了巨大机遇，但同时也让巴布亚新几内亚在与中日外交关系的处理中更为谨慎。可以预见，巴布亚新几内亚与日本双边关系的发展将带上中日亚太竞争的的深刻烙印。

经贸往来是巴布亚新几内亚和日本双边关系的重要组成部分，巴布亚新几内亚丰富的矿产和森林资源在日本拥有广阔的市场需求。据巴布亚新几内亚央行统计，日本是巴布亚新几内亚仅次于澳大利亚的第二大出口对象国，对日出口约占其出口总额的 20%。2012 年上半年巴布亚新几内亚与日本的双边贸易总额达 13.69 亿基纳，其中巴布亚新几内亚对日本出口 12.31 亿基纳。① 同时，巴布亚新几内亚丰富的石油矿产资源吸引了大量的日本投资。日本积极参与巴布亚新几内亚 LNG 项目，并且希望巴布亚新几内亚成为日本 LNG 的一个稳定供应商，在近期开始考虑的 LNG 项目的扩展工作中，日本 JX 公司掌控着 PRL3 项目 12.5% 的份额。② 此外，为增强日本在巴布亚新几内亚投资的法律稳定性，增进双边的经济合作关系，2011 年 4 月，两国外长正式签署了《日本政府和巴布亚新几内亚政府促进和保护投资的协定》，③ 以双边协定推动两国经济联系进一步向前发展。

战后以来，官方发展援助（ODA）是日本改善对外关系的重要手段。日本对巴布亚新几内亚的援助主要集中于完善基础设施以支持经济的可持续发展、帮助巴布亚新几内亚建立良好的社会经济基础上。重点领域主要在以下方面：第一，改善交通、能源、电力等方面的基础设施以增强经济增长的基础；

---

① 贸易统计数据来源于中国驻巴布亚新几内亚大使馆经济商务参赞处消息，http://pg.mofcom.gov.cn/aarticle/jmxw/201208/20120808293785.html, http://pg.mofcom.gov.cn/aarticle/jmxw/201210/20121008397417.html，访问日期：2012 年 10 月 27 日。
② 巴布亚新几内亚开始考虑 LNG 项目扩大工作，参见 http://pg.mofcom.gov.cn/aarticle/jmxw/201210/20121008401543.html，访问日期：2012 年 10 月 27 日。
③ http://www.mofa.go.jp/announce/announce/2011/4/0426_02.html，访问日期：2012 年 10 月 25 日。

第二，改善教育水平，增强人力资源的发展以提高社会服务能力；第三，帮助处理环境恶化和气候变化问题。① 据日本统计，截至2010财年，日本对巴布亚新几内亚捐赠总额达257.8亿日元，贷款总额超过787亿日元，而在技术合作方面的投入也达261亿日元。仅2009年一年，日本就为布干维尔港湾Trunk路大桥建设项目提供31.54亿日元的援助支持，还为莫尔斯比港污水处理系统升级改造项目提供了82.61亿日元的贷款。2010年3月19日，日本宣布为巴布亚新几内亚森林保护项目提供7亿日元的援助。2012年3月，日本再次为巴布亚新几内亚提供非项目性援助1.5亿日元。

持续广泛的巨额援助有效促进了巴布亚新几内亚经济发展的同时也密切了巴布亚新几内亚与日本两国的友好关系。2011年日本东部大地震后巴布亚新几内亚向日本提供1000万基纳（约3.2亿日元）的救灾援助，② 这是两国友好的有力见证。但日渐密切的经济合作与巨额援助并不能掩盖日本在太平洋地区的外交诉求和巴布亚新几内亚等太平洋国家的国际战略之间的内在矛盾。

一直以来，日本都谋求成为联合国安理会常任理事国，而争取巴布亚新几内亚等太平洋岛国的支持是日本实施太平洋地区外交的一大重点。对此，巴布亚新几内亚在安理会改革问题上同日本拥有共同的观点，并且巴布亚新几内亚表示支持日本为达成最后目的所作的努力。③ 但是，随着中国国际地位的提高和在太平洋地区影响力的提升，日本对巴布亚新几内亚等国援助的本意已经开始"变质"，在对巴布亚新几内亚援助政策的文件中，日本表示"由于新兴援助者的更大影响力，日本在巴布亚新几内亚的存在感已经相对下降"。④ 2012年5月召开的第6届"日本-太平洋岛国论坛首脑会议"上，日本更是首次邀请

---

① 日本对巴布亚新几内亚援助的原则和重点领域参见 "Japan's ODA Policy for the Independent State of Papua New Guinea（PNG），" http：//www. png. emb – japan. go. jp/，访问日期：2012年9月30日。

② 巴布亚新几内亚提供的救灾援助信息及金额，http：//www. mofa. go. jp/region/asia – paci/png/incidents_ donation. html，访问日期：2012年10月20日。

③ http：//www. mofa. go. jp/announce/announce/2010/10/1026_ 02. html，访问日期：2012年9月30日。

④ 摘自《日本对巴布亚新几内亚援助的原则》［Japan's ODA Policy for the Independent State of Papua New Guinea（PNG）］，http：//www. png. emb – japan. go. jp/，访问日期：2012年9月30日。

美国参加,并在会上要求提高援助国的透明度和合作性,通过关于"公海自由航行"等内容的宣言,隐隐透露着针对中国的味道。然而,与此相对应的是,巴布亚新几内亚奉行温和的外交政策,其长期战略规划是保持同各国的友好关系以推动国内经济的发展。日本的政策表现不得不让传统上与中国保持着密切联系的巴布亚新几内亚左右为难。在美国、日本经济低迷的国际经济大环境下,巴布亚新几内亚的经济发展很大动力来源于中国的进口需求,因此日本对巴布亚新几内亚的期望难以如愿。而也正因为这样的背景,巴布亚新几内亚与日本双边关系的发展将深受中日竞争等国际环境的影响。

(四)巴布亚新几内亚与印度尼西亚

巴布亚新几内亚与印尼于1973年建立领事关系,并于1975年建立正式外交关系。多年来两国保持着密切的关系,两国官员互访频繁。巴布亚新几内亚和印尼的关系对印尼而言是战略性的,因为巴布亚新几内亚同印尼直接交界并且巴布亚新几内亚对印尼在太平洋地区的利益十分重要。

巴布亚新几内亚是一个具有地区影响力的国家,尤为重要的是,巴布亚新几内亚支持印尼的领土完整,这一支持已经在国际和地区场合得到体现(联合国、太平洋岛国论坛、美拉尼西亚先锋组织)。在经济、贸易和投资合作方面,印尼在与巴布亚新几内亚的双边贸易中处于顺差地位,巨大贸易顺差主要来源于两国边界传统市场Skouw-Wutung的经济活动。两国间关于避免双重征税和会计核算的谅解备忘录已经完成了起草阶段的工作,正等待双方政府的批准。

五 结论

就人口和国土规模而言,巴布亚新几内亚是南太平洋上最大的岛国。2012年,该国大体上顺利地进行了大选,组成了新一届的议会和内阁,结束了一年多政局动荡的局面。近10年来,巴布亚新几内亚经济呈快速增长的态势,人民生活水平在不断提高,通胀、就业形势基本稳定。巴布亚新几内亚矿产、林业、渔业资源丰富,对外部投资者有吸引力。作为英联邦成员国,巴布亚新几内亚历来与澳大利亚和其他西方国家关系密切。在美国高调重返亚太的背景

下，美国对巴布亚新几内亚等太平洋岛国更加重视。中国与巴布亚新几内亚关系近年来有迅速发展，未来仍有巨大的发展潜力。深入全面地了解巴布亚新几内亚政局变动、经济发展和对外政策状况，对于我们进一步挖掘潜力、发展与巴布亚新几内亚的各方面关系有重要意义。

The Politics, Economics and Foreign Affairs in Papua New Guinea

Zhang Zuxing　Zuo Lin　Song Yan　Niu Heng

Abstract: As far as the size of population and territory is concerned, Papua New Guinea (PNG) is the largest island country in the South Pacific. A more than one year turbulent political situation ended with a general election which is largely and smoothly held in 2012 and a new legislature and cabinet was formed. In recent ten years, the PNG economy grew rapidly. People's living standard was increased and price and employment were largely stable. The PNG is endowed with abundant mineral, forest and fishing resources and it is therefore very attractive to many outside investors. As a member of British Commonwealth, the PNG maintains close relations with Australia and other western countries. Under the background of American's return to the Asia-Pacific, the PNG and other pacific island countries are more highly appreciated by the United States for their strategic position. Meanwhile, the relations between China and PNG developed rapidly in recent years and more potential is yet to be discovered. It is believed that we should pay more attention to this country with a comprehensive view to have more dynamic relations with it.

Key Words: Papua New Guinea; Political Development; Economic Development; Foreign Policy

B.13
大洋洲主要岛国的政治经济与外交：现状与展望

叶浩豪

摘　要：

　　本报告对2012年度大洋洲主要岛国斐济、汤加、瓦努阿图、密克罗尼西亚等国家的政治、经济以及外交关系等进行了较为系统的阐述，并对有关国家的政治经济和对外关系的发展趋向作了分析。

关键词：

　　太平洋岛国　政治经济与外交　现状　趋向

　　大洋洲国家除了澳大利亚和新西兰经济比较发达外，大多数岛国的经济较为落后。大洋洲地区岛国过去大部分是英、法等国的殖民地，独立以后的经济结构大多是单一经济，大部分生活消费品以及工业用品都需要从国外进口，粮食也不能自给。由于国家经济一直处于欠发达状态，大多数岛国都面临财政拮据的问题，都希望得到国际上的财政援助和经济支持，而外援主要来自美国、日本、澳大利亚、新西兰以及中国等。[①] 大洋洲岛国长期以来资源管理水平低下，而且人口不断增加，这些岛国正日益面临着非常严重的经济和社会问题，主要表现在资源过量开采、缺乏足够力量保护经济专属区以及人口增长率高于经济发展速度等方面，这些问题也严重阻碍了岛国国家的长远发展。进入21世纪，面对国际局势日益严峻的挑战，这些大洋洲岛国政府纷纷开始采取措施，一方面对内制定国家的经济发展战略，另一方面加强国家间政府的合作。近年来，大洋洲岛国更加重视发挥太平洋岛国论坛的

---

① 刘樊德：《南太平洋岛国简介》，《当代亚太》1995年第1期，第72页。

作用，加强了论坛在政治、安全等领域对外政策的协调与区域合作。太平洋岛国论坛前身为南太平洋论坛，成立于1971年，是南太平洋国家政府间加强区域合作、协调对外政策的区域合作组织，其宗旨是加强南太平洋地区各国在贸易、经济发展、航空、海运、电信、能源、旅游、教育等领域及其他共同关心问题上的合作与协调。① 自2006年始，各岛国以太平洋岛国论坛为平台，按照《太平洋计划》②的原则着手制定切实可行的发展规划以促进经济的发展、摆脱落后局面。虽然这些岛国都是岛小人少的国家，单个国家实力有限，但是它们在联合国大会上都拥有投票权，而且随着这些岛国政府间不断加强联系，整合国家资源，建立区域合作组织，共同协商应对国际问题，大大提高了这些岛国在国际社会的影响力，成为了国际社会上一股不可忽视的力量。近年来，中国政府也不断加强与这些岛国的联系，在政治、经济、外交等方面与岛国开展广泛合作。但是由于这些大洋洲岛国国家面积小、人口稀少，经济落后而且地理位置特殊，因而长久以来，我国对于这些岛国的研究非常有限，民众对这些岛国更是知之甚微。因此，本报告对与中国建立外交关系的大洋洲主要岛国斐济、汤加、瓦努阿图、巴布亚新几内亚、密克罗尼西亚国家的政治、经济、外交情况进行了较为系统的阐述，并对有关国家的政治经济和对外关系的发展趋向作了分析，希望能借此增强民众对这些大洋洲岛国的认识，从而为国家以后发展与这些岛国的国家关系提供参考。

一 斐济

（一）斐济国内政治情况介绍

1. 斐济政治党派介绍

斐济主要党派有统一斐济党、斐济工党、联合人民党、民族联盟党和民族联合党。统一斐济党于2001年5月成立，该党得到不少斐族基层群众和一些

---

① 王纲：《"中国－太平洋岛国经济发展合作论坛"简介》，《人民日报》2006年4月5日，第7版。
② 指导南太平洋地区未来10年发展的纲领性文件，2006年为该项计划实施的第一年。

商界人士的支持，主张在促进全国民族和解的同时更多地照顾土著斐族和罗图马族的利益，确保斐族拥有国家的最高权力。统一斐济党曾于2001年和2006年两次执政，2006年12月被政变推翻。斐济工党成立于1985年7月，该党是在各大工会支持下以印族为主体组成的多民族政党，主要代表中下层印族人利益，在广大印族蔗农、工会成员、部分知识分子和青年中影响较大。联合人民党于1998年成立，原名联合一般党，1999年大选前代表少数种族。2003年12月修改党章，决定向各种族开放并改为现名。民族联盟党主要代表印族中上层利益，成立于1963年，为斐济第一个印族人政党。民族联合党是斐济当前主要政党中最晚成立的政党，2005年4月成立，该党向各种族开放，主张消除种族政治，实现各种族平等。

2. 斐济政治制度介绍

斐济于1990年7月25日开始实行新宪法。1997年7月，斐济通过1990年宪法修正案，修改了有关歧视印族政治权利的条款，并于1998年7月正式实施。1999年5月，斐首次根据1997年宪法举行全国大选。2000年政变期间，1997年宪法被废除。2001年斐上诉法院判决该宪法仍有效，并得到大酋长委员会、伊洛伊洛总统等的承认。2006年12月5日，军队司令乔萨亚·沃伦盖·姆拜尼马拉马（Josaia Voreqe Bainimarama）宣布接管国家行政权力，并解散政府和议会。2007年1月，斐成立临时政府，姆拜尼马拉马任临时政府总理。2009年4月9日，斐济上诉法院宣布斐临时政府非法。10日，伊洛伊洛总统宣布废除宪法并解除所有法官职务、2014年9月前举行大选。11日，伊重新任命姆拜尼马拉马为总理。2009年11月5日，埃佩利·奈拉蒂考（Epeli Nailatikau）就任总统，2012年11月连任。

根据1997年宪法，斐济议会实行两院制，设众议院和参议院，任期均为5年。众议院是斐最高立法机构，共有71席，其中民族议席46席，按各自民族选区分别进行选举。除民族议席外，余下25席是开放议席，按选区自由选举产生。每5年举行一次大选。获议席最多的党组成多党派联合政府。拥有10%以上众议院席位的党有权参与组阁。参议院有32席，其中14席由大酋长委员会提名，9席由总理提名，8席由众议院反对党领袖提名，1席由罗图马岛酋长理事会提名，总统不参与提名，但最后都须经总统任命。2006年12月政变后，斐议会解散。大酋长委员会是历史上形成的斐族社会体系中的最高议政机构。根据原宪法和《斐济族人事务法》，该委员会经与总理协商后，提名和任命总统、副总统。

在司法方面，斐济设最高法院、上诉法院、高等法院和地方法院。最高法院由首席大法官和不超过 7 名法官组成。2009 年 4 月，伊洛伊洛总统解除了斐所有法院法官职务。截至 2009 年 5 月，伊洛伊洛总统任命了 5 名高等法院法官（包括首席大法官）、10 名地方法院法官。①

（二）斐济经济情况介绍

1. 斐济贸易政策介绍

斐济的贸易政策主要包括三个方面。

第一，积极参与双边贸易协定。主要贸易对象是最亲密的邻居和主要贸易伙伴，如与澳大利亚，太平洋岛国巴布亚新几内亚、汤加、库克群岛和瓦努阿图等的双边贸易协定。

第二，积极参与地区贸易协定。斐济致力于与其他国家（不一定在同一地理位置）结成合作伙伴关系，从而实现国家之间的贸易自由化。

第三，积极参与在世界贸易组织（WTO）主导下的多边贸易体制。该系统有助于在非歧视性、可预见性和透明的条件下扩大国际贸易自由化。

在过去的 10 年中，斐济一直保持贸易平衡。旅游业是斐济最大的收入来源，政府正致力于探索旅游部门和斐济农业部门之间的积极联系，鼓励国内粮食生产，以补充旅游产业。

斐济国内管理国家经济贸易的主要部门是贸易发展委员会（TDC），这是一个跨部门的委员会，委员会的成员主要来自外交部以及其他核心政府机构。虽然斐济目前已经有不少相关文件作为贸易和经济发展的战略计划，然而，这些文件大多相互重叠，缺乏协调一致以及整体的规划。因此斐济政府致力于制定一项全面的经济贸易政策，以指导斐济的未来经济发展，帮助实现其国家发

---

① 以上资料来源于中国驻斐济大使馆经济商务参赞处网站：http://fj.mofcom.gov.cn/aarticle/catalog/ddqy/201104/20110407507396.html，访问日期：2012 年 9 月 3 日。

大洋洲主要岛国的政治经济与外交：现状与展望

展目标。可以预期的是，该项经济贸易政策将会有助于斐济对外发展双边和多边关系，加强与所有贸易伙伴的互利交往。①

2. 斐济对外贸易基本情况介绍

斐济是南太平洋 14 个岛国中经济实力较强的国家之一。由于地理和历史原因，辐射市场主要为其他大洋洲岛国和澳、新。斐济除了是 WTO 成员，还是下述区域性贸易协定的成员：《美拉尼西亚先锋集团贸易协定》（Melanesian Spearhead Group Trade Agreement，简称 MSG）、《太平洋岛国贸易协定》（Pacific Islands Countries Trade Agreement，简称 PICTA）、《太平洋紧密经济关系协定》（Pacific Agreement on Closer Economic Relations，简称 PACER）、《临时经济伙伴协定》（Interim Economic Partnership Agreement，简称 IEPA）。

《美拉尼西亚先锋集团贸易协定》是巴布亚新几内亚、瓦努阿图、所罗门群岛等国签署的贸易协定。斐济 1998 年加入协定。另外，根据斐济 2009 年 12 月签订的《临时经济伙伴协定》，欧盟对斐济出口货物给予免税、免配额待遇，斐济则承诺在未来 15 年过渡期内对来自欧盟的 87% 的货物逐渐取消关税。② 斐济投资局负责人表示，2012 年 1~6 月斐济投资局共计收到 77 份投资申请，总额达 54610 万斐元，同比增长 22.22%。吸引投资最多的领域为农业及林业（占 39%），其次为房地产业（24%），旅游业（19%），服务业（6%）以及批发和零售业（6.5%）。矿产行业投资未计入统计数据。③

（三）斐济外交情况介绍

1. 斐济外交政策介绍

斐济主张，像斐济这样的发展中岛屿国家在国际政治经济舞台上可以扮演

---

① 以上资料来源于斐济外贸部网站：http://www.foreignaffairs.gov.fj/foreign-policy，访问日期：2012 年 9 月 3 日。
② 以上资料来源于中国驻斐济大使馆经济商务参赞处网站：http://fj.mofcom.gov.cn/aarticle/catalog/haiguan/201104/20110407507427.html，访问日期：2012 年 9 月 3 日。
③ http://fj.mofcom.gov.cn/aarticle/jmxw/201208/20120808314098.html，访问日期：2012 年 9 月 3 日。

重要的角色，并且希望与世界其他国家建立积极的关系。斐济在实行对亚洲的北望政策以及发展与太平洋论坛成员国、北美、欧盟以及亚洲的政治关系时注重培养本国的相关政治、经济和文化价值。斐济的外交政策也是基于斐济国民一直引以为傲的政治价值观，即尊重在贸易和政治事务上公平和正义的行为，促进环境保护的可持续发展方案。

在21世纪的对外关系中，斐济政府提出需要更加注重对其他国家经济、环境、人权、宗教和民族问题的关注。斐济外交政策的政治目的在于，实现国家的发展以及通过积极参与国际事务向外界展示斐济的外交政策，尊重国际条约，与友好国家以及国际组织发展富有成果的双边和多边外交关系。①

2. 斐济对外关系介绍

斐济是大洋洲主要岛国中外交较为活跃的国家，传统上受澳大利亚、新西兰的影响较大，同时保持与南太岛国的密切关系。近年来，斐济提出"北望"战略，积极发展同亚洲、中东各国的关系。斐济是联合国、英联邦、太平洋岛国论坛、世界贸易组织、太平洋共同体、美拉尼西亚先锋集团、非加太集团成员，与约70个国家建交，斐驻外使团有12个，外国常驻斐使团有20个。中国与斐济于1975年11月5日正式建立外交关系。斐济是南太平洋岛国中第一个与中华人民共和国建立外交关系的国家。②

2009年5月和9月，太平洋岛国论坛和英联邦分别宣布中止斐成员资格。2012年3月斐济政府称，如果太平洋岛国论坛继续中止斐济参会资格，斐济将被迫考虑退出该组织。同时，斐济将考虑退出《太平洋岛国贸易协定》（PICTA），正在与欧盟进行的《经济贸易伙伴协定》（EPA）的谈判也会受到影响。此前，斐济已退出《太平洋地区更紧密经济关系协定》。③

---

① 以上资料来源于斐济外贸部网站：http://www.foreignaffairs.gov.fj/foreign‐policy，访问日期：2012年9月3日。
② http://fj.mofcom.gov.cn/aarticle/catalog/ddqy/201104/20110407507404.html，访问日期：2012年9月3日。
③ http://vu.mofcom.gov.cn/aarticle/jmxw/201209/20120908343515.html，访问日期：2012年9月3日。

二 汤加

(一) 汤加国内政治情况介绍

1. 汤加政治制度介绍

目前汤加有五个主要政党：友好岛屿民主党、汤加民主工党、人权和民主运动、可持续的国家建设党、人民民主党。但是汤加王国是大洋洲许多岛国中唯一古老的王国，它的政治制度与其他岛国不一样。它有世袭的国王，国王掌握军政大权，其权力远远大于欧洲的立宪君主。议长、内阁大臣和外岛的两名行政长官等高级官员均由国王任命。社会分王族、贵族和平民3个阶层。汤加的议会采取一院制，由全体内阁成员、9名贵族议员和9名平民议员组成，每3年举行一次大选。贵族议员由所在选区贵族选举产生，平民议员由所在选区普选产生，议长由国王在贵族议员中任命。议会每年5~11月举行会议。国王有权召开或解散议会，议会通过的法案需经国王批准方能生效。汤加现行宪法最早于1875年颁布。宪法规定政府由三部分组成：国王统辖的枢密院和内阁、立法会、司法机构。司法方面，汤加设有上诉法院、高等法院、土地法院和地方法院。上诉法院首席法官和其他法官均由国王任命。

2012年4月19日，政府承诺继续保持国家的发展势头，精简公共服务和执行改革方案，以实现更有效、更高效和负担得起的公共服务。为此，新内阁修订了14个部委的政府结构，涉及的政府职能包括了外交、经济贸易、国家规划、警察、监狱和消防服务、健康、教育与培训、工商及旅游、农业，食品，森林和渔业、基础设施、土地，环境，气候变化和自然资源等方面。①

2. 汤加政府2011~2014年战略发展计划框架介绍

汤加政府《2011~2014年战略发展计划框架（草案）》由汤加国家计划与财政部起草制定，澳大利亚政府和澳援署（AusAID）为此提供了资金和技术协助。该框架描述了未来4年汤加的发展远景，包括7大目标、4个实施要

---

① 以上资料来源于汤加政府网站：http://pmo.gov.to/government/local-government/3722-new-government-structure-on-track-for-1-july-2012，访问日期：2012年9月3日。

求和39个具体策略，具体如下。

目标一：建设更有包容性的社会，共享发展成果。

策略：通过本地社区制定和实施外岛和郊区发展项目，消除性别歧视，增加对老年人和弱势群体的慈善照顾，增加青年就业。

牵头单位：议会，首相府，国家计划与财政部，卫生部，教育、妇女和文化部，培训就业和青年体育部，农业部，警察部，旅游部。

目标二：加强政府和私有部门的联系与互动，促进经济增长。

策略：维护宏观经济稳定，为私有部门创造更良好的发展环境，增加旅游和农渔业的产出，增加侨汇和季节性劳工数量。

牵头单位：劳动、商务和工业部，农业部，旅游部。

目标三：实施"国家基础设施投资计划"，加强基础设施规划、建设和维护。

策略：加强对道路、港口和机场的建设；增加航空和海运服务业的竞争；提高运输安全规范；推动通信行业提高服务质量，加强地域覆盖，提高信息获得能力；选择传统或可再生能源，向社会提供更可靠、有效和低成本的能源；提高垃圾回收和处理水平；使所有社区都能获得清洁水源；加强整个基础设施的提供和维护水平。

牵头单位：交通部、工程部、旅游部、通信部、卫生部、土地资源部、公共企业部、环境和气候变化部。

目标四：提供技术和职业教育培训，提高全民教育水平尤其是就业技能水平。

策略：继续抓好中小学教育，发展海员技能、橄榄球技能等技术或职业教育。

牵头单位：教育、妇女和文化部，培训就业和青年体育部，卫生部（护士学校），国防军，警察部，消防局，监狱。

目标五：提供高质、高效和可持续的医疗服务，减少传染病，提高全民医疗卫生水平。

策略：健全包括中央医院、区域医院和社区诊所在内的医疗卫生服务体系和网络，推进预防疾病项目。

牵头单位：卫生部、培训就业和青年体育部。

目标六：建立有关程序和咨询机制，将文化意识、环境可持续性、减少灾害、应对气候变化等纳入各类项目的计划和实施中。

策略：保护文化传统；减少资源使用和垃圾排放，保持环境可持续发展；增强应对气候变化能力和灾害风险管理能力。

牵头单位：环境和气候变化部、工程部、国防军、警察部、消防局、土地资源部、交通部。

目标七：增强透明度、反腐、加强法治建设等，提高政府治理水平。

策略：实施宪政改革；加强反腐和法治建设；加强司法。

牵头单位：国王法律办公室、国防军、警察部、审计署、消防局。

为促成上述目标的达成，汤加政府提出，要持续进行立法和行政体制改革，将更多的职能让渡给私有部门，采取信息技术提高政府管理的透明度，实施税收体系改革，增强国有企业能力，并与援助方和发展伙伴加强合作。汤加政府将在本框架基础上细化制定出最终的战略发展计划。①

（二）汤加经济情况介绍

汤加的经济体制以农业为主，工业不发达，而且生产力水平低，经济发展落后，严重依赖外援。农业、渔业和旅游业是国民经济的三大支柱，但长期以来未能有效开发。近年来，为了有效刺激经济发展，汤加政府出台了鼓励工业和旅游业的投资政策，并鼓励发展私营企业和通信技术，以创造就业机会。但是由于受到国际金融危机给汤加经济带来的持续负面的影响，导致了汤加近年来侨汇减少，旅游收入恢复缓慢，居民收入下降，国内消费不振，财政收入锐减，汤加政府对国外的经济援助十分依赖。

2011年12月27日，汤加首相图伊瓦卡诺在公开讲话中表示，为推进汤加政治经济发展，汤加政府拟于2012年上半年实行政府机构改革，将现有较庞大的政府部门体系精简为只有13个部门组成的"大部制"政府，改革政府机构管理流程，改变工作氛围，提升政府工作效率，以适应国家行政管理和压缩财政支出的需要。②

---

① 以上资料来源于中国驻汤加大使馆经济商务参赞处网站：http://to.mofcom.gov.cn/aarticle/ddfg/waimao/201105/20110507574188.html，访问日期：2012年10月7日。

② http://to.mofcom.gov.cn/aarticle/jmxw/201201/20120107934447.html，访问日期：2012年10月7日。

(三)汤加外交情况介绍

1. 汤加外交政策介绍

汤加与 43 个国家建立了外交关系,澳大利亚、新西兰、英国和中国等国在汤加首都设立了大使馆。汤加在英国设有高专署,在美国旧金山设有领馆。汤加是联合国、英联邦、太平洋岛国论坛、太平洋共同体、国际民航组织、亚洲开发银行、世界银行、国际货币基金组织等的成员。汤加关心地区安全与稳定,支持美澳新军事联盟和美在太平洋地区发挥主导作用。汤加积极参加地区合作,主张建立南太平洋无核区,但尚未签署南太无核区条约。

2. 汤加主要对外关系介绍

首先,汤加政府积极发展与其他国家的外交关系,不断与其他国家的政府高层实现互访。汤加大使在向胡锦涛主席提交国书时称他期待着与中国政府合作,促进两个发展中国家之间的互利合作。① 匈牙利共和国总统特使以及乔治·冯·哈布斯堡王子也对汤加首都努库阿洛法进行了为期两天的访问,致力于推动两国关系。② 汤加国王乔治·图普五世陛下会见美国常务副国务卿托马斯时,美国赞扬汤加正向一个更全面的民主社会发展,其民间社会也不断朝着充满活力的积极方向发展。③ 汤加首相对新西兰进行为期四天的访问。在新西兰,汤加首相还与新西兰外交贸易部长议员麦卡利举行了双边会谈。④

其次,南太平洋共同体(SPC)秘书处将在汤加设立一个分区域办事处,以应付气候变化和环境问题。包括汤加在内的 16 个国家出席了在奥克兰举办的第 42 届太平洋岛国论坛领导人会议。论坛会议将讨论全球经济危机对该地区的影响、气候变化问题、地区安全问题以及贸易问题等太平洋岛国面临的挑战。⑤

---

① http://pmo.gov.to/international - relations/credentials - presentations,访问日期:2012 年 10 月 7 日。
② http://pmo.gov.to/international - relations/112 - state - visits/2909 - prince - georg - von - habsburg - of - the - republic - of - hungary - visits - nukualofa,访问日期:2012 年 10 月 7 日。
③ http://pmo.gov.to/international - relations/112 - state - visits/2848 - meeting - of - his - majesty - the - king - with - us - deputy - secretary - nides,访问日期:2012 年 10 月 7 日。
④ http://pmo.gov.to/international - relations/112 - state - visits/2835 - prime - minister - completes - new - zealand - state - visit,访问日期:2012 年 10 月 7 日。
⑤ http://pmo.gov.to/international - relations/124 - pacific - forum/2883 - tonga - to - attend - 42nd - pacific - islands - forum - in - auckland,访问日期:2012 年 10 月 7 日。

三 瓦努阿图

(一)瓦努阿图国内政治情况介绍

瓦努阿图国内主要政党有瓦努阿库党、温和党联盟、民族联合党、美拉尼西亚进步党以及共和党。瓦努阿图现行宪法是在1979年制定的,1980年生效。宪法规定:总统由议会和地方委员会主席组成的选举团(总计57人)选举产生,任期5年。立法权归议会,行政权归部长会议。总理由议会选举产生,内阁部长由总理任命。瓦努阿图议会采取一院制,共52席,任期4年。每年举行两次例会。

总理办公室是瓦努阿图最重要的政府机构,主要为总理、理事会部长会议(COM)、中央机构委员会(CAC)和发展委员会的官员(DCO)提供高层次的政策规划和行政支持。总理办公室具体职能包括了向总理提供政策咨询;向DCO,COM和CAC提供有效的秘书处支持;有效协调和执行政府政策;实现高效率和有效的管理办法;有效获取,分配和管理资源;此外,总理办公室负责所有政府政策的有效监测和评价,并保持与伙伴国更紧密的关系与合资合作战略。① 近年来,瓦努阿图政治较为稳定,政府致力于建立一个团结、稳定、繁荣和治理良好的国家。

(二)瓦努阿图经济情况介绍

1. 瓦努阿图经济政策以及主要产业介绍

2011年瓦努阿图经济加速增长,全年实现名义GDP约7.31亿美元,较上年增长5.2%。为了保持、促进经济的持续发展,瓦努阿图出台基础设施战略投资规划以及新能源建设规划。首先,在基础设施战略投资规划方面,2012年3月瓦努阿图政府出台了未来10年基础设施战略投资规划。规划内容涉及

---

① http://www.governmentofvanuatu.gov.vu/index.php/government/foreign - affairs,访问日期:2012年10月7日。

道路、机场、港口、码头、能源、供水、通信等领域，总计67个项目，涉及金额约10.5亿美元，其中新建维拉港国际机场投资金额约3.5亿美元，为单个投资金额最大的项目。所有项目均由中央政府或地方政府提出，并通过瓦努阿图战略优先行动纲领（PAA）、远期规划和近期行动计划（PLAS）、瓦千年发展目标（MDGs）等战略规划审核，并从经济、环境、社会效益、技术可操作性等方面对各个项目打分，作为今后基础设施建设优先次序的重要参考。①

另外，瓦努阿图也大力推动新能源建设。2012年9月，Unelco（瓦努阿图唯一的国家级电力公司，在电力行业占据垄断地位）介绍，2012年8月，瓦新能源项目发电量占全国发电总量的20.25%，其中，风能发电623兆瓦时，占13.4%，利用椰油发电311兆瓦时，占6.7%，太阳能发电10兆瓦时，占0.2%。通过新能源建设，2012年1至8月，替代了价值110万美元、相当于瓦同期进口量10%的石油，带动基础电价降低4.5%，减少二氧化碳排放2600吨。②

2011年，瓦努阿图实际GDP增长率达4.3%，较2009年、2010年有所上升，其中工业部门受建筑业增长带动，继2010年下滑后实现了10.3%的强劲反弹，成为拉动瓦经济增长的主要部门，旅游业为主的服务业增长3.6%，农业增长2.9%，农业、工业和服务业产值比例约为21∶11∶68。2011年，受国际大宗物品价格上涨影响，瓦主要出口物资价格继续上涨，带动农业增长2.9%，实现GDP 1.53亿美元。服务业在瓦经济中占据重要地位，2011年瓦服务业创造GDP约5亿美元，同比增长3.6%，低于近年平均水平，占GDP总额的68.3%。其中，批发零售、公共服务对GDP的贡献率分别为15%、12%，交通运输、通信、金融、房地产和餐饮住宿等分别占4%~7%。瓦支柱产业旅游业保持稳定增长，2011年全年接待外国旅客共计24.1万人次，较2010年增加3300人次。

2. 瓦努阿图对外贸易情况介绍

瓦努阿图政府鼓励国家的对外贸易，国家设立对外贸易部，在国家对外政

---

① http：//vu.mofcom.gov.cn/aarticle/ddgk/zwjingji/201203/20120308034127.html，访问日期：2012年10月7日。

② http：//vu.mofcom.gov.cn/aarticle/jmxw/201209/20120908340226.html，访问日期：2012年10月7日。

治和经贸关系方面向政府提供意见,以及负责多边贸易协定的实施、管理和操作。瓦努阿图还积极发展旅游、投资和工商业,通过协调本地和外国投资者的关系促进投资、贸易、旅游等产业的发展。

政府促进投资和贸易的政策主要是:

(1) 促进和推动岛屿间的贸易和相互投资;

(2) 开发出口贸易,在瓦努阿图能力范围内参加区域和国际贸易协定,促进贸易自由便利化;

(3) 促进和推动外国投资者在瓦努阿图投资;

(4) 促进旅游业发展;

(5) 促进加工制造业发展。

通过实施上述的贸易政策,瓦努阿图的对外贸易自2011年以来取得了很大发展。根据瓦努阿图国家统计局及瓦努阿图储备银行的统计数据,2011年瓦贸易总额约3.53亿美元,同比增长3.5%。全年进口额约2.89亿美元,与上年基本持平。其中,以食品为主的日用消费品进口额5917万美元,同比增长12.7%,占进口总额的20.5%;机电产品进口5875万美元,同比下降21.2%,占进口总额的20.3%;石油等矿物燃料进口达5162万美元,同比增长38.8%,占进口总额的17.8%;制造业产品进口额3785万美元,较上年略有下降,占进口总额的13.1%;化工产品进口2948万美元,与上年持平,占进口总额的10.2%。对瓦出口前五名的国家依次是澳大利亚、新加坡、新西兰、中国和斐济。

受主要出口产品价格上涨影响,2011年瓦出口总额6426万美元,同比上涨28%。出口产品以椰油、椰干、牛肉、卡瓦、可可等农副产品为主,前五大产品出口市场分别为新西兰、澳大利亚、新喀里多尼亚、日本和欧盟。2011年瓦贸易逆差约2.25亿美元,比上年减少0.16亿美元,占全年GDP总量的30.8%。

3. 瓦努阿图财政与外债情况介绍

2011年瓦财政收入约1.63亿美元,略低于2010年,其中增值税、进口关税等税收收入约1.25亿美元,同比增长11.6%,约占全年财政收入的76.3%;非税收收入约1200余万美元;接受国际援助约7000万美元,占当年

GDP 的 9.6%。2011 年瓦财政支出总额为 1.8 亿美元，经常性财政支出为 1.48 亿美元（其中政府人员工资及补贴 8652 万美元，消费物资和服务 4949 万美元，补贴和转移支付约 2248 万美元，分别占经常性财政支出的 48.1%、27.5% 和 12.5%），发展性财政支出约为 3173 万美元，同比减少 33%。2011 年，瓦财政赤字约 1642 万美元，比上年有所减少。截至 2011 年末，瓦内外债总额达 1.47 亿美元，占 GDP 的 20%，其中外债 1.07 亿美元，占 GDP 的 14.6%。瓦双边外债约 4000 万美元，多边外债约 7000 万美元。多边外债主要来自亚洲开发银行（ADB）、欧洲投资银行（EIB）、世界银行国际开发协会（IDA）提供的援助性优惠贷款。

4. 瓦努阿图经济前景预测

据亚洲开发银行预测，2012 年瓦 GDP 可望增长约 4.5%，2013 年约 5%。瓦政府 2012 年度战略发展报告预测，2012 年瓦 GDP 增长 4.6%，其中农业部门增长 2.1%，工业部门 13.8%，服务业 3.7%，预计未来几年由私人投资的住宅和商业地产将快速发展，工业会成为瓦经济发展的主要引擎。通货膨胀压力将有所抬头，未来几年将维持在 4% 左右；贸易逆差将持续扩大；预计 2012 年瓦财政收入占 GDP 的 26.5%，财政支出占 GDP 的 27.7%；内、外债累计约 1.49 亿美元，占全年 GDP 的 19.3%。① 自 2003 年以来，瓦努阿图经济连续 9 年实现增长。近年来，瓦努阿图政府一直致力于为私营经济发展创造良好环境，这一努力也逐步取得成效。

（三）瓦努阿图外交情况介绍

1. 瓦努阿图外交战略介绍

瓦努阿图的外交战略目标在于维护瓦努阿图人民的利益、维护国家主权，推动瓦努阿图积极参与国际社会活动，以实现瓦努阿图的基督教价值观，并珍惜瓦努阿图的美拉尼西亚文化，尊重文化的多样性，建立瓦努阿图透明的政治原则，保障瓦努阿图廉洁法治的政治环境以及社会的公平和公正。为此必须实

---

① http://vu.mofcom.gov.cn/aarticle/ddgk/zwjingji/201204/20120408071866.html，访问日期：2012 年 10 月 7 日。

现如下五个目标。

第一，树立瓦努阿图在国际上的正面形象，与其他国家保持健康的关系。政策手段是建立瓦努阿图明确的外交政策，并承担其国际责任，改善以及扩大对外关系，加入有关的双边和多边公约，坚持国际承诺，履行双边和多边义务。建立连贯的国家外交政策框架，与具有战略利益的国家建立外交关系。

第二，建立有道德的、专业的和高效执行力的外交部门，制定人力资源发展规划，加强外交服务机构建设，有效地规划和管理内部的人力资源，为外交政策和立法审查服务。

第三，通过发展合作计划创造机会，与发展合作伙伴洽谈合作协议，增强互惠互利关系。

第四，为瓦努阿图海外旅行或居住者提供有效的领事援助，制定国家领事政策框架。

第五，为海洋划界、大陆架管理等制定有关法律和进行必要的技术准备。为此与有关国家进行有效的谈判，与周边国家和国际地质科学组织合作，与联合国机构和国际组织密切合作，最终批准瓦努阿图划定的海上边界条约，以保障瓦努阿图的领土主权。①

2. 瓦努阿图对外关系介绍

首先，瓦努阿图在对外关系方面积极发展与其他国家的关系，尤其是自2012年以来，瓦努阿图不断深化与日本的国家关系，两国在许多方面都开展了相关合作并取得了很大进展。2012年6月，瓦努阿图和日本在维拉港签署了关于日向瓦提供49.45亿日元（合6259万美元）贷款和13.99亿日元（合1770万美元）援款的协议。其中，贷款主要用于维拉港国际码头建设项目。这也是日本首次向瓦努阿图提供日元贷款，此前，太平洋地区共三个国家曾从日本获得此类贷款，分别为斐济、巴布亚新几内亚和萨摩亚。②

其次，瓦努阿图也十分重视发展与国际组织的关系，积极参与到相关国际

---

① 以上资料来源于瓦努阿图政府网：http://www.governmentofvanuatu.gov.vu/index.php/government/foreign-affairs，访问日期：2012年10月7日。

② http://vu.mofcom.gov.cn/aarticle/jmxw/201206/20120603188530.html，访问日期：2012年10月7日。

组织的课题项目中，提高自身应对国际问题的能力。2012年4月24日，瓦努阿图议会批准了瓦政府提请审议的关于加入《建立世界知识产权组织公约》《粮食和农业植物资源国际条约》《国际可再生能源组织条约》和《保护文学和艺术作品的伯尔尼公约》的议案。① 此外，2011年6月在布鲁塞尔举行的非加太－欧盟理事会第36届部长级会议上，与会国代表一致同意并确认，由瓦努阿图举办2012年理事会第37届会议。现任非加太－欧盟部长理事会主席表示，当前非加太－欧盟联委会的发展遇到重大挑战和困难，在瓦努阿图这样的非加太小国举办第37届会议意义重大。

四　密克罗尼西亚

（一）密克罗尼西亚政治情况介绍

密克罗尼西亚是太平洋三大岛群之一，有"小岛群岛"的意思，主要包括马里亚纳群岛、加罗林群岛、马绍尔群岛、吉尔伯特群岛、巴纳巴岛和瑙鲁岛等，岛屿多而小，有2000多个，但总面积只有2700多平方公里。密克罗尼西亚现行宪法是在1979年5月10日通过并生效的。根据宪法规定，总统为国家元首，也是政府首脑，由国会议员从国会4位4年期议员中选举产生。国会采取一院制，由来自4个州的14名议员组成，其中10名议员任期2年，其他4名为任期4年的"全任期"议员。政府各部部长由总统提名，国会批准后组成联邦内阁。此外，在司法方面，密克罗尼西亚设有最高法院、州法院。

（二）密克罗尼西亚经济情况介绍

1. 密克罗尼西亚经济体制介绍

密克罗尼西亚经济落后，绝大多数人的经济生活以村落为单位。主要生产椰子、胡椒、芋头等农产品。渔业资源丰富，尤以金枪鱼最为著名。密克罗尼

---

① http://vu.mofcom.gov.cn/aarticle/jmxw/201204/20120408090704.html，访问日期：2012年10月7日。

西亚基本上没有工业,粮食及生活日用品均靠进口。国家经济长期严重依赖外援,国内缺乏有效的市场机制和良好的投资环境,经济发展缓慢。密在国家经济发展规划中把农业、渔业、旅游业作为经济的"三大支柱",旨在促进经济全面发展。目前密克罗尼西亚正大力鼓励私有经济的发展以改变国家经济发展落后的局面。

2. 密克罗尼西亚对外贸易与经济合作情况介绍

密克罗尼西亚进出口贸易严重失衡,逆差很大。2006年密进出口总额为1.29亿美元,出口总额只占进口的20%左右。密克罗尼西亚出口产品主要是农产品,如椰干、胡椒和海产品。近年来,海产品在密克罗尼西亚出口中的比重日渐增加,进口产品主要为机械、汽车、食品、工业制成品、燃油等。

密克罗尼西亚制定的国家出口战略的最终目标是促进产品出口,减少贸易赤字,减少贫困。2011年2月7日至11日,密克罗尼西亚联邦政府在密联邦丘克州举办了以"克服增长障碍,重振密克经济"为主题的全国经济研讨会。研讨会集中讨论了当时密经济发展中存在的问题与挑战,并就如何采取措施应对挑战进行了深入探讨。① 此外,在2012年7月31日,密政府与海外渔业合作日本基金会签署了一份关于渔业发展援助太平洋岛国的谅解备忘录,这个援助计划旨在执行技术转移以及帮助密维修和保养与渔业相关的设施。②

(三)密克罗尼西亚外交情况介绍

1. 密克罗尼西亚外交政策介绍

密克罗尼西亚外交政策内容主要包括:以和平、友谊与合作作为其发展对外关系的指导原则,争取国际社会的广泛承认,树立密独立主权的形象;谋求国际经济技术援助。截至2004年4月,密已同54个国家建交。密是太平洋岛国论坛、太平洋共同体、太平洋岛屿发展计划、太平洋椰子共同体、亚太广播联盟、亚太经社理事会、亚洲开发银行、国际民航组织、世界卫生组织和国际

---

① http://fm.mofcom.gov.cn/aarticle/jmxw/201102/20110207402522.html,访问日期:2012年10月7日。
② 以上资料来源于密克罗尼西亚政府网站:http://www.fsmgov.org/press/pr073112.htm,访问日期:2012年10月7日。

奥委会等19个国际和地区组织的成员。1991年7月和1998年8月，密成功举办了第22届和第29届太平洋岛国论坛会议和会后对话会。1991年9月，密被接纳为联合国成员。1997年9月，密主办了南太地区环境规划署（SPREP）第6次会议。

2. 密克罗尼西亚对外关系情况介绍

近年来，密克罗尼西亚不断加强与其他主要国家的外交关系，主要对象包括了本地区的大洋洲国家以及其他地区的大国，增加了与这些国家间的高层互访，提高了国家间相互合作共同应对全球性问题的能力。例如，自2012年以来美密之间已经实现了多次政府高层互访。2012年9月14日，密副总统以及外交部长慰问于9月初遭遇恐怖袭击的美国大使馆。[1] 同年，美助理国务卿坎贝尔和太平洋舰队司令塞西尔上将率团对密克罗尼西亚的波纳佩进行了为期两天的访问，坎贝尔表示这次访问的目的是加强美国对该地区的承诺。[2] 2012年7月4日，密副总统参加美国第236周年独立庆祝活动。密副总统发表讲话称两国人民悠久的历史关系在两国建立正式关系之前就已经存在，这点也被写入了契约自由协会条约。

另外，密克罗尼西亚也重视与邻国澳大利亚的太平洋伙伴发展关系，双方在2011年就已经签署了双边伙伴关系协定。密澳两国之间的这个太平洋伙伴发展关系旨在促进两国共同努力应对两国发展过程中存在的问题以及帮助提高密克罗尼西亚人民的生活水平。[3]

综上所述，本报告对大洋洲主要岛国斐济、汤加、瓦努阿图、密克罗尼西亚国家的政治、经济和外交的现状及发展趋向进行了系统的阐述。这些大洋洲岛国获得独立后大多处于欠发达状态，经济结构单一，财政拮据，国家间缺乏合作。长期以来，这些大洋洲岛国都处于世界政治经济舞台的边缘地带，被认为是"太平洋最偏僻的地区"。[4] 但是，面对国际政治经济形势日益严峻的挑

---

[1] 以上资料来源于密克罗尼西亚政府网站：http：//www.fsmgov.org/press/pr091412.htm，访问日期：2012年10月7日。
[2] http：//www.fsmgov.org/press/pr080512.htm，访问日期：2012年10月7日。
[3] http：//www.fsmgov.org/press/pr050312.htm，访问日期：2012年10月7日。
[4] 郭春梅：《南太平洋的大国博弈》，《世界知识》2012年第20期，第32~33页。

大洋洲主要岛国的政治经济与外交：现状与展望

战，为了扭转经济落后的局面，大洋洲岛国政府开始采取各项措施，发展多样化经济，制定切实可行的经济政策，改善投资环境以吸引外资。同时，虽然大部分大洋洲岛国拥有丰富的自然资源，但是长期以来资源不能得到有效利用，还面临过度开采的问题，因此岛国政府开始重视资源管理，制定有效利用资源的相关政策从而实现本地区资源的可持续开发。在应对国际问题上，这些大洋洲岛国也深刻认识到需要加强区域内国家间合作，利用地区国际组织的力量，向世界发出统一的声音，增强岛国在国际社会的影响力，从而维护自身国家利益。这些大洋洲岛国有12个是联合国会员国，在国际问题上拥有投票权，而且随着岛国之间不断加强联系，相互协调国家对外政策，在对国际问题进行表决时逐渐发展成一股不可忽视的力量。近年来，中国与大洋洲岛国间政府高层往来频繁，政治互信不断深化，同时中国在大洋洲岛国的投资项目涵盖了基础设施建设、农业、渔业、交通、通信、卫生、人员培训、可再生能源等各个方面，中国与大洋洲岛国的关系保持了良好的发展态势。因此，我们需要加强对大洋洲岛国的社会、经济、财政、税收政策、矿业政策、环保政策和国际合作政策等方面的综合系统研究，从而最终为国家发展与大洋洲岛国的友好关系提供有意义的参考。

The Politics, Economics and Foreign Affairs of Critical Pacific Island Countries

Ye Haohao

Abstract: This report elaborates the politics, economy and diplomacy of the Oceania islands, mainly including Fiji, Tonga, Vanuatu, Papua New Guinea and Micronesia and so on during 2011 -2012. Besides, it also analyzes the development trend of the politics, economy and external relations of these countries.

Key Words: Pacific Island States; Politics, Economy and Diplomacy; Status Quo; Trend

中国与大洋洲地区关系篇

China-Oceania Relationship

B.14
中澳关系面面观[*]

喻常森　常晨光

摘　要：

中澳关系是亚太地区最重要的双边关系之一。自正式建交40年来，两国关系发生了戏剧性的变化。从建交前的相互对抗、隔离状况，到目前的经济上高度融合、互利互惠关系的形成，可谓是翻天覆地。但是，由于两国的主流文化价值观、社会制度及安全战略存在较大的差异性，致使两国的经济关系与政治、军事安全关系发展不平衡。为此，中澳两国政府必须认真总结经验教训，承认差距，照顾彼此的关切，扩大合作。当前亚太格局正在经历重大调整，给中澳两国关系发展带来了新的机遇和挑战。未来，精心维护中澳两国关系的良性发展，符合两国人民的切身利益和地区的和平稳定大局。

---

[*] 原载常晨光、喻常林、曾筱龙编《中澳关系大趋势：利益共同体的建构与展望》，中山大学出版社，2012。

关键词：

中澳关系　正式建交　相互依赖　合作与竞争

中华人民共和国政府与澳大利亚联邦政府于1972年12月正式建交，至今40周年了。中澳关系在这40年间发生了重大的变化。特别是在进入21世纪以后，两国在对方的对外战略中地位明显上升。随着近年来中澳两国经济贸易关系的飞速发展，两国之间的相互依存程度日益加深。目前，澳大利亚是中国主要的外部能源供应地，中国是澳大利亚最大的对外贸易伙伴。两国均从这种产业分工中获得极大的比较利益。但是，由于中澳两国存在着明显的主流传统价值观和政治文化差异性，反映在对外政策问题上有着各自不同的理解和考虑。随着中国的崛起以及亚太格局的调整，中澳关系也处于重要的调整和转换时期。未来发展既取决于国际格局的变化，也取决于两国政治家对共同利益的认知以及对分歧的妥善处理。本文将通过简单的历史回顾，重点从政治、经济和军事安全等三个方面透视中澳关系的现状与特点。

一　政治上：从相互隔离到相互调适

20世纪70年代初，中澳成功实现建交，这既是中国和平共处外交战略的实际运用，也是澳大利亚外交政策重大调整的结果。

从20世纪50年代至60年代中期，中国与澳大利亚分属东方和西方两个不同的冷战阵营，双方采取针锋相对的外交政策。在中国官方的宣传报道中，倾向于将追随美国的澳大利亚政府称作"美帝国主义的反动走狗"，并在舆论上支持澳大利亚共产党的活动。澳大利亚联邦政府则与盘踞在中国台湾地区的"中华民国政府"保持官方外交关系，与大陆地区的中华人民共和国则处于政治隔离状态。

20世纪60年代中期以后，中国由原来的社会主义阵营中的重要支柱国家演变为奉行独立自主外交政策的中间力量。中苏由意识形态盟友走向明显分

裂,西方国家认识到社会主义阵营并非铁板一块。此后,中国的外交政策表现出更大的灵活性与多元化,从而给中国与西方国家的接触以及关系的正常化打开了大门。1971年10月,中华人民共和国恢复在联合国的合法席位。1972年春天,美国总统尼克松访华,两国签署了《联合公报》。新中国国际地位的提高和中美关系的缓和,极大地消除了西方及部分周边国家对中国的敌意和怀疑,新中国迎来了一个新的建交高峰。澳大利亚及时把握住这一有利时机,积极开拓与中国的关系。

而此时,澳大利亚也正在经历一次内政外交政策的重大转向。1971年英国签署加入欧共体条约以后,逐步取消了英联邦特惠制,① 使传统上依靠英联邦市场的澳大利亚经济受到严重影响。1971年7月,应中国人民外交学会邀请,澳大利亚工党领袖高夫·惠特拉姆率领的澳大利亚工党代表团对中国进行了历史性的访问,受到了中国国务院总理周恩来、外交部长姬鹏飞、外贸部部长白相国和中国人民外交学会会长张奚若等的友好接待。在1972年的大选中,工党击败自由党-国家党联盟而实现组阁,惠特拉姆成为澳大利亚新总理。惠特拉姆执政后,首先废除了推行半个多世纪的"白澳政策",实行开放平等的移民政策,这是一个向包括中国在内的广大亚洲国家示好的重大举措。随即,澳大利亚在经济上加速向亚洲靠拢,在外交上加强与亚太国家的联系。在这个背景下,中澳建交乃是大势所趋。

1972年12月21日,中国驻法国大使黄镇与澳大利亚驻法国大使雷诺夫分别代表两国政府签署了《中澳关于建立外交关系的联合公报》,宣布两国建立正式外交关系。《建交公报》指出:"(中澳)两国政府同意,在互相尊重主权和领土完整、互不侵犯、互不干涉内政、平等互利和和平共处的原则的基础上,发展两国之间的外交、友好和合作关系。""澳大利亚政府承认中华人民共和国政府是中国的唯一合法政府,承认中国政府关于台湾是中华人民共和国的一个省的立场,并决定于一九七三年一月二十五日前从台湾撤走其官方代表

---

① 帝国特惠制,是指英国和英联邦其他成员国间在贸易上相互优待的制度。1932年在加拿大渥太华英帝国会议上制定。主要内容是:对成员国间的进口商品,相互降低税率或免税;对成员国以外的进口商品,则征高额关税,以阻止美国及其他国家势力渗入英联邦市场。后改称英联邦特惠制。

中澳关系面面观

机构。"① 1973年4月24日,澳大利亚首任驻中华人民共和国特命全权大使斯蒂芬·菲茨杰拉德向中华人民共和国代主席董必武递交了国书。5月17日,中华人民共和国首任驻澳大利亚特命全权大使王国权向澳大利亚总督保罗·哈斯勒克递交了国书,中澳两国完成了建交程序。1973年10月,澳总理惠特拉姆对中国进行正式访问。周恩来总理亲自主持会谈,毛泽东主席和邓小平副总理分别会见了澳大利亚代表团一行。

建交以后,中澳两国签署了一系列促进经济文化交流与合作的协定,双方关系发展比较平稳。但是,两国由于传统文化差异、政治制度分野以及现实国际政治结构的制约,难以迅速成为志同道合的朋友,在政治上经历了一个相互调适的过程。

中国是一个以儒家文化为主体文化价值观的东方大国,儒家文化主张集体主义、等级观念、尊崇权威。而澳大利亚是属于西方盎格鲁－撒克逊文化的继承者,主张实用主义、竞争意识、权利意识与平等思想。在政治制度上,中国是共产党领导的社会主义国家,而澳大利亚则继承了英国式的君主立宪之下的议会民主制,多党制在实际政治生活中体现为两党轮流执政。中澳两国在民主、人权、宗教自由等方面有着不同的理解和观念分歧。由于两国主体价值观和政治理念差异而导致的现实政策冲突是中澳关系历史上最突出的深层次本质问题。双方都试图在平等基础上开展友好对话,但是分歧和摩擦难以在短期内消弭。例如,在澳大利亚的要求下,从1997年开始,中澳建立人权对话论坛,目前已经举行了13届。在人权问题上,中国始终认为,人权必须建立在各国人民基本的生存与发展状况基础之上,而且必须与整个国家的经济社会发展水平相适应。澳大利亚主张天赋人权观,把政治平等与宗教自由看成是最崇高的人权,而且,倾向于认为人权高于主权。正是由于这些基本价值判断的差异,澳大利亚政府允许中国西藏分裂分子达赖喇嘛以宗教人士的身份、允许新疆分裂分子热比娅以政治民主派人士身份访问澳大利亚。而中国坚持认为澳大利亚政府这样做,是在纵容中国的分裂势力,是对中国内政的严重干涉和不友好行

---

① 《中澳关于建立外交关系的联合公报》,《人民日报》1972年12月23日。同日,中国与新西兰建立外交关系。

为，因而对澳大利亚提出强烈批评。相应地，中国对澳大利亚的这些指责，又反过来被澳大利亚认为是对它的内政的干涉，因为，澳大利亚认为，它有权决定怎么做和不怎么做。另外一个典型事例是，2008年4月，澳大利亚总理陆克文访华期间，自告奋勇地提出要做中国的"诤友"，① 提出双方进行开诚布公的政治对话，但并没有得到中国方面的积极反应。中国倾向认为，在目前西方占据国际政治话语优势的情境下，"诤友"很容易被理解为"老师"或者"教父"，中国只能是学生或者门徒，从而掉进西方优越论的窠臼。这对目前综合国力迅速上升时期的中国民族主义者和政治精英们来说是无论如何难以接受的。而且，"诤友"的前提条件是心心相印，但就目前中澳双方的政治信任程度来说，很难做到这一点。

由于中澳两国存在的政治和文化差异及误解在短期内难以消除，遇上突发事件，不满情绪就会被点燃，处置不当就会危及双边关系的健康发展。例如，2009年，中澳关系因一系列事态发展而几至跌入谷底。先是2009年春天，澳大利亚国防部公布新版《国防白皮书》，明确将中国当成是澳大利亚的潜在威胁。同年夏天，中国政法部门以违反国家安全罪名逮捕了澳大利亚力拓矿业集团驻上海办事处主任胡士泰，随后又改为以经济贿赂罪对其进行起诉，并判处其有期徒刑10年。而澳大利亚民众普遍认为此举是中国政府对中国铝业公司稍前并购力拓股份遭拒所实施的打击报复，是一种明显的恃强凌弱行为。② 同年秋天，中国新疆分裂分子热比娅前往澳大利亚访问，受到澳大利亚媒体的热捧，引起中国的强烈不满。中澳两国主流媒体在当年围绕上述事件展开了一场舆论大战，相互指责对方干涉内政，并攻击对方的社会制度和文化。澳大利亚学术界也加入了这场大辩论。主流学者们相对理性地认为，中国崛起已经是不争的事实，但是，对于中国未来发展走向无法做出明确的积极预测。也有部分澳大利亚保守派学者从意识形态和冷战思维出发，对社会主义中国怀着非常强烈的不信任感和偏见，从消极的立场审视中国崛起。他们将中国崛起看成是一种挑战和威胁。甚至认为，中国的崛起不

---

① 《陆克文在北大用中文演讲，澳总理期待澳中成"诤友"》，中国新闻网，2008年4月10日，http://news.sina.com.cn/c/2008-04-10/042013712560s.shtml。

② Greg Sheridan, "Don't kowtow to Beijing bully", *The Australian*, July 23, 2009.

仅影响澳大利亚的国家安全，而且将严重冲击和动摇整个世界自由资本主义体系。① 由于澳大利亚自立国以来，已经习惯，而且业已从西方主导的亚太秩序中获得安全与发展，因而，对中国这样一个社会主义大国的崛起感到恐惧，更难以接受可能由中国主导的地区秩序。同样，中国对澳大利亚的这种浓烈的西方价值观和思维方式也怀着极大的不满。澳大利亚对中国崛起的恐惧和抵触反应，妨碍了中国营造一个和谐的周边及地区环境的努力，有可能把两国引入不利的纷争，甚至不排除恢复到历史上曾经发生过的间接对立状态。与此同时，随着中国的全面崛起，国内激进民族主义情绪上升，很容易演变为仇外主义并影响到国家外交决策，从而影响到中国与包括澳大利亚在内的西方国家的关系。由此可见，中澳建交 40 年以来，尽管双方的联系非常紧密，但政治上的互信关系还比较脆弱，今后还需要着力继续加以精心培养，妥善处理。

二 经济上：从相互获益到相互依赖

中澳两国由于各自的自然禀赋、产业结构和发展水平的差异，存在较为明显的经济上的互补性，双方日益发展成新的利益共同体。

中澳建交以来，双边贸易关系发展十分迅速。1972 年中澳建交时，双边贸易额不到 1 亿美元，仅为 8655 万美元。10 年以后，至 1982 年，中澳双边贸易额达到 11.2 亿美元，增长了 12 倍。从 1982 年到 1992 年的第二个 10 年中，中澳双边贸易额又翻了一番，达到 23.3 亿美元。进入 21 世纪，中澳贸易出现了跨越式的发展。2002 年，中澳双边贸易首次突破 100 亿美元大关，达到 104 亿美元。2010 年，中澳双边贸易达到 880 亿美元，逼近 1000 亿美元大关。2010 年的中澳贸易额是 2002 年的 8.5 倍，是 1992 年的近 40 倍，是 1982 年的近 80 倍。至 2010 年，中国成为澳大利亚第一大贸易伙伴，澳大利亚成为中国第七大贸易伙伴。

---

① Hugh White, "Power Shift: Australia's Future between Washington and Beijing," *Quarterly Essay*, Issue 39, 2010, Merry Schwartz, Australia.

从进出口货物贸易结构分析，中国出口到澳大利亚的商品以劳动密集型的轻工业制成品为主，中国从澳大利亚进口的商品主要是资源性产品。以2010年为例，中国对澳大利亚主要出口商品为机电产品、纺织品和家具、玩具制品，此类产品出口当年合计239.6亿美元，占中国对澳大利亚出口总额的66.1%。除上述产品外，贱金属及制品、塑料、橡胶、化工产品等也是中国向澳大利亚出口的主要大类商品。而中国从澳大利亚进口的主要是矿产品，2010年进口额为422.8亿美元，占中国从澳大利亚进口总额的78.6%；贱金属及制品是中国从澳大利亚进口的第二大类商品，进口额19.8亿美元，占中国从澳进口总额的3.7%；纺织品及原料是中国从澳大利亚进口的第三大类商品，进口额18.9亿美元。从进出口商品结构分析，中国处于明显不利地位。中国出口为劳动密集型产品，尽管这些产品占据澳大利亚很大的市场份额，但是此类产品的特点是技术含量不高，市场替代性较强，消费刚性小。而中国自澳大利亚进口的商品中，绝大多数为资源性产品，而中国对这些产品的依赖性很强，替代性较弱。澳大利亚能源和矿产资源储量丰富，距离中国只有9天的海上运程，出口增长甚快。中国目前已成为澳大利亚铁矿砂第一大进口国，除铁、铜、铝以外各种矿砂的第二大进口国，铜矿砂、原油、镍的第三大进口国，金属铜的第四、铝的第五大进口国。矿产品消费与经济关系直接挂钩，是一种很强的刚性消费品。矿产品全球市场的垄断状况以及卖方谈判机制使中国相关能源型生产企业处于被动局面，并将这种被动局面传导给了下游产业。除了矿产品外，农产品是中澳货物贸易的另外一个重要领域。澳大利亚在农产品出口方面具有较强的竞争力，是发达国家中对农产品补贴最低的国家。中国在加入WTO时在农业问题上已经作出很大让步。兑现加入WTO的承诺，对于中国来说已经是严峻的挑战。中国有12亿农民，农产品贸易自由化关系到中国的社会稳定和国家安全。目前对中国农产品出口来说，最大的障碍并非关税，而是澳大利亚海关苛刻的动植物检验检疫程序。虽然从自然禀赋的条件（如可耕种土地面积和气候条件）来看，澳大利亚并不占太大优势，但由于人口稀少（全国只有2000多万人口），所以澳人均土地占有面积比中国多很多。另外，澳大利亚农业劳动力的综合文化素质普遍较高，农业机械化程度也相当高，高科技的应用非常广泛，所以其人均劳动生产力比

中澳关系面面观

中国要高出很多。由于中国对澳大利亚资源产品的高度依赖,使得在中澳双边贸易中,中方长期处于贸易逆差地位。根据中方的计算,2010年中国对澳大利亚贸易逆差为336亿美元。而根据澳大利亚的统计,中国对澳大利亚的贸易逆差为175.5亿美元。中国是仅次于日本的澳大利亚第二大贸易顺差来源国。

在相互投资方面,近年来,中澳相互投资不断扩大,中澳互为重要的投资伙伴。澳大利亚对华投资始于1979年,是最早进入中国进行投资的国家和地区之一。截至2010年底,澳大利亚在华累计设立投资项目9582个,实际投资超过65亿美元,澳大利亚是中国吸收外资的主要来源地之一。澳大利亚在华投资行业主要涉及建筑、交通、销售、机场着陆系统、债券交易软件、车辆控制系统、医疗设备、制药、制造业、环境管理、食品加工、信息技术、电讯、广告和设计、法律、金融、保险等。与其他外来投资相比,澳大利亚利亚对中国的投资起步早但实际到位资金不多。由于中国过去对服务业市场开放限制较多,在一定程度上阻碍了澳大利亚的投资。与此同时,中国对澳投资规模近年也不断扩大。到2010年底,中国企业对澳非金融类直接投资接近88亿美元。中国对澳投资领域主要有远洋运输、航空、金融、铁砂矿、有色金属、农牧场、产品加工、房地产和餐饮业等,但绝大部分集中在矿业领域。中澳双边投资规模总体不大,投资障碍主要是制度和规则。同时,两国的外交关系好坏也直接影响到双边投资,例如2009年发生的力拓案就是中澳能源合作关系的一个缩影,该案在一定程度上恶化了两国政治关系和投资环境。澳大利亚近年来经济民族主义盛行,联邦政府以国家安全为由,采取了一种类似"资源民族主义"(resource nationalism)的做法,有意限制来自中国的投资,特别是具有国有企业背景的投资。① 根据最新的澳大利亚民调,越来越多的人认为澳大利亚政府允许过多的中国投资。② 这是一种极不正常的现象,是"中国威胁论"的一种翻版。

---

① Jeffrey D. Wilson, "Resource Nationalism or Resource Liberalism? Explaining Australia's Approach to Chinese Investment in Its Minerals Sector," *Australian Journal of International Affairs*, Vol. 65, Issue 3, 2011, pp. 283 – 304.
② The Lowy Institute Poll 2011, Lowy Institute for Foreign Policy, Australia, p. 10.

由此可见,建交40年来,中国与澳大利亚两国之间的经济关系,由过去的简单相互获益,逐渐发展到密切的相互依赖。一方面,澳大利亚对中国的大量出口,拉动了该国GDP增长,扩大了就业机会;另一方面,中国从澳大利亚大量的原料与能源进口,驱动了中国经济高速发展列车的前进。用国际政治经济学相互依赖理论中的敏感性和脆弱性两个变量衡量,针对中澳双边进出口贸易产品结构和替代性而言,中国对澳大利亚的经济上的依赖程度明显高于澳大利亚对中国的依赖,其中产生的权力明显倾向澳大利亚一边。① 但是,与中国观点截然相反的是,澳大利亚害怕中国控制澳大利亚的经济,认为目前中澳的经济相互依赖关系已经或者可能将澳大利亚置于不利的附属境地。② 因此,澳大利亚政治家和战略研究专家纷纷主张,要充分利用未来10~15年的中国经济高速发展带来的战略机遇期,在与中国开展经济交往过程中,进一步讨价还价,以获得更多的实际利益。

三 军事安全上:从相互对抗到相互交流合作

中澳建交以前,特别是冷战前期,中澳分属不同的政治阵营,军事安全上也一度处于间接对立甚至直接对抗状态。1950年初,中国与苏联结盟,成为社会主义阵营的骨干成员。澳大利亚于1951年8月与美国、新西兰正式缔结美澳新同盟条约,成为美国的重要盟国以及亚太安全体系的南部之锚。由于分属对立的两大军事同盟,在20世纪50年代的朝鲜战争和60年代中后期的越南战争中,中国和澳大利亚两度成为敌对关系。

中澳建交以后,双方的地区战略目标进行了调整,反对苏联霸权主义及其在亚太地区的扩张,维护地区安全与稳定,成为两国进行安全合作的基础。两国由对抗逐渐走向合作。例如在20世纪80~90年代,中澳两国联手,反对越

---

① Yu Changsen & Jory Xiong, "The Dilemma of Interdependence: Current Features and Trends in Sino-Australian Relations," *Australian Journal of International Affairs*, Vol. 66, Issue 5, 2012.

② Michael Wesley, "*Effects of the China Boom on Australian Politics and Society*," Paper Presented to the Book Workshop of China-Australian Relations at Forty: Learning from the Past, Facing the Future, University of Sydney, 16 – 17 Novernmber, 2011.

南入侵和占领柬埔寨，共同推进在联合国框架下政治解决柬埔寨问题。为此，澳大利亚提出了解决柬埔寨问题的相关方案，并进行了卓有成效的外交斡旋活动，积极参与联合国主持下的柬埔寨和平进程和重建工作。① 中国对越南进行了军事打击，并大力支持柬埔寨境内外的各种政治和军事反对派，致力于推翻越南扶植的柬埔寨傀儡政权。冷战结束后，中国与澳大利亚在维护地区安全稳定的目标上具有共同的利益。两国积极参与和推进亚太地区多边安全合作，支持以东盟为框架的安全合作机制——东盟地区论坛。在亚太地区非传统安全合作中，中国与澳大利亚也有着相近的立场。在1998～1999年联合国主导下的东帝汶维和行动中，中国与澳大利亚并肩作战，相互支持。近年来，中澳两军交流与合作也逐步展开。如2010年9月23日，中国海军北海舰队"洛阳"号导弹护卫舰、"北拖725"船与来访的澳大利亚海军"瓦拉蒙加"号护卫舰在中国黄海某海域举行了联合军事演练。这种两军联合演练，有效地推动了两国海军之间的务实性交流与合作，增进了两国军队之间的相互了解和信任，推动了两国的关系发展。② 与此同时，中国海军舰艇也对澳大利亚悉尼港进行了友好访问。中澳两军还一道参与过亚太地区多边军事演习。

但是，必须看到，中澳双方的安全目标和战略定位存在明显分歧甚至对立。特别是进入21世纪以后，随着中国实力地位的提升，两国的军事安全战略出现严重碰撞。澳大利亚的一贯政策是，随着中国的进一步崛起，澳大利亚一方面继续积极保持与中国的友好关系，并尽量分享中国发展带来的红利，但同时必须谨慎防止中国单独主导亚洲事务。澳大利亚尽管算得上是一个相当富裕的中等强国，但在大国竞争中，尚不具备独立的抗衡能力。无论在亚洲还是在其他地方均是如此。也就是说，仅仅依靠自己的力量，澳大利亚无法与崛起的中国进行竞争，更不用说与其抗衡。为此，澳大利亚主要奉行的国家战略可以用"两面下注"来形容：一方面，努力营造一个对自己有利的国际和地区环境，依靠自己的力量追求国家利益的最大化；另一方面，借助与美国联盟的

---

① Allan Gyngell, Michael Wesley, *Making Australian Foreign Policy*, Second Edition, Cambridge University Press, 2007, pp. 51 – 56.
② 《中澳海军在黄海联合军事演练，双方均用实弹》，中国新闻网，2010年9月24日，http://military.china.com/zh_cn/05/11078235/20100924/16159791.html。

力量，防范任何可能对澳大利亚国家安全和社会价值带来冲击的严重挑战。中国作为一个负责任的利益攸关方参与亚洲秩序建设，符合澳大利亚的地区政策。但是如果中国未来作为一个修正主义的侵略性大国崛起的话，澳大利亚就要和盟国一道加以围堵和制衡，就像"冷战"时期对待苏联那样。① 鉴于国际政治中权力转移的一般规律，未来中美冲突可能难以避免。澳大利亚与美国的安全同盟关系及其与中国紧密的经济合作关系，使之陷入极大的困境——甚至毫不夸张地说是该国自建国以来面临的最大选择困境，它需要堪培拉更加周密地考虑。② 澳大利亚担心，随着中国实力上升，将导致中国在东南亚和朝鲜半岛的影响力超过美国。在国内民族主义的驱动下，中国极有可能采取对外扩张政策；由于中国政治和军事力量的增强，它可以随心所欲地对中国台湾、南海周边国家及争议岛屿地区使用武力，并威胁美国海军的存在。对澳大利亚来说，"最大的挑战是，确保东亚地缘政治平衡关系转换不至于损害地区的基本安全环境。最严峻的威胁是，一个专政而野心勃勃的中国的崛起成为东亚的主导力量，从而限制澳大利亚的行动自由。另外一个严峻挑战是，虚弱的美国没有做好遏制中国崛起的准备，导致包括日本和澳大利亚在内的盟国对美国维护地区战略秩序承诺信心的丧失。所以，澳大利亚必须为东亚地缘政治发展做好足够的准备"。③ 澳大利亚学者主张，鉴于中国军事现代化的步伐和规模可能给地区造成误判和不稳定，澳大利亚必须加强与美国、日本等民主国家之间的团结与合作，建立和加固美、日、澳三边对话机制，强化三方政策协调能力，共同应对中国崛起的挑战。④

正是在上述思维模式主宰下，澳大利亚于 2009 年春天发表的《国防白皮

---

① Rod Lyon, "Changing Asia, Rising China, and Australia's Strategic Choices," *Policy Analysis*, Australian Strategic Policy Institute, Friday, 17 April, 2009.
② Michael Wesley, *The Howard Paradox: Australian Diplomacy in Asia, 1996 – 2006* (ABC Books) 2007, p. 130.
③ Paul Dibb, *The Future Balance of Power in East Asia: What are the Geopolitical Risks*? Strategic and Defence Studies Centre, Australian National University, Canberra, ACT 0200, Australia, Defenses Studies Centre Working Paper No. 406, January 2008.
④ Paul Dibb, *Australia's Security Relationship with Japan: How much further can it go*? Strategic and Defence Studies Centre, Australian National University, Canberra, Australia, Defenses Studies Centre Working Paper No. 407, April 2008.

书》,公开把中国描绘为澳大利亚的潜在安全威胁。《白皮书》甚至把中国当成为未来澳大利亚国防建设的假想敌。《白皮书》大肆渲染"中国威胁",称中国的军事现代化引发了周边国家的不安。推断随着中国等国军力的崛起,亚太地区在未来20年有可能发生战争。《白皮书》继续强调美国仍将是澳大利亚"不可或缺的"盟友。为了应对中国崛起所造成的不确定性,《白皮书》表示,澳大利亚将在未来20年里投入700多亿美元用于改善军备,重点是将潜艇数量扩充一倍至12艘,购入100架F-35战机,并希望购入8艘新型护卫舰和3艘驱逐舰。① 对此,中国学者认为,澳大利亚《国防白皮书》所包含的"中国威胁论",在"很大程度上是澳大利亚政治生态和安全观念的一种综合体现,同时也折射出澳大利亚对国际体系转型带来的不确定因素所感到的不安"。②

最近以来,随着南海争端日益升温,澳大利亚也希望借助美国的力量提升自己在这一地区的影响力,进一步扩大自己的防御空间。2011年11月中旬,为了纪念澳美安全同盟缔结60周年,美国总统奥巴马访问澳大利亚期间与澳大利亚达成协议,美国将从2012年开始在澳大利亚北领地首府达尔文地区驻扎250名海军陆战队员,并最终达到2500人的目标。达尔文基地将为美军提供一个连接太平洋与印度洋的新立足点。同时美国选择这个地点的目的也十分明确,即加强在南海地区的军事存在,以防止地区冲突为借口,维护和扩大其在亚太地区的霸权。显而易见,澳大利亚北部相比日韩基地而言更接近南海,矛头直指中国。③ 中国政府对此持强烈批评态度,认为:"当国际社会正在全力以赴应对经济危机,加强合作的时候,美澳两国此时加强安全同盟关系,明显是针对中国的一种冷战思维。"④ 中国国防部发言人也明确表示:"军事同盟是历史形成的,任何强化和扩大军事同盟的做法,我们认为都是冷战思维的体现,不符合和平、发展、合作的时代潮流,也不利于增进地区国家的互信与合

---

① *Defending Australia in the Asia Pacific Century: Force 2030*, http://www.apo.org.au/sites/default/files/defence_white_paper_2009.pdf.
② 胡欣:《澳大利亚的战略利益观与"中国威胁论"——解读澳大利亚2009年度国防白皮书》,《外交评论》2009年第5期,第133页。
③ 《美国屯兵澳大利亚,'海空一体战'又一局》,《南方日报》2011年11月21日。
④ 《2011年11月16日外交部发言人刘为民举行例行记者会》,中国外交部网站,http://www.fmprc.gov.cn/chn/gxh/tyb/fyrbt/t877838.htm.

作,最终受损的是各方的共同利益。希望有关各方多做有利于亚太地区和平稳定的事情,而不是相反。"[①] 澳大利亚此举将进一步加剧中澳两国政治上的不信任和安全上的对立,严重违背两国建立心心相印的伙伴关系的长期努力。将美国力量引入该地区的争端,将进一步引发地区安全困境的加剧,也不利于澳大利亚的国家安全。中国方面将被迫对澳美同盟复活可能对未来亚太地区安全结构,特别是中国的周边环境带来的任何严重挑战作出反应。按照这一轨迹发展,中澳或许将成为下一场战争的敌人,至少是潜在的间接敌手。为此,笔者同意这样一种观点,对澳大利亚来说,最明智的做法是,极力阻止中美冲突的发生,并积极充当中美合作的桥梁。稳定而富有建设性的中美澳三边合作关系,不仅符合三国各自的国家利益,而且将直接造福于21世纪的亚太地区各国。

四 小结

综上所述,自20世纪70年代至今,中华人民共和国与澳大利亚联邦建交40年以来,双边关系发展大致比较平稳,没有出现重大的外交冲突或者关系逆转的事态。进入21世纪以后,中澳关系最大的特点是经济联系急速上升,形成了密切的相互依赖关系和利益共同体。但是,源于中澳双方的文化与价值观差异而产生的政治分歧并没有得到根本性改善。同时,受制于现实国际秩序与安全结构,中澳两国在军事安全领域的合作远远落后于经济文化教育领域的合作,甚至竞争性大于合作性。中澳关系的这种政经分离的双重性特征,反映了国际政治现实主义传统仍然在发挥关键作用,这对目前和今后中澳双方的外交政策都是一个严峻挑战。笔者认为,中澳关系目前仍然处于重大的历史转型期和调整期。如果各自能够进一步把握机会,妥善处理各自的战略分歧和合理关切,努力避免矛盾激化,维护和扩大共同利益,中澳关系仍然具有较大的发展空间。2012年10月28日,澳大利亚总理府公布了题为《亚洲世纪中的澳

[①] 《国防部回应美国在澳大利亚驻军:是冷战思维的体现》,中国新闻网,2011年10月30日,http://www.chinanews.com/gn/2011/11-30/3498701.shtml。

大利亚》的白皮书，阐述了澳大利亚的未来发展战略，指出澳大利亚的繁荣与亚洲的命运密切联系在一起。新版《白皮书》立足于如何利用亚洲（主要是中国与印度）的迅速崛起所创造的各种机遇，为澳大利亚谋取最大的国家利益。《白皮书》提出，到2025年，澳大利亚与亚洲国家的贸易额将由目前占澳大利亚国内生产总值的比例的1/4即25%，提高到1/3即33%以上。由于中国是澳大利亚最大的贸易伙伴，维持中澳经济贸易关系的强健发展，对澳大利亚实现其战略目标至关重要。澳新版《白皮书》的发表，标志着澳大利亚政府对华政策的重大调整，为新时期中澳关系的发展注入了活力。

China-Australia Relationship: Overview

Yu Changsen Chang Chenguang

Abstract: China-Australia relationship is one of the most important bilateral relations in the Asia-Pacific region. A great change has occurred since the formal diplomatic relation between Australia and China was established in 1972. In the early period of the Cold War, from 1950s to 1960s, China and Australia were even involved in indirect conflict and then entered a situation of mutual isolation. Currently, China and Australian relation can be described as interdependence and mutual beneficial in economic sphere. But, owing to the great gaps in the fields of mainstream cultural and political system, there are some misunderstanding and misjudgment between the two countries especially in the area of military and security strategic postures. In the near future, with the rise of China, both governments of Australia and China should recognize these kinds of gaps, be concerned about the key interests of both sides, and thus extend the scope of cooperation.

Key Words: China-Australia Relationship; Formal Diplomacy; Mutual Interdependence; Cooperation and Competition

B.15 中国与新西兰关系发展

顾 静　王婷婷

摘　要：

新西兰是南太平洋地区具有重要影响力的国家，2012年是中国和新西兰建交40周年。本文在对中新关系进行总体性概述的基础上，详细介绍了两国之间的政治军事关系、经贸关系，以及教育、文化和旅游交流的情况。

关键词：

双边关系　外交　中国　新西兰

一　中国与新西兰关系概况

1972年12月22日，中国与新西兰建立外交关系，迄今已走过40个年头。总体来看，中国与新西兰之间既无领土/领海主权争议，也无历史恩怨，经济互补性很强，两国关系自建交以来呈现稳步发展态势，对华友好已成为新西兰朝野及社会各界的共识。

新西兰的地缘位置非常独特，是一个无陆地接壤国的小型海岛国，其经济发展高度依赖外部市场。作为一个小型开放经济体，一直以来新西兰都非常重视发展对外友好关系。中国是亚太地区大国，新西兰将中国的发展视为机遇，[①] 随着中国国力的上升，新西兰对对华关系的重视程度不断加强。具体而言，在政治上，40年来，两国之间的政府领导人和高级政府官员互访频繁，

[①] 《新西兰与中国：共同拥有的经济未来——新西兰总理约翰·基在北京大学的演讲（节选）》，《世界教育信息》2009年第5期。

且两国在亚太经济合作组织、东亚地区论坛和东亚峰会等重要的亚太地区合作制度平台上均保持良好的互动和对话。在经贸领域，新西兰在发展对华关系上拥有"亮眼"的多个"第一"头衔：新西兰是第一个与中国签订关于中国加入世界贸易组织的双边协议的西方国家（1997年8月）、新西兰是第一个承认中国完全市场经济地位的发达经济体（2004年5月）、新西兰是第一个与中国启动双边自由贸易协定谈判的发达国家（2004年11月）、新西兰是第一个与中国签订自由贸易协定的经济合作组织（OECD）成员国（2008年4月）。2010年3月，新西兰与中国香港特别行政区签订了《紧密经贸合作协定》，成为第一个与香港签署双边自由贸易协定的国家。中国和新西兰两国在人文社科交往层面，业已建立起全方位、机制化的紧密联系。截至2012年1月，中国和新西兰之间已建立29个姊妹城市或姊妹港口。目前，中国是新西兰最大的留学生来源地，仅2010年一年新西兰招收的中国留学生就达2.1万。自1998年起，中新两国每年互办电影节。同时，中国是新西兰增长最快的旅游市场。预计到2014年中国将成为新西兰第二大到访人员来源地。

2012年是中国和新西兰建交40周年。在2012年初（2月），新西兰政府首次正式发布《中国战略报告》（*The New Zealand Inc China Strategy*），明确了未来3年发展对华关系的5大目标：保持和发展两国强有力的政治关系；将两国双边货物贸易额翻一番，即2015年双边货物贸易额达到200亿美元；增加服务贸易，实现2015年教育出口增加20%，旅游业增长至少60%及其他对华服务出口的增加；提高双边投资水平，使之与不断增长的对华商业联系相适应；加强在高科技领域的合作以创造商机。① 同年6月，新西兰政府又建立了一个与上述"中国战略"相配套的高层组织机构——"新西兰中国委员会（New Zealand China Council）"。该委员会汇聚了来自新西兰商界、公共部门、学界和社群等各领域的精英，未来其将在与中国同级别的各界精英之间举行的高层次双边伙伴论坛（Partnership Forum）中发挥领导作用。2012年9月5

---

① "Openning Doors to China: New Zealand's 2015 Vision，"来自新西兰对外事务和贸易部官方网站，网址：http://www.mfat.govt.nz/NZ - Inc/6 - Opening - doors - to - China/3 - NZ - Inc - China - strategy/index.php，访问日期：2013年1月16日。

日,"中国-新西兰建交40周年研讨会"在惠灵顿新议会大厦举行,新西兰总理约翰·基出席了开幕式并致辞。

中国同样重视推动和发展与新西兰的友好合作关系。中国一贯认同并重视新西兰作为南太平洋地区影响力仅次于澳大利亚的重要国家在该地区的重要地位与作用,并愿意与新西兰合作共同维护南太平洋地区的和平稳定,一同推动该地区的经济和社会发展。中国提出希望两国加强在重要多边机制中以及重大国际地区热点问题上的沟通,加强应对气候变化、应对国际金融危机、推进区域发展、打击跨国犯罪和防灾减灾等领域的合作。2012年4月,中国全国政协主席贾庆林访问新西兰,提出发展中新关系的四点建议:保持高层交往,增进政治互信;发挥互补优势,扩大务实合作;深化人文交流,巩固民意基础;加强沟通协调,维护共同利益。①

建交40年来,中国和新西兰在政治、经贸、文化、教育、旅游等各领域的交流与合作均取得了丰硕成果。中新关系已进入相对成熟的阶段,双边关系呈现经常性的高层接触、范围不断扩展的官方对话、健康和多样化的双边经贸交流以及不断深化的两国人民之间的接触等四个突出特点,②已成为不同政治制度、文化背景、发展阶段国家和谐共处、共同发展的典范。

二 中国与新西兰政治军事关系

新西兰不顾美国和其前宗主国英国的反对,自1984年公开宣布"无核化"(nuclear-free)立场以来,一直奉行独立外交政策并倡导多边主义外交理念,③致力于推动亚太地区和世界的和平与稳定。这一外交战略与思想也反映

---

① 《贾庆林就中国和新西兰建交40周年发表主旨演讲》,来自中华人民共和国中央人民政府官方网站,网址:http://www.gov.cn/ldhd/2012-04/17/content_2115727.htm,访问日期:2013年1月16日。
② 《新西兰与中国关系》,来自新西兰对外事务和贸易部官方网站,网址:http://www.nzembassy.com/zh-hans/中国/新西兰与中国的关系,访问日期:2013年1月16日。
③ Paul G. Buchanan, "Lilliputian in Fluid Times: New Zealand Foreign Policy after the Cold War," *Political Science Quarterly* (Summer 2010), Vol. 125, No. 2, 2010, pp. 255–279.

在中新政治和军事关系上,以下分别作一介绍。

1. 中国和新西兰的政治交往

自1972年12月22日建交后,中国和新西兰的政治关系发展良好。1975年4月,刚出任新西兰总理的新西兰国家党领袖罗伯特·马尔登到访中国,成为来华访问的第一位新西兰总理。1977年9月,中国全国人大常委会副委员长乌兰夫访问新西兰。此后,两国领导人保持频繁互访。冷战结束后,亚太地区出现多边合作趋势,各种多边合作机制应运而生。在此背景下,除两国领导人互访之外,中国和新西兰两国领导人和政府高官在亚太经济合作组织峰会、东盟地区论坛和东亚峰会期间也经常会面,共同推动两国友好合作关系不断深入发展。

冷战后,在中新两国领导人的积极互动和共同努力下,两国关系得到了重新定位。1999年9月,中国国家主席江泽民在参加奥克兰亚太经合组织峰会后对新西兰进行了国事访问。这是中国国家元首首次访问新西兰。双方一致同意建立面向21世纪的长期稳定、健康发展的中新关系。2006年4月,温家宝总理对新西兰进行正式访问,与新西兰总理克拉克举行会谈,双方就发展中新21世纪互利共赢的全面合作关系达成共识。

当前中新关系发展正处于历史最好时期。2012年12月22日,中国国务院总理温家宝与新西兰总理约翰·基互致贺电,庆祝中新建交40周年。同日,中国外交部部长杨洁篪也与新西兰外长麦卡利互致了贺电。应看到,20世纪80年代中期以来新西兰奉行的"平衡"(balance)的独立外交政策与中国的和平发展道路和在亚太地区追求的睦邻友好政策有共通之处,决定了两国在战略上相互合作的空间和潜力较大。新西兰把中国的发展看作机遇而非威胁,中国也视新西兰为南太平洋地区和亚太地区合作进程中的重要国家,两国政治关系将进一步加强。

2. 中国和新西兰的军事交往

20世纪90年代以来,随着两国关系的不断发展,两军交往逐步增多。1996年5月,中国人民解放军副总参谋长熊光楷出访新西兰,分别会见新西兰副总理兼外交贸易部部长麦金农、国防部部长伊斯特,并与新国防部秘书长汉斯莱、国防军司令伯克斯中将等官员举行会谈。1997年3月,新西兰国防部秘书长汉斯莱访华,双方同意进一步加强高层军事战略对话,并商定互派常驻武官。这是新西兰军方高级领导人首次访华。此后,中国和新西兰开始了多种形式的军事交往。①互派常驻武官。1998年1月,中国驻新西兰使馆首任常驻武官履新;1999年1月,新西兰驻华使馆首任常驻武官抵京履任。②海军互访。1998年4月,中国海军"青岛"号和"世昌"号舰艇编队访问奥克兰港。这是中国海军舰艇编队首次访问新西兰。1998年10月,新西兰皇家海军"惠灵顿"号和"奋进"号舰艇编队访问青岛。2010年9月,中国海军舰艇编队"郑和"号远洋训练舰和"绵阳"号导弹护卫舰对新西兰进行友好访问。③建立两军战略对话机制。1999年7月,首轮中国和新西兰安全与裁军磋商在华举行。2007年11月,中新两军在北京举行首次战略对话。2009年3月,两军举行第二次战略对话。此后,两军战略对话每年轮流在两国举行。截至2012年12月共举行了五次中新两军战略对话。④进行联合演习。2007年10月,由"哈尔滨"号驱逐舰和"洪泽湖"号综合补给船组成的中国海军舰艇编队访问新西兰奥克兰、惠灵顿两港,并与澳大利亚、新西兰海军举行三国首次联合搜救演习。2012年10月29日至11月1日,中国、新西兰和澳大利亚在澳大利亚布里斯班举行人道主义救援减灾联合演习。此外,2009年4月,新西兰海军司令帕尔少将访华,参加中国海军成立60周年活动。同年11月新西兰空军司令林托特少将访华,参加中国空军成立60周年活动。

三 中国与新西兰经贸关系

1. 双边贸易关系

新西兰作为一个以贸易立国的"小型开放经济体",对外部市场高度依存,其对外关系以发展贸易为中心,长期推行"贸易外交"。欧美是新西兰传统上主要的出口市场和贸易伙伴。冷战后,随着全球经济重心的东移,新西兰对外贸易的重点逐步从欧洲转向亚太地区。截至2012年12月,新西兰在亚太地区已达成(包括已签署和已生效两类情况)或意向达成(包括谈判中或在做可行性研究两类情况）的地区性①自由贸易协议有17个。②根据2012年1月19日新西兰调查局公布的国家认同感调查报告，越来越多的新西兰人感觉与亚洲的联系日趋紧密。2012年1月1日，东盟-澳大利亚-新西兰自由贸易区全面启动。可以预见，未来新西兰在经济上将更加融入亚洲。

中国目前是新西兰第二大贸易伙伴、出口市场和第一大进口来源地。据中方统计，2011年，双边贸易额为87.23亿美元，其中，中方出口37.36亿美元，进口49.86亿美元。自2008年下半年《中新自由贸易协议》生效以来，新西兰对华出口增长了152%，是新西兰主要贸易伙伴中增长最快的一个。2011年4月，两国签署了《中国人民银行与新西兰储备银行双边本币互换协议》。此外，中国也是新西兰最大的海外留学生来源地和增长最快的旅游市场。到2014年，中国将成为新西兰第二大来访人员来源地。③

两国产业结构和资源禀赋高度互补。新西兰的传统出口产业包括酿酒、农林、畜牧业，近年来新西兰在环保、科研、新兴技术的研发等方面也具有了相当的竞争优势，并大力推动其服务业的发展。新西兰企业将中国视为销售其高质量的食品和饮料——包括乳制品、鱼类和肉类制品在内——的一个新的潜力巨大的市场。在服务贸易方面，未来新西兰将着重推动教育、旅游、建筑和设计、水资源管理、影视制作、绿色工程、娱乐（包括广告）、信息技术和教育资源等的对华出口。目前，中国向新西兰出口的主要商品为服装和机电产品，自新西兰进口的主要商品为乳制品、纸浆和羊毛等。同时，越来越多的新西兰人热衷于购买中国制造的、日趋高精尖化的产品。随着中国经济的增长和双边经贸合作关系的不断发展，两国已从单一贸易关系发展为多领域、多层次、多

---

① 泛指除WTO之外所有的自由贸易协议，具体包括国与国之间的双边自由贸易协议，一国与一单独关税区之间的自由贸易协议，一国与一地区一体化组织之间的自由贸易协议，以及地区一体化组织之间的自由贸易协议等。
② 由亚洲发展银行（ADB）亚洲地区一体化中心下自由贸易协议数据库最新数据整理得到，网址：http：//aric.adb.org/FTAbyCountryAll.php，访问日期：2013年1月16日。
③ "Openning Doors to China：New Zealand's 2015 Vision,"来自新西兰对外事务和贸易部官方网站，网址：http：//www.mfat.govt.nz/NZ-Inc/6-Opening-doors-to-China/3-NZ-Inc-China-strategy/index.php，访问日期：2013年1月16日。

形式的经贸合作关系。

2. 投资、援助及技术合作

（1）两国之间的投资与援助项目。新西兰在华投资主要涉及农林、轻工、纺织、冶金、食品加工、医药、计算机等领域。中国对新西兰投资主要涉及乳业、资源开发、保险和建筑等领域。新西兰对华援助始于1989年，形式为直接向项目单位提供援助。1992年，新西兰确立每年向中方提供100万新元的援助计划。1993年新西兰在中国开展小规模的扶贫项目。2003年5月，新西兰政府通过世界卫生组织向中方提供85万新元（约合389万元人民币），用于防治非典。2005年12月，新西兰对华发展援助年会在惠灵顿举行。2006年，新西兰国际发展署将每年对华援助总预算从32万新元（约168万元人民币）增加至50万新元（约260万元人民币），重点支持农村扶贫、社区发展和能力建设等领域，项目实施范围包括贵州、云南、新疆、西藏等西部9省区。

（2）两国技术合作。中新技术合作起步较晚。1987年，中国和新西兰签订了《中新科技合作协定》，2003年两国续签该协定，确定合作的优先领域为畜牧业、环境和生态保护与恢复、林业及自然资源保护、信息技术等。中国外经贸部与新西兰外交贸易部于1990年正式建立全面的技术合作关系。自1993年起，两国开始探讨和发展利用技术合作促进相互间贸易和投资的形式。2006年9月，首届中新科技合作联委会在京举行。2008年4月，新西兰研究与科技部长霍奇森访华，首届中国新西兰科技产业化研讨会在京召开。2009年10月，根据《中新科学家交流计划协议》，首批5名新西兰学者来华访问。2010年5月，5名中国学者回访。7月，新西兰总理约翰·基访华，双方签署联合声明，宣布成立"中国与新西兰战略研究联盟"。10月，中国科技部部长万钢与来访的新西兰研究和科技部部长马普共同签署《关于中国与新西兰合作研究基金的联合声明》。

目前，新西兰在华进行的科技方面的合作主要通过个人和中国相关科技部门之间的学术联系进行，难以带来战略性或商业性的影响。2010年新西兰总理约翰·基和中国总理温家宝会面时指出两国间的科技合作落后于其他领域，提出要加强两国科技合作，并以食品健康和生物医药科学、环境科学和高科技作为两国间的优先合作领域。① 在这一背景下，2010年6月，新西兰清洁技术公司 LanzaTech（朗泽科技公司）与世界第二大钢铁公司——中国宝钢以及中国科学院签署了三方联合开发协议书，共同合作将朗泽科技公司"利用钢厂尾气生产燃料乙醇"的技术商业化。2011年9月，中国国务院副总理回良玉访新期间，双方签署了《首钢总公司与朗泽科技公司及首钢唐明奥克兰公司工业煤气发酵制乙醇项目系列协议》。可以预见，未来中新科技合作在两国政府的推动下将有大的发展和提升。

四 中国与新西兰教育、文化和旅游交流

1. 两国教育交流

（1）两国留学生交流。新西兰是中国自费留学生的主要目的国之一。中新两国自1974年开始互派留学人员。1998年6月，新西兰政府宣布，增加中国自费赴新留学生名额至4000名。1999年10月，新西兰取消对中国赴新留学生的名额限制。2002年12月，中国教育部副部长王湛访新，会见新西兰教育部长马拉德，与新西兰教育部秘书长范斯签署了《中新关于教育与培训合作的谅解备忘录》。2003年10月，中国国家主席胡锦涛访新期间，双方签署了相互承认高等学历和学位证书的协议。2008年4月，中新两国续签《关于在高等教育领域内相互承认学历和学位的协议》，并将之升级为两国政府协议。2008年起，两国设立"中国-新西兰研究生奖学金项目"，每年向10名对方国家学生提供为期3年的博士学位奖学金。新西兰的法律规定，赴新西兰攻读博士学位的中国留学生及其家庭在工作权利和家庭权益方面享有和新西兰本地人同等的待遇。从2007年开始，新西兰公立学校必须向7~10年级学生提供第二种语言选修课程，汉语就是其中一种，此举大力促进了中新两国之间的文化和语言教育交流。②

---

① "Openning Doors to China: New Zealand's 2015 Vision," 来自新西兰对外事务和贸易部官方网站，网址：http://www.mfat.govt.nz/NZ-Inc/6-Opening-doors-to-China/3-NZ-Inc-China-strategy/index.php，访问日期：2013年1月26日。

② "Openning Doors to China: New Zealand's 2015 Vision," 来自新西兰对外事务和贸易部官方网站，网址：http://www.mfat.govt.nz/NZ-Inc/6-Opening-doors-to-China/3-NZ-Inc-China-strategy/index.php，访问日期：2013年1月26日。

目前，中国是新最大的海外留学生来源国。仅 2010 年一年，新西兰就招收了 2.1 万名中国留学生。① 中国还是新西兰离岸教育服务主要的输往市场。中国留学生在新西兰就业或定居的比率位居第二，成为新西兰重要的劳动力来源。② 相较中国赴新西兰留学生的规模，新西兰来华留学生的规模则非常小。据统计，2010 年全年共有 443 名新西兰留学生在华学习，其中包括 26 名奖学金来华留学生。截至 2010 年底，中国共接受 178 名新西兰奖学金来华留学生。③ 随着中新两国关系的不断拓展和深化，新西兰来华留学生数量将不断增加。

（2）两国高等学府交流。2007 年 2 月，奥克兰大学孔子学院举行揭牌仪式。2009 年 11 月，中国国务院副总理李克强访新期间双方签署了《中国孔子学院总部与新西兰坎特伯雷大学关于合作设立坎特伯雷大学孔子学院的协议》，李克强副总理还亲自为坎特伯雷大学孔子学院揭牌。2010 年 6 月，中国国家副主席习近平访新期间为维多利亚大学孔子学院揭牌。2011 年 3 月，新西兰维多利亚大学孔子学院正式运营。

2007 年 5 月，融合中国和新西兰两国政、商、学各方资源的"北京大学新西兰中心"正式揭牌。坐落在北京大学未名湖畔的该中心为两国政府、学术界和商界提供了一个讨论经济转型、创新、文化与主体身份认同等诸多领域的政策发展及国家战略的互动平台。④ 2010 年 3 月，由厦门大学和新西兰维多利亚大学联合发起的"厦门大学新西兰研究中心"正式揭牌。该中心旨在推动中国和新西兰之间的学术合作、教育合作和信息交流。⑤

---

① "Openning Doors to China: New Zealand's 2015 Vision,"来自新西兰对外事务和贸易部官方网站，网址：http://www.mfat.govt.nz/NZ-Inc/6-Opening-doors-to-China/3-NZ-Inc-China-strategy/index.php，访问日期：2013 年 1 月 26 日。
② "Openning Doors to China: New Zealand's 2015 Vision,"来自新西兰对外事务和贸易部官方网站，网址：http://www.mfat.govt.nz/NZ-Inc/6-Opening-doors-to-China/3-NZ-Inc-China-strategy/index.php，访问日期：2013 年 1 月 26 日。
③ 中华人民共和国外交部官方网站资料"中国同新西兰的关系"，网址：http://www.fmprc.gov.cn/chn/pds/gjhdq/gj/dyz/1206_27/sbgx/，访问日期：2013 年 1 月 26 日。
④ 北京大学新西兰中心网站，网址：http://sfl1.pku.edu.cn/newzealand/21.aspx，访问日期：2013 年 1 月 20 日。
⑤ 厦门大学新西兰研究中心网站，网址：http://nzc.xmu.edu.cn/，访问日期：2013 年 1 月 20 日。

2. 两国文化交流

以中国实施改革开放为分野，中新文化交流分为特点鲜明的两个阶段。第一阶段：自1972年中新两国建交到1980年，两国间文化交流形式多为表演艺术团体互访和相互举办艺术展览。第二个阶段：改革开放至今，中新文化交流与合作领域不断拓宽，形式日益多样。具体表现如下。①高层官员互访频繁。1981年，新西兰内政艺术部部长海特访华，双方就1982~1983年度文化交流项目达成口头协议。此后，新西兰伊丽莎白二世艺术委员会主任、新西兰内政艺术部秘书长访华，中国文化考察组访问新西兰，两国各级文化官员之间的接触加强，文化艺术交流项目有所增加。1992年4月，文化部副部长刘德有率中国政府文化代表团访新。1996年，新西兰文化部秘书长布莱克和新西兰创作理事会主席史蒂文森访华。2006年4月，中国国务院总理温家宝访新期间，双方签署了《中华人民共和国政府和新西兰政府文化协定》。2011年6月，中国国家新闻出版总署副署长李东东访新。2011年9月，中国国家广电总局副局长王莉莉访新；11月，人民日报社总编辑吴恒权和国务院新闻事务办公室副主任董云虎分别访新。②影视合作密切。自1998年起，中新两国每年互办电影节。2005年8月，中宣部副部长、国家广电总局局长王太华访新，双方签署《中新两国广播电影电视合作安排》，中央电视台第9频道正式在新西兰落地。2010年7月，新西兰总理约翰·基访华期间，双方签署了《中华人民共和国政府与新西兰政府关于合作拍摄电影的协议》。2011年1月，该协议正式生效。2011年9月，中国国务院副总理回良玉访新期间，双方签署了《中国国际广播电台与新西兰中华电视网合作备忘录》。③地方文化交流形式多样。1999年，由中国人民对外友好协会组派的中国西藏艺术团赴新访问演出。2001年，中国国务院新闻办副主任李刚、西藏自治区副主席次仁卓嘎访新，主持首届"西藏文化周"。2002年9月，北京市政府和惠灵顿市政府在新西兰联合举办"北京文化节"。2005年2月，中国西藏自治区人大常委会副主任泽仁桑珠、中国文联副主席才旦卓玛率中国少数民族艺术团赴新演出。2007年3月至5月，新西兰国家博物馆在华举办"新西兰·新思维"文化艺术展，毛利艺术团等同期来华演出。2007年9月，中国人民对外友好协会在北京、甘肃举办路易·艾黎诞辰110周年纪念活动。2008年12月，广西杂技团赴新西兰演出。

2009年1月,河北民间艺术小组参加奥克兰庆祝中国春节"花市同乐日"活动。2009年2月,浙江婺剧团和四川川剧团赴新参加元宵灯节。2010年5月,新西兰毛利艺术团来华参加上海世博会开幕式演出。2011年2月,新疆灰狼乐队和成都木偶皮影剧团赴新参加元宵灯节。④多种对新西兰华裔侨胞的文化交流活动。华裔是新西兰第五大族群,根据最新人口统计数据,其占新西兰总人口的3.7%,并且是新西兰最大的亚洲族群。① 2008年9月,广东省广州市归国华侨联合会组派艺术团赴新西兰为当地华人社团进行慰问演出。2010年2月,"文化中国·四海同春"艺术代表团在奥克兰举行大型慰侨演出。

3. 两国旅游交往

中国作为一个历史悠久的文明古国和素有"人间最后一片净土"的新西兰在历史、人文、地理、气候、文化等方面均有很大的差异,两国关系正处于历史最好时期,因此,相互间旅游市场发展潜力十分巨大。目前,中国是新西兰第四大旅游客源国和成长最快的海外旅游市场。预计到2014年,中国将上升为新西兰第二大旅游客源国。② 截至2012年1月,中新两国已建立29对姊妹城市或姊妹港口。

回顾两国的旅游市场开放历程,其发展是相对迅速的。1995年4月底至5月初,两国签署了《中华人民共和国国家旅游局与新西兰旅游局关于旅游合作的谅解备忘录》。1997年11月,中国正式批准将新西兰列为"中国公民自费出境旅游目的地",为第一个获准的西方国家。1999年5月,中新两国有关部门就中国公民自费赴新西兰旅游的具体实施方案达成协议并换函,同年7月该项业务正式启动。2003年,双方原则同意将中国公民赴新西兰旅游组团范围由原先的3个省市扩大到全国。2009年4月,新西兰总理兼旅游部部长约

---

① "Openning Doors to China: New Zealand's 2015 Vision,"来自新西兰对外事务和贸易部官方网站,网址:http://www.mfat.govt.nz/NZ-Inc/6-Opening-doors-to-China/3-NZ-Inc-China-strategy/index.php,访问日期:2013年1月20日。
② 中华人民共和国外交部官方网站资料"中国同新西兰的关系",网址:http://www.fmprc.gov.cn/chn/pds/gjhdq/gj/dyz/1206_27/sbgx/,访问日期:2013年1月20日;"Openning Doors to China: New Zealand's 2015 Vision,"来自新西兰对外事务和贸易部官方网站,网址:http://www.mfat.govt.nz/NZ-Inc/6-Opening-doors-to-China/3-NZ-Inc-China-strategy/index.php,访问日期:2013年1月20日。

翰·基访华期间两国签署了《中华人民共和国国家旅游局和新西兰旅游部旅游事务对话与合作安排》。2003年11月，新西兰航空公司开通奥克兰至上海的直航航班。2011年4月，中国南方航空公司开通广州至奥克兰直航航班。目前，北京、上海、广州三个城市有直飞新西兰的航班。从数据上看，中国游客2011年1～11月首站到新旅游9.4万人次，同比增长19.3%；新西兰来华游客11万人次，同比增长3.2%。① 未来，随着中国国力的提升，中新两国之间经贸关系进一步密切，两国间的旅游交往将获得更大的发展空间。

The Development of the Relations Between China and New Zealand

Gu Jing   Wang Tingting

Abstract：New Zealand is an important power in the South Pacific region. 2012 marks the 40th year of diplomatic relations between China and New Zealand. This article elaborates the political and military relationships, the economic relationships, and exchange in aspects of education, culture and tourism between the two countries after giving a brief introduction on the overall China and New Zealand relations.

Key Words：Bilateral Relations；Diplomacy；The South Pacific Region

---

① 参考中华人民共和国外交部官方网站资料"中国同新西兰的关系"，http：//www.fmprc.gov.cn/chn/pds/gjhdq/gj/dyz/1206_27/sbgx/，访问日期：2013年1月20日。

B.16 中国与巴布亚新几内亚关系的发展

张祖兴

摘　要：

1975年9月16日，巴布亚新几内亚宣告独立，南太平洋上的最大岛国诞生。巴布亚新几内亚与中国远隔重洋，政治、经济制度迥异，但地理距离的遥远与社会制度的差异并没有阻碍两国关系的发展。1976年10月，刚刚独立不久的巴布亚新几内亚即同中国建立了外交关系。从此，虽偶有波折，但在平等互利、合作共赢的原则下，两国关系得到迅速发展，双边关系日益紧密，两国在国际及地区性经济、安全和政治领域实现了一系列重要合作。21世纪以来，随着中国国际地位的提升、美国高调"重返亚太"，太平洋岛国的战略地位与价值在全球战略格局中有提高之势，巴布亚新几内亚作为中国在太平洋岛国中的重要合作伙伴，双边关系的发展面临着新的机遇。

关键词：

巴布亚新几内亚　中国　双边关系　发展

20世纪70年代，巴布亚新几内亚在非殖民化和民族独立的世界潮流中应运而生。巴布亚新几内亚独立后不久，即在1976年10月与中国建交。作为澳大利亚曾经的托管地，巴布亚新几内亚的传统外交政策是同澳大利亚以及英联邦国家发展紧密的关系。随着和平与发展成为时代的主题，巴布亚新几内亚经济发展和对外贸易的需要推动着巴布亚新几内亚在维持传统外交关系的同时，进一步地扩大对东亚和东南亚等北方国家的关注，培养同亚洲国家的友好关系。与此同时，随着中国实施改革开放政策、全面拓展与世界各国的政治经济友好关系，密切与南太平洋岛国的合作成为中国加强周边地区合作的题中之意。正是在这样的背景下，巴布亚新几内亚与中国开启了新的外交进程。

中国与巴布亚新几内亚关系的发展

一 历史与现状

（一）建交以来的双边政治关系

自建交以来，巴布亚新几内亚同中国政治关系的发展基本顺利。1976年10月12日，两国在北京签署《中华人民共和国和巴布亚新几内亚独立国关于建立外交关系的联合公报》，标志着两国在和平共处五项原则的基础上正式建立外交关系。随后，1977年10月，中国首任驻巴布亚新几内亚兼职大使到任。1980年11月，中国驻巴布亚新几内亚使馆正式开馆，负责同巴布亚新几内亚政府协商沟通、处理双边外交事务。1988年4月，巴布亚新几内亚也正式在中国设立大使馆，并派大使常驻北京。在建立外交关系的同时，两国政府高层为推动双边关系发展，开展了一系列的互访活动。据不完全统计，截至2012年9月，巴布亚新几内亚和中国双边部长级及以上政府高层互访达50多次。① 近年来，巴布亚新几内亚总理奥尼尔、前总理索马雷等政要同胡锦涛、温家宝等中国国家领导人在双边或多边等不同场合进行过深入细致的沟通交流，对深化了解、加深认识、密切两国关系产生了积极的影响。

当然，在30多年的发展过程中，由于巴布亚新几内亚国内政治更迭的原因，两国政治关系也出现了一些短暂波折。1997年，巴布亚新几内亚进行总理选举，接替陈仲民上台的新任总理史凯特完全违背了陈仲民在对待台湾问题上的一贯政策。1999年7月5日，在史凯特的操纵下，巴布亚新几内亚外长同台湾当局在台北签订"建交"公报，中国政府当天随即对此提出强烈抗议。然而，7月7日，史凯特在国会对其通过不信任案前宣布辞职，新任总理莫拉塔21日发表声明，宣布前任总理与台湾当局签署的所谓"建交"公报无效，不予承认。史凯特制造的"建交闹剧"就此收场，巴布亚新几内亚政府承诺继续坚持中巴两国建交公报的原则，继续执行"一个中国"的政策，保持同北京的外交关系。在2004年两国联合新闻公报中，巴布亚新几内亚再次保证，

---

① 根据中华人民共和国外交部网站数据统计。

巴布亚新几内亚与中国台湾之间的所有往来将严格限于经济范畴内，巴布亚新几内亚不会以任何方式与中国台湾进行有悖于一个中国立场的接触。①

尽管因"台湾问题"两国产生了短暂的不快，但巴布亚新几内亚和中国都是亚太地区发展中国家，在维护世界和地区和平稳定、谋求繁荣发展上具有广泛的共同利益。同为联合国、亚太经合组织（APEC）等国际和地区合作组织的成员，近年来两国在贸易、投资、气候变化、联合国改革等国际和地区热点问题上进行了充分的协调与合作，进一步增加了政治上的共同语言、拓展了经济上的合作潜力，为两国共赢发展、双边关系迈上新台阶奠定了基础。

（二）双边经贸投资关系及中国对巴布亚新几内亚的援助

1. 日益扩展的双边经贸投资

巴布亚新几内亚和中国同为发展中国家，两国都面临着维持可持续发展、提高人民生活水平的相似任务。② 改革开放以来，中国已是东亚地区发展成功的大国，巴布亚新几内亚目睹东亚地区长期高速发展的经济奇迹，增强亚洲关系、推进经济发展的愿望日益强烈。在双方政治交往升温的背景下，巴布亚新几内亚期望进一步拓展双边经贸关系，以期从不断增长的中国经济影响中获得更大收益。目前，巴布亚新几内亚和中国在经济上的主要合作领域包括贸易、投资、旅游、农渔业、运输、金融以及人力资源开发等。

经贸交流是巴布亚新几内亚和中国友好交往的重要体现。由于巴布亚新几内亚和中国经济结构的互补性，两国开展经贸关系具有天然的良好基础。中国主要从巴布亚新几内亚进口木材、矿石、原油等生产性原材料，这三大类产品占全部进口产品的90%以上，中国已成为巴布亚新几内亚最大的热带木材出口对象国，占巴布亚新几内亚原木出口总量的80%以上。相对地，巴布亚新几内亚从中国的进口主要以谷物以及纺织品、服装、鞋类等轻工产品和机电产品为主。21世纪以来两国贸易迅速发展。澳新银行一份报告显示，20世纪90年代末期中国从巴布亚新几内亚进口仅占中国从太平洋岛国进口的38%，而

---

① 摘自《中华人民共和国和巴布亚新几内亚独立国联合新闻公报》，2004年2月9日在北京发表。
② http://www.radioaustralia.net.au/international/2012 - 09 - 01/us - pledges - more - aid - for - strategic - south - pacific/1009334，访问日期：2012年9月14日。

中国与巴布亚新几内亚关系的发展

在2009年这个比例就已达到2/3。① 两国双边贸易额从2001年的1.4亿美元增长到2010年的11.3亿美元，年均增长78.6%。2011年两国贸易增长势头良好，仅上半年就已达6.3亿美元，同比增长6.2%，中国跃升为巴布亚新几内亚第四大出口市场，并连续第五年成为巴布亚新几内亚第五大进口来源国。② 2012年第一季度巴布亚新几内亚进出口贸易额双双大幅下降，在此背景下巴布亚新几内亚与中国第一季度的贸易总额仍有2.6亿基纳，双边贸易的重要性和稳定程度可见一斑。

双边贸易的高速发展促使两国经济交流日益紧密的同时，也带动了中国对巴布亚新几内亚的合作与投资。2007年巴布亚新几内亚就已成为中国在太平洋岛国地区的最大投资对象国，而中国也是巴布亚新几内亚仅次于澳大利亚的第二大投资来源国。目前，由中国中冶集团投资14亿美元兴建的拉姆镍矿项目即将投产，到2014年中国将是拉姆镍矿项目和首批LNG的最大买方。③ 21世纪以来，中国经济的持续高速增长以及对资源的巨大需求对太平洋岛国产生了巨大影响。随着矿产、油气资源的开发，巴布亚新几内亚在这轮需求中获益良多，经济得以迅速发展。2007年巴布亚新几内亚成为中国在太平岛国的第一大贸易伙伴，中国的经济形势对巴布亚新几内亚经济发展的影响力越来越大。在2012年8月末召开的第43届太平洋岛国论坛后对话会期间，巴布亚新几内亚总理奥尼尔同参会的中国外交部副部长崔天凯进行了会谈，随后的9月初，奥尼尔再次来华出席中国（宁夏）国际投资贸易洽谈会。由此可见双边贸易的发展在促使两国关系日益紧密的同时，中国对巴布亚新几内亚投资合作规模的扩大也使得中国对巴布亚新几内亚越来越重要。

---

① http://pg.mofcom.gov.cn/aarticle/zxhz/tjsj/200911/20091106627299.html，访问日期：2012年9月12日。
② http://search.mofcom.gov.cn/swb/recordShow.jsp?flag=0&base=inforadar&id=14762782508242454223&value=(%E5%B7%B4%E5%B8%83%E4%BA%9A%E6%96%B0%E5%87%A0%E5%86%85%E4%BA%9A%20and%20%E6%8B%89%E5%A7%86%E9%95%8D%E7%9F%BF)，访问日期：2012年9月12日。
③ http://search.mofcom.gov.cn/swb/recordShow.jsp?flag=0&base=iflow_zixun&id=pg20120908320611&value=(%E5%B7%34%E5%B8%83%E4%BA%9A%E6%96%B0%E5%87%A0%E5%86%85%E4%BA%9A%20and%20%E6%8B%89%E5%A7%86%E9%95%8D%E7%9F%BF)，访问日期：2012年9月21日。

2. 中国对巴布亚新几内亚援助概况

在经贸规模的持续扩大之外，巴布亚新几内亚同中国双边关系的发展还表现为中国对巴布亚新几内亚的系列援助以及两国在农业、医疗、教育和人员培训等方面的交流合作上。在基础设施方面中国的援助已经取得广泛成果，巴布亚新几内亚国家体育场、国立瓦温中学、沃达尔大学和戈洛卡大学学生宿舍等已成为象征两国友谊的标志性建筑。农业技术合作方面，哈根农业技术合作项目、莱城水产品加工项目等都在2011年相继投产。2012年6月莱城中国港湾项目正式启动，中国政府援建的国际会议中心也即将在莫尔斯比港破土动工。据相关统计，截至2011年，共有5批中国援巴布亚新几内亚医疗队在莫尔斯比港总医院工作，200多名巴布亚新几内亚学生获得中国政府奖学金赴华留学，约400名巴布亚新几内亚政府官员受邀到中国参加各种培训课程。①

2012年9月，巴布亚新几内亚总理奥尼尔访问中国并出席中国（宁夏）国际投资贸易洽谈会，巴布亚新几内亚再次从中国获得60亿基纳（约为27亿美元）的贷款，同时中国方面还为巴布亚新几内亚提供了4000万元人民币（2000万基纳）的援助。② 这对进一步加快巴布亚新几内亚资源开发、促进巴布亚新几内亚经济增长具有重要意义，同时对进一步密切两国经贸关系、加强政治互信等产生了重大影响。③

（三）巴布亚新几内亚与中国的社会文化交流

巴布亚新几内亚地处南太平洋，虽然地理位置上仍然属于中国的周边地区，但由于交通不便等原因，两国之间的社会文化交流并不频繁。目前，在巴布亚新几内亚的华侨华人有12000名左右，主要分为当地出生的华人、来自东南亚及港台的华人以及近年来来自中国大陆的华侨华人三大类。这些华侨华人几乎分布于巴布亚新几内亚社会各个阶层，基本融入了当地生活。自两国建交以来，为丰富两国文化交流内容，中国杂技小组、济南市杂技团以及其他文化团体曾赴巴布亚新几内亚演出，加深了两国人民之间的相互了解。2007年11

---

① http://pg.chineseembassy.org/chn/zbgx/t865394.htm，访问日期：2012年9月20日。
② http://www.thenational.com.pg/?q=node/38560，访问日期：2012年9月18日。
③ http://www.radioaustralia.net.au/international/radio/program/pacific-beat/pngs-pm-defends-loan-from-chinas-exim-bank/1019696，访问日期：2012年9月24日。

中国与巴布亚新几内亚关系的发展

月,中国正式将巴布亚新几内亚列为中国公民出国旅游目的地,丰富的热带旅游资源吸引了大批中国游客前往。同时,随着巴布亚新几内亚外来投资政策的宽松,越来越多的中国商人参与到巴布亚新几内亚经济发展的进程中,两国人员之间的相互交流日益增强,这对加深了解、密切双边关系有一定的推动作用。

(四)巴布亚新几内亚与中国的军事交流

与其他太平洋岛国类似,巴布亚新几内亚的军事实力相对落后。21世纪以来,为适应变化的国际形势和配合国内经济的发展,巴布亚新几内亚国防军包括陆海空军在内的规模一直维持在2000人左右,并且存在武器装备落后、训练不足等问题。随着两国经济交流的增多,巴布亚新几内亚同中国的军事交流也日益发展。针对巴布亚新几内亚国防军实际情况,中国国防部向巴布亚新几内亚国防军提供了系列的物资和设备援助。比如,2004年7月,中国国防部援建的巴布亚新几内亚国防军士兵俱乐部正式移交,极大地丰富了巴布亚新几内亚国防军的休闲生活。2007年12月,中国向巴布亚新几内亚提供300万元人民币的无偿军事援助。除了中国对巴布亚新几内亚的军事援助之外,巴布亚新几内亚同中国的军事交流还包括双方军事领导人相互之间的交流访问以及中国为巴布亚新几内亚国防军提供的军事培训。2009年中国人民解放军总参谋长陈炳德访问巴布亚新几内亚;2010年8月,中国海军舰艇编队首次访问巴布亚新几内亚。可以预见,随着中国海军实力的增强,中国军队同巴布亚新几内亚国防军的交流活动也将日渐增多,形式也将更为丰富多样。

二 两国关系发展面临的挑战

从政治、经济、社会文化以及军事交流方面的分析来看,当前巴布亚新几内亚与中国之间的政治交往日益融洽,双方经济发展及合作前景趋好,两国是真诚可靠的"好朋友、好伙伴"。然而,这并不意味着21世纪两国关系的发展将一帆风顺。随着综合国力的进一步提升,中国在亚太地区的崛起已是必然,与此同时美国高调重返亚太的战略选择毫无疑问将推动各国在亚太地区新一轮的竞争角逐。在这一战略背景下,巴布亚新几内亚与中国关系的发展也将面临一些挑战。

第一,中国经济发展的前景引发巴布亚新几内亚可能的担忧。在和平与发展依然是世界主题的今天,巴布亚新几内亚同中国双边关系拓展和加深的基础是双边经贸关系的稳步增强。伴随着中国成为世界第二大经济体,对资源和世界贸易的需求持续扩大以及巴布亚新几内亚国内矿产、油气、农林等资源的有效开发,两国在经贸、投资领域的合作必将深化,资源开采、农业种植、工程建设等方面都有巨大的合作空间。然而,尽管双方合作意愿加深、规模扩大,但对两国经贸发展的预测不可盲目乐观。2012年9月最新统计数据显示,中国在8月的进口呈现负增长,而同期出口也表现平平。中国经济的弱势表现引发外界对中国能否达到GDP增长7.5%这一预定目标的担忧。作为中国在太平洋岛国的第一大贸易伙伴,能源资源极其丰富的巴布亚新几内亚是中国进口的最大受益者之一,[1] 因此巴布亚新几内亚国内工商界人士担心中国进口的减少不仅会使资源产品的价格下降甚至将会导致巴布亚新几内亚国内矿产项目计划的推迟,影响巴布亚新几内亚经济的进一步发展。[2]

第二,两国的经济合作催生系列问题。巴布亚新几内亚当前正处于工业化的初始阶段,中国巨大而广泛的投资合作对巴布亚新几内亚的经济发展具有重要意义。而随着巴布亚新几内亚政治的转型和公众意识的提高,中国在巴布亚新几内亚的投资也遭遇越来越多的争议。巴布亚新几内亚国内出现中国投资破坏当地自然环境、造成社会问题甚至出现"中国的投资是对巴布亚新几内亚资源的掠夺"等种种杂音。经济投资合作中出现类似问题而造成中国在非洲和东南亚国家中的形象受到影响,进而影响到两国经济甚至是政治关系的案例已不鲜见。显然,中国在巴布亚新几内亚的投资合作方式也应逐步改善、调整才能适应巴布亚新几内亚以及国际经济和社会政治形势的发展。

第三,中国在太平洋岛国地区日益扩大的投资和经贸合作除了使得巴布亚新几内亚对中国的经济形势保持着强烈关注外,中国在该地区日益上升的影响力也引发了外界的一些臆测。2012年第43届太平洋岛国论坛后对话会期间,

---

[1] http://www.radioaustralia.net.au/international/radio/program/asia-pacific/png-watches-chinas-economic-downturn-with-some-concern/1015398,访问日期:2012年9月16日。

[2] http://www.abc.net.au/news/2012-09-13/an-png-cautiously-eyes-china-economic-slowdown/4259854,访问日期:2012年9月20日。

中国与巴布亚新几内亚关系的发展

希拉里的高调参与就被看作美国对中国地区影响力上升的一种回应。① 虽然中方对此表示中国只是通过经济合作谋求双方的可持续发展,提高双方人民的生活水平,并未在这一地区谋求特殊影响力;② 但在中国日益崛起、美国高调"重返亚太"的背景下,包括巴布亚新几内亚在内的太平洋岛国前所未有地处在了世界政治的聚光灯下,太平洋岛国地区政治、经济形势的发展将不可避免地带有大国博弈的痕迹。巴布亚新几内亚只是南太平洋中的一个岛国,小国生存需要在大国之间灵活的合作、妥协甚至是保持距离。如此,巴布亚新几内亚同中国的关系发展也脱离不开亚太战略环境这个固有的框架。

三 结语

当前,巴布亚新几内亚的主要精力集中在推动国内经济增长、维持社会稳定、提高人民生活水平上,在亚太地区大国博弈的格局下,巴布亚新几内亚竭力谋求的是保持同各大国友好关系基础上的小国生存。第43届太平洋岛国论坛会期间,巴布亚新几内亚同美国讨论的重点是资源开发和援助,而同中国会晤的重点也放在双边经贸关系以及扩大贸易投资潜能上。因此,可以预见,在当前的战略环境下,中国与巴布亚新几内亚将继续以贸易和投资合作为重点,在相互尊重主权、平等互利的基础上,推动双边关系的稳定发展。

A Review of the Development of the China-Papua New Guinea Relationship

Zhang Zuxing

Abstract:Papua New Guinea declared independence on September 16,1975

---

① http://www.radioaustralia.net.au/international/2012-08-17/powerful-diplomacy-to-play-out-at-pacific-forum/1001020,访问日期:2012年9月14日。
② http://www.radioaustralia.net.au/international/2012-09-01/us-pledges-more-aid-for-strategic-south-pacific/1009334,访问日期:2012年9月1日。

and then joined the British Commonwealth, which marked the birth of the largest island country of the South Pacific. Although China and Papua New Guinea are separated by vast oceans, and have different political and economic systems, the bilateral relations between them have experienced a stable development in the past few decades. In October 1976, the newly independent Papua New Guinea established diplomatic relations with China. Since then, in despite of occasional setbacks, the bilateral relations have developed rapidly on the basis of the principles of equality, mutual benefit, cooperation and win-win. The two countries reached a series of important cooperation in international and regional economic and political affairs. In the 21st century, under the background of the rise of China and the United States' high-profile return to the Asia-Pacific region, the strategic position and value of the Pacific island countries will significantly increase. Papua New Guinea is an important partner of China in the Pacific island countries, thus the bilateral relations between Papua New Guinea and China have a new opportunity for further development.

Key Words: Papua New Guinea; China; Bilateral Relations; Development

B.17 中国与大洋洲岛国的关系：现状、意义与障碍

魏志江 叶浩豪 李瑞

摘　要：

　　近年来，中国非常重视发展与大洋洲岛国的关系，在经济、外交等领域取得了重大进展，这对于中国提升国际影响力以及维护国家利益具有重大意义。但是，中国与大洋洲岛国的交往过程中存在的许多障碍因素也为双方关系的长远发展带来消极影响。因此，本文主要阐述了中国与大洋洲岛国关系的发展现状、重要意义以及障碍因素，以期为实现双方关系的友好发展提供参考。

关键词：

　　中国　大洋洲岛国　现状　意义　障碍

一　前言

　　大洋洲国家除了澳大利亚和新西兰外，其余岛国的经济还处于欠发达状态，经济结构单一。大多数岛国都面临财政拮据的经济问题，不得不寻求国际社会的援助和支持。长期以来，这些大洋洲岛国都是处于世界政治经济舞台的边缘地带，被认为是"太平洋最偏僻的地区"。但是，近年来气候变化带来的环境问题日益严重，这些大洋洲岛国作为海岛国家受到的影响也最为明显。同时，面对世界政治经济形势日益严峻的挑战，大洋洲岛国也深刻认识到需要加强区域内国家间合作，利用地区国际组织的力量，向世界发出统一的声音，增强岛国在国际社会的影响力，从而维护自身国家利益。另外，这些大

洋洲岛国有12个是联合国会员国,在国际问题上拥有投票权,而且随着岛国之间不断加强联系,相互协调国家对外政策,在对相关国际问题进行表决时逐渐发展成一股不可忽视的力量。传统上,由于这些大洋洲岛国面积小,人口稀少,地理位置偏远、经济发展水平落后以及交通不便利,长久以来,中国与这些大洋洲岛国的关系发展得不到应有重视。① 但是,进入21世纪后,中国也开始调整其外交政策,不断加强与大洋洲岛国的国家关系。近年来,中国与大洋洲岛国间政府高层往来频繁,政治互信不断深化,中国与大洋洲岛国还设立了"中国-太平洋岛国论坛""中国-太平洋岛国经济技术合作论坛"等对话沟通平台。在2006年4月5日,中国国务院总理温家宝出席了在斐济举行的"中国-太平洋岛国经济发展合作论坛"首届部长级会议开幕式并发表主旨演讲,称"发展与太平洋岛国的友好合作关系,不是中国外交的权宜之计,而是战略决策"。因此,本文主要围绕中国与大洋洲岛国的经济和外交关系进行系统阐述,并对发展中国与大洋洲岛国关系的意义和阻碍因素进行详细分析,以期为国家发展与大洋洲岛国关系提供建设性参考意义。

二 中国与大洋洲岛国的经济关系

近年来,虽然大洋洲岛国政府纷纷制定和实施各项经济政策以促进国家的经济发展,大部分国家取得了一定成就;但是,由于欧洲经济的不确定性,其对大洋洲岛国资源的需求将减少,赴该地区的游客人数增长也将放缓,这将对大洋洲岛国经济产生间接影响。亚洲银行在《2012年亚洲发展展望》报告中预测,2012年大洋洲岛国经济增长率将降至6%,2013年将进一步跌至4.1%。② 事实上,目前很多大洋洲岛国应对经济冲击的能力不足。其中,斐济、瑙鲁、萨摩亚和汤加的债务水平已超过警戒线,基里巴斯信托基金存量迅速下跌,图瓦卢信托基金收入在可预见的未来也无法支撑其经济增长。而且,

---

① 孔妃妃:《浅析中国对于南太平洋岛国的对外援助》,外交学院硕士毕业论文,2010,第11页。
② http://vu.mofcom.gov.cn/aarticle/jmxw/201102/20110207420392.html,访问日期:2013年1月4日。

岛国中主要的资源出口型国家经济减速是该区域经济放缓的另一重要因素。

随着中国的经济实力不断增强，中国已经发展成为世界第二大经济体，而且中国还是大洋洲岛国资源出口的重要市场。因此，加强与中国的经济合作成为大洋洲岛国提升应对经济冲击能力的最佳选择。另外，从经济、技术和资源等领域看，中国和大洋洲岛国之间存在很大的互补性。大洋洲岛国虽然拥有丰富的海底矿产资源，但是缺乏开采的经济实力和技术，而中国正处于经济高速发展时期，需要长期稳定的矿产资源供应，因此双方都有合作发展的愿望和需求。在2006年首届"中国－太平洋岛国经济合作发展论坛"部长级会议上温家宝总理宣布了中国政府与岛国开展合作、扶持岛国经济发展的六项举措，在帮助建交岛国提高经济发展能力、加强基础设施建设、人员培训等方面提供了力所能及的支持。① 近年来，中国在对大洋洲岛国的贸易投资、对外援助以及经济技术合作等方面都取得了丰硕成果，不断深化了双方的经济关系。

（一）中国与大洋洲岛国贸易投资关系

根据中国海关的统计，2009年，中国与大洋洲国家的贸易额为673.1亿美元，同比增长2.3%。中国与大洋洲岛国的贸易额为26.7亿美元，同比增长51.5%。在国际金融危机影响下，世界贸易受到严重打击，但是中国与大洋洲岛国之间的贸易逆势而上，保持了增长态势。② 而且，2011年2月澳新银行的报告显示，过去10年中，中国与大洋洲岛国之间的贸易额从2001年的1.8亿美元增加到2010年的15亿美元，实现爆炸性增长。这份报告指出，2001年到2010年，中国对大洋洲岛国出口额以每年34%的速度增长，这使中国在大洋洲岛国进口市场的占有率达到12%，首次超越新西兰。而大洋洲岛国对华出口年平均增长率为30%，主要出口商品是巴布亚新几内亚、所罗门群岛的矿石和原木。因此，澳新银行认为，中国与大洋洲岛国的贸易正在摆脱

---

① 商务部美洲大洋洲司：《互利共赢、共同发展——开创中国与大洋洲国家经贸合作美好未来》，《中国经贸》2010年第12期，第26页。
② 商务部美洲大洋洲司：《互利共赢、共同发展——开创中国与大洋洲国家经贸合作美好未来》，《中国经贸》2010年第12期，第26页。

全球金融危机的消极影响，双边合作仍将持续发展。①

在贸易快速发展的同时，中国与大洋洲岛国的相互投资也取得了积极进展。截至2010年9月，中国企业在大洋洲岛国的非金融类直接投资额达到了5.3亿美元。根据斐济投资局公布的数据，2012年1~6月，中国已经成为斐济最大的投资来源国（占总投资的21.77%）。近年来，瓦努阿图来自中国的投资金额也保持快速增长，2011年约2513万美元，同比增长1倍以上。大洋洲岛国也已成为中国企业"走出去"开展海外投资的热点地区之一。

（二）中国对大洋洲岛国的援助情况

中国和大洋洲岛国都是发展中国家，在许多方面可以互相帮助和借鉴。作为"南南合作"的重要组成部分，中国积极帮助大洋洲岛国的经济和社会发展。近年来，中国对大洋洲岛国的援助项目涉及多个领域，主要包括了政府公共设施援建、基础设施项目援建、人员交流、医疗领域合作、农业和渔业领域的合作以及对于地区区域性组织的援助。例如，中国在斐济为多项公路升级项目提供优惠贷款。中国公司在斐济开展公路项目建设过程中积极实施属地化经营模式，大量雇佣当地劳动力并对其进行技能培训，且在项目实施过程中积极回馈当地社会和人民。除了帮助当地村民修房填地，还派专人教村民提高务农技能，与当地村民合作建立农业试验基地。自2011年以来，中国为汤加多项工程项目的建设提供了援助，包括了主岛干线公路升级改造二期项目、瓦瓦乌阿伊普阿大桥项目以及全国公路升级优惠贷款项目等。此外，中国新任驻瓦大使谢波华与瓦努阿图副总理兼贸工部长哈姆·利尼签署换文，确认中国政府将于2013年内开始，对原产于瓦努阿图95%税目输华产品给予零关税待遇，以此提高其产品的竞争力。

（三）中国与大洋洲岛国的经济技术合作

近年来，中国除了与大洋洲岛国进行相互贸易投资、援助大洋洲岛国发展

---

① http://vu.mofcom.gov.cn/aarticle/jmxw/201102/20110207420392.html，访问日期：2013年1月7日。

基础项目工程外,中国还积极为大洋洲国家发展经济提供技术支持,并与大多数大洋洲国家签订了技术合作协定。2011年7月28日,中国驻密克罗尼西亚联邦大使张卫东与密联邦外交部长罗伯特分别代表本国政府签署了《中华人民共和国政府和密克罗尼西亚联邦政府经济技术合作协定》。① 同年,汤加王国首相图伊瓦卡洛和中国驻汤加大使王东华在汤加首都努库阿洛法签订了关于中国向汤加提供无偿援助的经济技术合作协定。② 中国驻汤加大使王东华在签字会上积极评价了中汤之间的友好合作关系发展,并强调,虽然中国仍是发展中国家,自身经济发展也面临诸多挑战,但是中国政府重视与汤加的友谊与合作,将尽力支持汤加推进经济复苏与发展的努力。

三 中国与大洋洲岛国的外交关系

中国已经和大部分大洋洲岛国建立了外交关系,但是迄今仍有6个国家(瑙鲁、图瓦卢、所罗门群岛、马绍尔群岛共和国、帕劳、基里巴斯)没有和中国建立外交关系。近年来,中国同大洋洲岛国关系保持良好的发展势头。2011年8月,首批大洋洲岛国政治家联合考察团成功访华,增进了中国人民与大洋洲岛国人民之间的相互了解和友谊,也进一步推动了双方的务实合作。时任中共中央政治局常委、全国政协主席的贾庆林对各建交岛国坚持一个中国政策,在台湾问题等事关中国核心利益的问题上给予中方坚定支持表示赞赏。此外,贾庆林还表示,中方尊重各岛国根据各自国情选择的发展道路,支持各国不断发展经济、改善民生,愿在和平共处五项原则基础上与各岛国加强各领域互利合作,实现共同发展。③

随着中国与大洋洲岛国间经贸关系的不断加深,中国和大洋洲岛国间高层互访与接触日益频繁,政治互信不断深化,双方的磋商与对话机制也不断发

---

① http://fm.mofcom.gov.cn/aarticle/jmxw/201108/20110807704605.html,访问日期:2013年1月3日。

② http://to.mofcom.gov.cn/aarticle/zxhz/sbmy/201103/20110307434849.html,访问日期:2013年1月3日。

③ 杨晔:《贾庆林会见太平洋岛国客人》,《人民日报》2012年5月26日,第1版。

展。自 2011 年以来，瓦努阿图总理纳塔佩、密克罗西亚总统莫里、新西兰总理约翰·基、巴布亚新几内亚总理索马雷和斐济总统奈拉蒂考等大洋洲国家领导人先后访华。2011 年中国外交部副部长崔天凯、北京市人大常委会主任杜德印先后对斐济进行了访问。2012 年 4 月 13 日，中国商务部部长陈德铭在斐济首都苏瓦会见了斐济总理姆拜尼马拉马。① 2012 年 8 月 28 日，新任中国驻瓦努阿图大使谢波华在总统府向瓦努阿图总统尤路·约翰逊·阿比尔总统递交了国书。谢大使表示中瓦两国友好交往源远流长，两国人民友谊深厚，两国建交 30 年来在政治上相互尊重，在经济社会发展中相互支持，在国际事务中积极合作，双边关系呈现良好发展势头。谢大使还表示，将在任期内努力增进两国人民友谊，不断推动双边友好合作关系持续发展。② 与此同时，瓦努阿图总理萨托·基尔曼也称中国多年来一直根据瓦努阿图最迫切的需要为其提供帮助和支持，促进了瓦社会经济可持续发展。随着双方理解不断加深，瓦政府和人民对台湾问题有了更明确的认识，将一如既往地恪守一个中国政策。最后，瓦努阿图总理指出，近年来中国不断加强与包括瓦在内的大洋洲岛国的交流与合作，这不仅有利于该地区经济发展，同样对该地区和平稳定有重要意义。巴布亚新几内亚外交部秘书长毛伟则称中国是其国家五大发展伙伴国之一，而中国驻巴布亚新几内亚大使仇伯华也表示，根据中国的对外援助政策，在相互尊重、互惠互利、平等的基础上，双方应共同致力于推动两国的合作和友谊，确保双方关系稳定发展。③

四 中国发展与大洋洲岛国关系的重要意义

（一）大洋洲岛国的重要战略地位

这些大洋洲岛国邻接澳大利亚和新西兰，并与南极遥遥相望，西接印度尼

---

① http://fj.china-embassy.org/chn/zfgx/t923810.htm，访问日期：2013 年 1 月 4 日。
② http://vu.china-embassy.org/chn/zwgx/t963997.htm，访问日期：2013 年 1 月 4 日。
③ http://pg.mofcom.gov.cn/article/zxhz/sbmy/201012/20101207313460.shtml，访问日期：2013 年 1 月 4 日。

西亚和菲律宾,东部及东北部与南北美洲相对,西北与中国隔洋相望,可以说这些大洋洲岛国居于太平洋几近中央的位置,是世界各国经济往来重要的海上要道和交通枢纽。① 因此,大洋洲岛国在世界各国相互合作以及经贸往来中具有非常重要的战略地位。此外,由于大洋洲岛国与南极相距不远,其对于中国在南半球的科研考察以及战略规划都具有特殊的意义。香港中文大学的郑宇硕教授说:"我们可以看到,中国想要发展全球导航系统,要发展新的导弹计划的话,南太平洋的位置非常重要。和南太平洋建立邦交可以在那里建立多个观测基地,这对未来中国发展卫星武器和太空科技有关的技术将起到重要的影响。"②

(二)大洋洲岛国拥有丰富的矿产资源

大洋洲岛国有着非常丰富的自然资源,主要包括了矿产资源、林业资源和渔业资源。其矿产资源多数蕴藏于西太平洋美拉尼西亚岛群地区。尤其是巴布亚新几内亚拥有丰富的铜、金、铬、镍、铝矾土,海底蕴藏着天然气和石油。其中铜的储量最为丰富,达 9.44 亿吨。所罗门群岛拥有铝矾土、镍、金、铜和磷酸盐等矿产。斐济虽然国土不太大,但金、银、铜等矿藏皆备,其中金矿藏量最丰富,开发时间也最长。③对于中国而言,虽然矿产资源总量较丰富、探明储量不少,但贫矿多、难选矿多,开发利用难度大、成本高,有效供给严重不足。许多重要矿产资源短缺,需要长期依赖进口。④ 因此,与大洋洲岛国保持良好的关系有助于中国的矿产资源资源进口得到持续稳定的供应,从而有利于实现中国经济的持续稳定发展。

(三)大洋洲岛国对中国的重要意义

首先,这些大洋洲岛国有 12 个是联合国会员国,拥有在联合国大会进行

---

① 胡传明、张帅:《美中日在南太平洋岛国的战略博弈》,《南昌大学学报》2013 年第 1 期,第 52 页。
② 《中国太平洋外交:加强与南太平洋国家关系》,http://news.sina.com.cn/c/2006-04-05/10528619750s.shtml,访问日期:2013 年 1 月 5 日。
③ 孔妃妃:《浅析中国对于南太平洋岛国的对外援助》,外交学院硕士毕业论文,2010,第 11 页。
④ 莫杰、刘守全:《开展南太平洋岛国合作探查开发深海矿产资源》,《中国矿业》2009 年第 6 期,第 44 页。

投票的权利。在联合国的决议过程中,大洋洲岛国由于地理相近,国家利益趋同,往往会一致投票,形成一个小集团,而这个票源也就成为各大国重视并争取的对象。其次,该地区对于中国和中国台湾有着特殊的意义,双方在该地区的外交承认的斗争由来已久。虽然中国目前在该地区保持了很广泛的外交存在,但是这些大洋洲岛国中仍有6个国家是中国台湾的所谓"邦交国"。因此,发展与大洋洲岛国的关系,可以增强中国在该地区的影响力,从而对于中国的和平统一事业具有非常重大的意义。

五 中国发展与大洋洲岛国关系的障碍因素

(一)美国等西方国家的竞争

鉴于大洋洲岛国拥有重要的地缘战略地位以及丰富的自然资源,西方国家也非常重视发展与该地区岛国的国家关系。根据2012年瓦努阿图主流媒体《每日邮报》报道,在刚刚结束的第43届太平洋岛国论坛和论坛会后对话会上,与会各主要大国纷纷承诺继续加大对该地区的资金扶持力度。其中,澳大利亚政府承诺未来10年内将向太平洋岛国提供3.2亿美元用于促进性别平等和发展妇女权益,未来4年内提供5800万美元,加强天气、气候和海平面数据平台建设,为该地区制定应对气候变化战略提供依据。美国承诺将向该地区低海拔国家提供2500万美元以应对气候变化引起的海平面上升。此外,美还承诺将提供350万美元用于清除二战中遗留在该地区的未爆炸物。[①] 因此,西方国家在大洋洲岛国中的影响力也不可忽视。尤其是随着美国政府开始实施其"重返亚洲"战略,大洋洲岛国处于太平洋的关键位置,对于美国亚太战略的实施具有非常巨大的价值。美国也不断加强与大洋洲岛国的关系,平衡中国在该地区的影响力,从而把大洋洲国家拉拢到制衡中国的方向上。

---

① 中国驻瓦努阿图大使馆经济商务参赞处网站,http://vu.mofcom.gov.cn/aarticle/jmxw/201209/20120908337914.html,访问日期:2013年1月6日。

（二）对大洋洲岛国缺乏系统全面研究

传统上，由于这些大洋洲岛国面积小，人口稀少，地理位置偏远以及经济发展水平落后，中国长期以来并没有十分重视发展与大洋洲岛国的关系。再加上该地区交通不便利，资料和信息的收集相对比较困难，国内对于中国和大洋洲岛国关系的研究也非常有限。这导致了政府对这些岛国的社会经济、外交、税收、矿业、环保等方面的政策情况了解不够，而民众对于这些岛国的情况更是知之甚少，这也大大增加了中国企业对大洋洲岛国投资贸易的风险和难度。与此同时，由于对大洋洲国家缺乏系统全面的认识和了解，中国也难以为发展大洋洲岛国关系制定系统的长远外交战略；由于缺乏外交战略指导，中国发展与岛国关系过程中不可避免地存在盲目性与不确定性，最终不利于双方关系的长远友好发展。因此，我们迫切需要对大洋洲岛国的社会、经济、财政、税收政策、矿业政策、环保政策和国际合作政策进行综合调研，从而为国家发展与大洋洲岛国的友好关系提供战略参考。

（三）大洋洲岛国政治发展的不稳定性

近年来，大多数大洋洲岛国的政治现代化都取得了发展，社会基本维持稳定。但是现在大部分大洋洲岛国的政治制度还是主要由西方资本主义政治体制移植过来，而这些西方政治体制没有被成功地运作并与本土化相结合，这也导致了现在大洋洲岛国普遍存在着传统威权与现代民主政治的矛盾。这种矛盾在一些殖民前存在较深厚、较有实力的传统权力中心的地区尤为突出，如汤加、西萨摩亚、斐济。① 尤其是在经济面临困难的时候，矛盾就有可能会被激化，最终导致社会的不稳定。此外，大洋洲岛国发展过程中也存在着一些不可避免的社会障碍因素。这主要体现在种族冲突、地域分歧等方面。而这些岛国的政治社会发展的不确定性无疑会对中国对该地区的投资发展合作项目形成的巨大挑战。因此，这也需要我们增加对这些大洋洲岛国国内情况的认识和了解，增

---

① 雷芳、张志兵：《南太平洋岛国现代化》，《研究当代教育理论与实践》2011年第9期，第158页。

强对其政治动向的前瞻性研究和预测力,从而有利于中国对双方关系的发展前景作出研判并能及时采取措施作出有效应对。

六 结语

近年来,大洋洲岛国大力发展国家经济,不断加强政府间的区域合作,协调对外政策,致力于实现国家的长远发展以及提高大洋洲岛国的国际地位。中国和大洋洲岛国都是发展中国家,在许多方面存在着广阔的合作空间,可以互相帮助。中国政府非常重视发展与大洋洲岛国的国家关系,愿意帮助大洋洲岛国的经济和社会发展,这也是"南南合作"的重要组成部分。自 2011 年以来,中国与大洋洲岛国间高层往来频繁,政治互信不断深化,双方在国际和地区事务上的合作也不断加强。同时,中国政府在大洋洲岛国也广泛开展项目,包括了基础设施建设、农业、渔业、交通、通信、卫生、人员培训、可再生能源等方面,[①] 这些合作有助于增强大洋洲岛国的人力资源和自我发展的能力。因此,中国与大洋洲岛国之间应该继续保持良好关系,双方政府也应从战略高度和长远角度深化国家间的政治互信以及推动双边的经贸合作,共同开创中国与大洋洲岛国的美好未来。

The Relationship between China and the Pacific Islands: Current Situation, Significance and Difficulties

Wei Zhijiang Ye Haohao Li Rui

Abstract: In recent years, China has attached great importance to developing the relationship with the Pacific island countries, and has made great achievements in the fields of economy and diplomacy. And it is significant for China to enhance its

---

① 黄兴伟:《中国代表说中国政府重视同太平洋岛国关系》,《人民日报》2008 年 8 月 23 日,第 3 版。

international influence and safeguard national interests. However, there are some obstacles in the interaction between China and the Pacific island countries, which has a negative effect on the bilateral long-term development. This article mainly elaborates the development status quo, significance and obstacles of the relationship between China and the Oceania island countries in order to provide a reference for the friendly bilateral relationship.

Key Words: China; The Oceania Islands; Status Quo; Significance; Obstacles

资料篇
Appendix

B.18
2012年大洋洲地区大事记

刘舒羽　左林　任荣

中新自由贸易顺利推进

从2012年1月1日起,根据2008年中新两国签订的自由贸易协定,中国对新西兰葡萄酒以及鱼、贻贝、龙虾和鲍鱼等生鲜及冷冻海鲜的进口关税已降至零。协定规定关税税率为6%至20%的新西兰对华出口产品,包括婴幼儿配方奶粉、酸奶、冷冻鱼、冷冻鱼排和葡萄酒等,将在2013年前逐步免税。此前的2010年11月至2011年10月,中国-新西兰年商品贸易总量达到近105亿美元,而新西兰的目标是在2015年将中新双边贸易额扩大至160亿美元。

巴布亚新几内亚兵变

2012年1月26日,巴布亚新几内亚一座兵营发生兵变,一群数目不详的士兵面涂彩绘闯入位于巴布亚新几内亚首都莫尔斯比港的国防部队总部默里军营，软禁了支持现任总理彼得·奥尼尔的阿格威准将。退役上校萨萨宣布自己领导了此次兵变，目的是要求 2011 年 8 月被议会投票废黜的前任总理迈克尔·索马雷重新上任。兵变当中没有人员伤亡。

陆克文辞去澳大利亚外长职务

2012 年 2 月 22 日，澳大利亚外长陆克文宣布辞职，称自己在没有总理吉拉德支持的情况下无法继续任职外长。当时陆克文正在美国华盛顿访问，称其本周将会回国，并在议会 27 日重新开会前，发表一份有关其未来的完整声明。此前有报道称，吉拉德准备免去他的外长职务，因此其最体面的做法就是辞职。

澳大利亚执政工党举行党首选举投票

2012 年 2 月 27 日，澳大利亚执政党工党举行党首投票选举。在 102 张总票数中，现任总理吉拉德获得了 71 票支持，澳大利亚前外长陆克文得 31 票。吉拉德高票获得连任。此前，澳大利亚政坛因陆克文和吉拉德之间的工党领导权之争而一度陷入动荡局面。吉拉德表示接下来的工作就是团结政党、挽回失望的选民，迎接 2013 年大选，但承认这项任务并不轻松。

汤加国王乔治·图普五世去世

2012 年 3 月 18 日，太平洋岛国汤加王国国王乔治·图普五世在中国香港一家医院病逝，享年 63 岁。图普五世 2006 年即位以来为推动汤加的君主立宪和民主改革作出了巨大努力。2010 年，汤加首次举行议会直选，结束了长达 165 年的封建统治。图普五世国王去世时，他的兄弟图普托阿王储陪伴在身旁。

帕劳渔民事件

2012 年 4 月 5 日，中国外交部发言人洪磊在例行记者会上说，据帕劳有

关部门向中方通报的情况，3月31日，帕劳警方在追捕涉嫌非法进入帕劳海域捕鱼的中国渔船时，误击中一名中国船员致其死亡，并抓扣25名船员。洪磊说，事件发生后，外交部高度重视。因中国与帕劳未建立外交关系，代管帕劳事务的中国驻密克罗尼西亚使馆立即启动应急机制，敦促帕方向中方通报案情，公正、妥善处理此事，并委托帕劳友好社团看望被扣船员。帕劳总统约翰逊·托里比翁（Johnson Toribiong）事后接受采访时表示，中国渔民事件是一个不幸的意外，他对于在事件中有中国渔民死亡感到遗憾和难过，也对死者的家属致意慰问。他强调一定会对事件进行调查，确保查明当时当地警察开枪的时候是否合法合理和遵循程序，最后一定会给各个方面包括死者的家属一个全面的交代。他证实，当地的司法部门已经向25名关押在监狱里的渔民提出起诉，控诉他们非法入境和非法捕鱼，但同时也确保25名渔民会得到合法合理的保障。

澳海军战舰抵中国上海访问

2012年5月17日，澳大利亚皇家海军"巴勒拉特"号导弹护卫舰抵达中国上海港，开始进行为期5天的友好访问。澳大利亚海军战舰的访问是澳中两国庆祝建交40周年活动的一部分。不过，"巴勒拉特"号的访问也有实际的活动内容，舰长厄尔利说，"巴勒拉特"号将与中国海军战舰一起举行海上搜救演习，亚太地区经常发生海啸、地震等灾难，作为这一地区的一员，澳大利亚需要了解其他国家在应对紧急情况时采取的措施，以便协同行动，更好地完成救灾抢险任务。

大洋洲国家杯足球赛举行

2012年6月1～10日，大洋洲国家杯足球赛在所罗门群岛首都霍尼亚拉举行，在第一轮赛事中获胜的球队联同轮空的7支球队共同争夺大洋洲杯冠军球队，同时获得代表大洋洲足球协会参赛2013年洲际国家杯参赛资格。此次活动为大洋洲足球协会举办的第9届大洋洲国家杯。赛事亦是2014年世界杯大洋洲区外围赛的第二轮赛事，结果塔希提队以 1:0 击败新喀里多尼亚队获得冠军。

太平洋岛国贸易展销会举行

2012 年 6 月 25 日，为期 3 天的 2012 年太平洋岛国贸易展销会在斐济西部旅游城市楠迪拉开帷幕，来自太平洋岛国的 50 多家企业将展销各自的特色产品，包括斐济的珍珠、纽埃的香草、马绍尔群岛的手工艺品、巴布亚新几内亚的咖啡、所罗门群岛的椰皂和椰油、萨摩亚的面包果、汤加的诺丽果汁和辣椒酱、瓦努阿图的香蕉片等。展销会期间，主办方还安排多场研讨会，重点讨论市场准入、贸易便利化及金融支持、产品质量和中小企业发展等议题。举办本届展销会旨在为本地区各国企业与潜在顾客架设沟通和合作的桥梁。促进本地区经贸往来和合作，推动区域整体经济发展。本次展销会还得到了联合国开发计划署的支持，由太平洋岛国私人企业组织等机构主办，澳大利亚－新西兰国民银行和斐济工贸部等提供赞助。

新西兰出售国有企业

2012 年 6 月 26 日，新西兰通过混合所有制模式（The Mixed Ownership Model）议案，允许在国家保持控股地位的前提下，部分出售国有企业。被部分出售的企业包括三大国有电力企业之一的 Mighty River Power，计划出售其中 49% 的股份，政府持有 51% 的股份；新西兰最大的能源国有企业之二的 Meridian Energy 和 Genesis Energy；新西兰最大的煤炭开采企业 Solid Energy 和新西兰的主要的航空公司 Air New Zealand，在拥有的近 74% 的股权中，新西兰政府拟再减持 23% 的股权。

斐济启动大选程序

2012 年 6 月 29 日，斐济在首都苏瓦市政厅正式启动 2014 年大选选民登记工作。于 2006 年通过军事政变上台的斐济总理姆拜尼马拉马第一个通过电子注册机进行选民登记,并从工作人员手中接过选民证。随后,包括一些政府官员在内的 20 余人也办理了登记手续。大规模选民登记工作从 7 月 3 日起在斐济全国进行,在为期 8 周的时间内,共有 66 万名符合条件的选民登记注册。

澳大利亚政府开始实施碳排放税政策

2012 年 7 月 1 日,澳大利亚开始实施其争议巨大的碳排放税。全国 294 家碳排放最严重的发电厂、运输公司等企业,将以每吨 23 澳元的价格交纳碳排放税。碳排放税收入将用于发展清洁能源,补助因碳排放税引发物价上涨而受到冲击的家庭。根据相关报道,大多数家庭将从政府这一补助计划中获益,扣除物价上涨因素,仍会有所节余。这意味着许多家庭的收入将因此会略有增加。从 2015 年 7 月起,通过排放配额拍卖等方式,实现碳价灵活化,直至 2018 年实现碳市场价格自由浮动。

澳大利亚政府开始征收矿产资源税

从 2012 年 7 月 1 日起,澳大利亚政府将向年利润超过 7500 万澳元的煤和铁矿石企业征收矿产资源租赁税,大约有 320 家澳大利亚本地矿产企业进入征税范围。由于税率为应税利润的 30%,根据估算,未来 3 年内有望为澳大利亚联邦政府贡献大约 108 亿澳元税赋。这些收入将被用于充实澳大利亚养老金、对其他经济部门减税以及扶持中小企业等。此举有可能进一步提高他国铁矿石的进口成本。这一计划也遭到澳大利亚本地矿业公司的抵制。

澳大利亚移民政策调整

从 2012 年 7 月 1 日开始,澳大利亚移民局将实施在线技术甄选"Skill Select"申请系统,并正式引入 EOI 邀请制移民。此前澳大利亚移民局就采取了一系列的举措。3 月 9 日,将现行的六大类雇主担保签证简化为两类新的签证——186 签证和 187 签证，同时提高雅思成绩为每门 6 分；5 月 25 日，彻底改革了现有的商业技术签证项目，将其重新命名为"商业创新与投资"项目，并对其指导纲要进行修改。移民所需的资产要求也大幅提高，政府企业家类别由 50 万澳币增加到 80 万澳币，投资者类别由 112.5 万澳币增加到 225 万澳币。7 月，技术移民打分体系通过分数由原来的 65 分调整至 60 分。

中国驻密克罗尼西亚、瓦努阿图两国新任大使分别到任

2012 年 7 月 9 日，中国驻密大使张卫东卸任回国，27 日下午，新任驻密克罗尼西亚联邦大使张连云偕夫人抵密履新。8 月 14 日，中国驻密克罗尼西亚联邦使馆举办张连云大使到任招待会，密联邦副总统阿利克等近百人出席。2012 年 8 月 14 日下午，新任中华人民共和国驻瓦努阿图共和国特命全权大使谢波华和夫人赵彦抵达瓦努阿图维拉港国际机场，接替不久前离任的程树平担任中国驻瓦努阿图大使。

澳中理事会代表团访问科技部

2012 年 7 月 11 日，中国科技部国际合作司刘志明参赞在部内会见了来访的澳中理事会主席史伟立（Warwick Smith）先生一行。刘志明参赞向客人介绍了中国科技发展概况以及中澳科技合作与交流的进展。史伟立主席介绍了澳大利亚创新体系、澳中理事会的职能及其对华合作情况等。双方还就开展科技管理培训合作等交换了意见。澳中理事会属于澳大利亚外交外贸部，于 1978 年由澳大利亚政府建立，其主要职能是促进澳大利亚与中国之间的相互了解和两国人民之间的彼此交流。每年都以各种形式资助两国的相关学术研究机构和个人开展对于澳大利亚和中澳关系的学术研究和交流活动。

新西兰政府调查中国留学生伪造文件案

2012 年 7 月 11 日，新西兰对 279 名中国学生利用伪造文件获得签证进入

新西兰留学一事展开调查。调查方认为，有两家中国中介机构为这些学生提供了一些伪造或存在欺瞒的申请文件和银行财务证明，使279名学生拿到了到新西兰留学的签证。虽然不清楚学生们对于自己的假签证文件是否知情，但目前仍在新西兰境内的231名中国学生很可能面临被驱逐的命运。新西兰当地的移民顾问表示，由于这起欺诈案件，中国学生留学新西兰将面临更加严格的审查与控制。

太平洋部队管理研讨会在澳大利亚举行

2012年7月17日，由亚太地区各国军方高层参与的"太平洋部队管理研讨会"第36届年会在澳大利亚首都堪培拉举行，此次年会讨论的议题包括救灾准备等。共有27个国家的军方高层出席，其中包括来自中国解放军的高级代表。澳大利亚及美国的军方高层均对中国参与该会议表示欢迎。

澳新宣布恢复与斐济外交关系

2012年7月30日，澳大利亚外交部部长卡尔与斐济外长、新西兰外长举行了三方会谈。卡尔表示，澳大利亚将向斐济派遣自2009年斐济发生宪法危机以来的第一位常驻高级专员。英联邦国家之间互派的高级专员相当于特命全权大使。卡尔说，澳大利亚和新西兰都已同意对向斐济实施的旅行限制采取更为灵活的态度。澳新两国自2009年起与斐济断交，并驱逐斐济大使；斐济以牙还牙，也驱逐了两国大使。

奥尼尔当选巴布亚新几内亚总理

2012年8月3日，巴布亚新几内亚议会宣布唯一获得提名的总理候选人彼得·奥尼尔当选新一届总理。奥尼尔当天在议会投票中以94票赞成、12票反对的表决结果当选新一届政府总理。随后他在首都莫尔斯比港宣誓就职。彼得·奥尼尔8月9日晚对外公布了其内阁成员名单，包括奥尼尔本人，新内阁共有33名成员,其中副总理雷奥·狄恩兼任政府间关系部部长。此外,作为中国在太平洋岛国中最大的贸易伙伴,奥尼尔高度重视与中国的经贸关系,在上任不久就来华出席宁洽会暨第三届中阿经贸论坛,并于2012年9月11日同国务院副总理李克强进行了会晤。双方表示要在农业、能源资源、基础设施等领域加强合作,实现共赢,并且两国将继续在国际和地区问题上保持良好的协调与合作,致力于维护亚太地区的和平、稳定与繁荣。

中国海军"郑和"训练舰访问汤加

2012年8月11~15日,中国海军"郑和"训练舰对汤加进行友好访问。此次访问是"和谐使命——'郑和'舰环球行"任务的一部分。访问期间,汤加国王图普六世夫妇、首相图伊瓦卡诺、国防军司令乌塔阿图等军政高官及有关国家驻汤加外交机构人员等参观了军舰并出席在"郑和"舰甲板上举行的招待会。太平洋是中汤和其他有关国家的共同家园,致力于和平共处、共建"和谐太平洋"符合本地区各国共同利益,也需要各方共同努力。中汤两军交往合作是中汤关系的重要组成部分,意义超出两国关系范畴。"郑和"舰的到访增进了中汤两军交流,有助于促进太平洋地区的和平与和谐。8月14日,"郑和"舰还举办了公众开放日活动,数百名汤加民众、学生及华侨华人登舰参访,与中国海军官兵进行交流,加深了对中国海军的认识和了解。

澳大利亚国会众议院通过动议表彰华人移民贡献

2012年8月16日,澳大利亚国会众议院通过动议,表彰华人移民为澳大利亚建设作出的积极贡献。提出这一动议的自由党众议员约翰·亚历山大表示,澳大利亚是一个多元文化的社会,华人也是其中一部分。华人和其他澳大利亚人一样,珍视家庭,努力工作,渴望成功,这些相同的价值观将各个族群联系在一起。1803年,一名木匠从中国来到澳大利亚,成为澳大利亚有记载的第一位华人移民。自此,华人移民在澳大利亚逐渐进入农业、矿业、商业、种植业、制造业等行业,对当地社会产生了积极影响,他们在实现个人梦想的同时，也为澳大利亚社会的繁荣发展贡献着力量。近年来，华人移民在澳数量逐年增加，根据2012年6月公布的澳大利亚最新人口统计，中国已经超过英国，成为澳大利亚最大的新移民来源国。

美军任命澳大利亚将领出任美国陆军太平洋司令部副司令

2012年8月21日，五角大楼"史无前例"地任命一位澳大利亚将领出任美国陆军太平洋司令部副司令。美国陆军部长约翰·麦克休当日宣布了对澳大利亚少将理查德·麦克斯威尔·布尔的任命。根据陆军安排，2012年11月正式就任后，布尔将负责陆军太平洋司令部的战备、军演、应急行动等事务，并将居中协调美军与南亚各国、新西兰乃至澳大利亚之间的军事交往。麦克休表示，澳大利亚是美国最重要的盟军之一，布尔出任此职将深化美军在亚太地区的双边和多边合作，巩固美军在该地区的战略地位。

第43届太平洋岛国论坛召开

2012年8月29～31日，第43届太平洋岛国论坛领导人会议在库克群岛拉罗汤加岛举行。15个岛国领导人汇聚一堂讨论地区经济贸易、海洋资源保护、气候变化、斐济局势等议题。会后发布的公报称，在为期3天的会议中，与会领导人围绕"大洋岛国－太平洋挑战"、海洋资源可持续发展等主要议题进行了深入讨论，并达成共识。并且，会议决定在明年的论坛领导人会议上对2005年制定的"太平洋计划"进行第二次审议，以评估论坛成员国10年发展规划的实施成效。太平洋岛国论坛是南太平洋国家政府间加强区域合作、协调对外政策的区域合作组织，其有16个成员，分别是澳大利亚、新西兰、斐济、萨摩亚、汤加、巴布亚新几内亚、基里巴斯、瓦努阿图、密克罗尼西亚、所罗门群岛、瑙鲁、图瓦卢、马绍尔群岛、帕劳、库克群岛和纽埃。由于斐济领导人姆拜尼马拉马于2006年12月发动军事政变后，没有在2009年5月1日的规定期限前公布举行全国大选的日期，因此太平洋岛国论坛中止了斐济的参会资格，斐济也没有出席此次会议。

2012年大洋洲地区大事记

库克群岛将建全球最大海洋保护区，面积106万平方公里

2012年8月28日，库克群岛总理普纳（Henry Puna）在太平洋岛国峰会开幕式上宣布，库克群岛将建设全球最大的海洋保护区，总面积达106万平方公里，相当于两个法国。据悉，这个新的海洋保护区将是有史以来由一个国家负责的最大的海洋综合管理区。库克群岛海洋保护区将提供必要的可持续发展框架，平衡旅游业、渔业和深海采矿等经济活动，以及维护该海域核心生物的多样性。普纳表示，保护太平洋海洋生态系统不只是造福库克群岛人民，更能够造福人类。他还呼吁其他太平洋岛国一起设立海洋保护区，在该海域建立一个庞大的海洋保护网络。

澳大利亚士兵在阿富汗身亡

2012年8月29日，3名澳军士兵在阿富汗发生的袭击事件中死亡，另有2名澳军士兵在阿富汗发生的坠机事件中死亡。严重伤亡事件促使正在库克群岛出席太平洋岛国论坛会议的澳大利亚总理吉拉德提前结束出访活动返回堪培拉，听取国防部官员的详细报告。这一事件使澳大利亚社会各界对澳何时从阿富汗撤军的问题关注陡增。吉拉德表示，澳大利亚军队在2014年原定的撤军日期之前将继续在阿富汗执行任务，不会改变撤军时间表。另外，2012年10月22日，又有一名澳大利亚士兵在阿富汗身亡，这是2012年以来阵亡的第7个澳大利亚士兵，而从2001年至2013年初，共有39名澳大利亚军队士兵在阿富汗战争中死亡。

希拉里出席太平洋岛国论坛后对话会

2012年8月30日晚，美国国务卿希拉里·克林顿抵达库克群岛拉罗汤加岛，出席第24届太平洋岛国论坛会后对话会。这是首位美国国务卿和迄今最高级别的美国官员出席太平洋岛国论坛。此前美国国务院发表声明称，希拉里

此次出访是美国与太平洋岛国"加强接触"和"继续合作"努力的组成部分，有利于加强双方在经济、民间的交流以及拓展在战略、环境和安全问题上接触的"深度和广度"。希拉里在对话会上表示太平洋足够大，美国愿意与其他有兴趣在太平洋地区建立伙伴关系的各方进行合作。随着太平洋地区在战略和经济上变得越来越重要，希拉里表示太平洋地区的重点之一是安全，美国寻求在该区域建立"美国式合作模式"。

瓦努阿图再度获评自然灾害风险最高国家

2012年9月，联合国发布2012年度"世界风险报告"，按照自然灾害的危害、灾难易发性、现有的监测管控和应对能力等指标对全球173个国家进行评估。其中，瓦努阿图继2011年之后，再度被评为全球最易受自然灾害影响的国家。瓦努阿图面临的自然灾害主要包括地震、飓风及气候变化等。汤加、菲律宾、危地马拉和孟加拉国紧随其后。

南太平洋岛国首家孔子学院在斐济成立

2012年9月6日，位于斐济首都苏瓦的南太平洋大学举行仪式，庆祝南太岛国地区首家孔子学院正式成立。斐济总理府代表蒂科杜阿杜阿、中国国家汉办副主任静炜、中国驻斐济大使黄勇和南太大学校长兼孔子学院理事会理事长钱德拉等出席仪式。目前，斐济政府已决定将普通话列为全国中小学的必修课目，中方也向斐济派遣了多名教师。孔子学院的成立不仅为斐济和南太岛国人民学习中文提供了场所，更为加强双边交流合作提供了便利，是斐中两国友好合作关系发展的成果和见证。在双方共同努力下，孔子学院将进一步增进中国与斐济乃至南太地区岛国之间的相互了解和信任，为双方带来好处。

吴邦国委员长访问斐济

2012年9月20～23日，中国全国人大常委会委员长吴邦国对斐济进行了正式友好访问，与斐方领导人进行了亲切友好的会谈，在广泛问题上达成共识。双方一致同意进一步发展两国关系，推动双方在广泛领域的互利合作。斐济是南太地区重要国家，近年来中斐两国关系得到进一步发展，双方长期保持着高层官员和代表团的互访。这是吴邦国第一次访问斐济，也是中国的全国人大常委会委员长首次访问斐济，此次访问的目的是进一步深化中斐之间重要的合作伙伴关系，为双边关系注入新的动力。中斐关系的蓬勃发展，不仅给两国和两国人民带来实实在在的利益，也为亚太地区的稳定与发展作出了积极贡献。会谈结束后，吴邦国和姆拜尼马拉马还共同出席中斐两国政府经济技术合作协定等有关协议的签字仪式。

第 25 届关岛·密克罗尼西亚群岛联欢盛会十月上演

2012 年 10 月 5~7 日，第 25 届关岛·密克罗尼西亚群岛联欢会（Guam Micronesia Island Fair）在杜梦湾伊保海滩总督约瑟夫弗洛雷斯纪念公园举行，游客可以通过联欢会亲身体验当地的文化与艺术。关岛·密克罗尼西亚群岛联欢会是美国关岛观光局主办的年度标志性文化活动，以展示充满活力、丰富多彩的密克罗尼西亚文化。2012 年大会的主题是"欢庆 25 年的文化融合"，旨在纪念与促进这 25 年间密克罗尼西亚诸岛在文化艺术和历史传统上的团结一致。据悉，过去 25 年中的每一年，来自密克罗尼西亚联邦、罗塔岛、塞班岛、天宁岛、基里巴斯、瑙鲁、马绍尔群岛及帕劳的代表们都会聚集在关岛共同庆祝这个该地区最大型的文化盛宴，这里可以欣赏到来自密克罗尼西亚的雕刻家、铁匠、捕鱼专家、宝石工、纺织匠、舞者、音乐家和厨师的精湛技艺，并感受已延续了上千年的当地文化习俗。

陷性丑闻澳大利亚众议长辞职，吉拉德政府遭沉重打击

2012 年 10 月 9 日，因涉嫌性骚扰男性下属，澳大利亚联邦议会众议长彼得·斯利珀宣布辞职，这令吉拉德领导的工党政府再次岌岌可危。澳大利亚反对党当天在议会提出要将斯利珀撤职的动议，但最终以 69 票对 70 票一票之差

未能通过。然而,斯利珀在数小时后宣布辞去议长职务。斯利珀是 2011 年从反对党阵营转投工党的,并在总理吉拉德的力荐下出任众议院议长,这就使得吉拉德政府在众议院得以维持两个席位的优势。然而随着斯利珀宣布辞去议长职务,加上早前已有一名独立派议员决定不再支持吉拉德,吉拉德今后要在议会通过任何议案都将面对重重障碍,对吉拉德政府来说斯利珀的辞职无疑是个沉重打击。

澳大利亚取代西班牙成为世界第 12 大经济体

2012 年 10 月 9 日,国际货币基金组织(IMF)发布《世界经济增长展望》报告。根据该报告,澳大利亚已取代西班牙成为世界第 12 大经济体。IMF 依据美元汇率将各国的国内生产总值进行比较,得出世界经济体的排名。自 2007 年以来,澳大利亚从世界第 15 大经济体的位置上一路逐步超越韩国、墨西哥、西班牙,成为世界第 12 大经济体。

澳大利亚与中国签订新的海关伙伴关系协议

2012 年 10 月 11 日,澳大利亚海关与边境保护署代理署长迈克·佩祖乐和中国海关总署副署长鲁培军在双边会谈中签订了一项新的战略伙伴关系协议,以此纪念澳中两国建交 40 周年。该协议是两个海关机构间能够签署的最全面、最远大的一个协议,协议将继续保障两国间合法的旅行与贸易,同时加强对非法物品跨边境活动的打击。两国间不断增加的贸易和旅行联系显示了双边关系的重要性和双方边境管理机构紧密合作的必要性。因此,协议确定双方机构加强在六个关键领域的合作,分别是:港口到港口货物往来的追踪、国际邮件环境、贸易数据交流、贸易促进措施的合作、货物清关程序的交流以及在应对两国间增多的新康泰克往来中的合作(新康泰克是一种含有伪麻黄碱的药物,是澳大利亚违禁药品生产中的关键易制毒化学品)。

2012年大洋洲地区大事记

澳大利亚当选为联合国非常任理事国

2012年10月19日，在联合国大会对安理会席位的票决中，澳大利亚赢得140票，与阿根廷、卢旺达、卢森堡和韩国一起取得联合国安理会非常任理事国席位。此次当选是自1986年后，澳大利亚再次获得联合国安理会席位，也是澳大利亚第五次进入联合国安理会。为了获得联合国非常任理事国席位，澳大利亚近年来一直在不懈努力。在过去4年中，澳大利亚联邦政府除了拿出30亿澳元进行对外援助，还花费2400万澳元用于游说活动。澳大利亚外长卡尔自2012年3月就职以来，为争取各国对澳大利亚加入安理会的支持就走访了26个国家。

澳大利亚与菲律宾举行联合海上训练演习

2012年10月22日开始，澳大利亚与菲律宾举行为期5天的"Lumbas 2012"联合海上训练演习。此次联合训练演习至少有150名菲律宾海军人员和200名澳大利亚海军士兵参加。训练内容包括专业知识交流行动、舰队训练、登船执法人员项目及两国海军间的社交互动，另外还包括打击恐怖主义、人口和毒品走私、人道主义援助以及灾害反应。澳大利亚与菲律宾双边关系日益密切，菲律宾参议院今年7月24日表决通过菲律宾与澳大利亚之间的《访问部队地位协议》，允许军方和澳大利亚军队在菲律宾举行联合军事演习。而在此次演习期间，菲律宾总统阿基诺三世于21日离开马尼拉开始"太平洋之旅"，对澳大利亚和新西兰进行正式访问。

澳大利亚调低经济增长预期

2012年10月22日，澳大利亚联邦政府公布2012~2013财年（2012年7月至2013年6月）预算案更新版，将本财年国内生产总值（GDP）增长预期从5月预计的3.25%调低至3.0%。尽管当前澳大利亚经济基本面良好，

GDP增长稳健、金融领域表现强劲、失业率也维持在较低的水平，但国际经济形势恶化预计将使澳联邦政府本财年税收减少约40亿澳元（约合41.3亿美元）。澳联邦政府将本财年预算盈余从5月预期的15亿澳元（约合15.5亿美元）降低到11亿澳元（约合11.4亿美元），因此，即使世界经济形势进一步恶化，澳大利亚仍拥有较大政策空间，可以动用货币和公共财政手段加以应对。

澳大利亚发布政策白皮书《亚洲世纪中的澳大利亚》

2012年10月28日，澳大利亚发布名为《亚洲世纪中的澳大利亚》的政策白皮书，希望能抓住亚洲崛起的历史机遇，特别是通过发展与中国和印度的贸易，促进经济的进一步发展。《亚洲世纪中的澳大利亚》在五大方面提出了25个目标，涉及教育、外交、经贸等各个领域。教育上，鼓励澳大利亚孩子学习亚洲语言以及亚洲文化；在经贸领域，澳大利亚政府希望到2025年，与亚洲地区的贸易额占经济总量的比重从目前的25%提高到1/3左右；另外，面对"中国崛起"，白皮书指出，任何旨在阻止中国军力增长的政策都是行不通的，澳大利亚可以在维持与美国的防卫关系和支持中国军力增长这两者之间保持平衡。澳总理吉拉德指出，21世纪亚洲会重返全球领导地位，白皮书就是为澳在未来搭乘亚洲崛起快车、促进本国发展规划的蓝图。她还表示，政府将增加一个新的"亚洲世纪政策"部门，以推行澳国内教育、基础设施、税收和规章制度改革，迎接亚洲世纪。

澳大利亚与中国和新西兰合作开展
人道主义援助和救灾演习

自2012年10月29日起，澳大利亚国防军与中国人民解放军和新西兰国防军在澳大利亚布里斯班的Enoggera军营举行名为"2012合作精神"的人道主义援助和救灾演习。此次演习以军事医学为主题，分为桌面推演和实兵演练两部分,并于11月1日结束。其间共约54名军事人员参加。演练假定太平洋假想岛国卡鲁萨姆发生地震,并引发海啸和洪涝灾害,造成大量人员伤亡。应该国请求,中国、澳大利亚、新西兰三方军队赴灾区联合开展医疗救援行动。此次"2012合作精神"是2012年为庆祝澳中建交40周年开展的多个国防交流活动中的一项。澳大利亚国防部长2012年6月首次访华时正式向中国人民解放军发出了参加本次演习的邀请。联合演习的开展增进了澳大利亚、中国和新西兰对各方在跨国人道主义援助和救灾中做出的防御反应的相互了解,在原有双边合作的基础上拓展和深化了三边交流。

全国人大常委会副委员长周铁农访问澳大利亚

2012年10月29日至11月3日,应澳大利亚联邦议会邀请,中国全国人大常委会副委员长周铁农率团访问澳大利亚。10月31日,周铁农一行在堪培拉分别会见澳大利亚联邦议会参议长霍格、众议长伯克、贸易部部长埃默森、反对党自由党副领袖毕晓普、联邦议会贸易分委会主席萨芬、澳中小组主席麦克莱兰等。全国人大常委会委员、全国人大法律委员会副主任委员刘锡荣,全国人大常委会委员、全国人大内务司法委员会副主任委员张学忠,全国人大常委会委员、全国人大华侨委员会副主任委员陈玉杰,辽宁省大连市人大常委会主任怀忠民,中国驻澳大利亚大使陈育明等陪同出席上述活动。周铁农副委员长在上述会见中表示,非常高兴在中澳建交40周年之际访澳。40年来,中澳关系不断向前发展,取得了历史性成就。中方愿与澳方共同努力,以建交40周年为契机,推动两国互利共赢的全面合作不断迈上新台阶,更好地造福两国人民。两国立法机构应进一步加强交流与合作,为增进两国人民之间的相互了解和友谊、推动双边关系全面发展发挥积极作用。澳方热烈欢迎周铁农副委员长率团访澳,表示完全赞同周副委员长对两国关系的评价。澳方表示,中国的发展和繁荣对澳具有非常重要的意义;澳大利亚政府和议会高度重视对华关系,愿在已有良好合作基础上推动两国关系取得更大发展。双方还就其他共同关心的议题交换了看法。

纪录片《来自澳大利亚的故事》正式启动

2012年10月31日，由中国和澳大利亚共同打造的6集高清纪录片《来自澳大利亚的故事》正式启动，这是首部中澳联合摄制的纪录片。《来自澳大利亚的故事》贯穿着"中国人在澳大利亚"这一主题线索，以东方视角探寻一个充满魅力的澳大利亚。纪录片不仅将为观众讲述澳大利亚遥远的过去和充满活力的现代，展现澳大利亚独特而神奇的大陆地貌和生物种群，还将呈现无数华人在澳大利亚的生活与情感故事，为人们展现一个绚烂多姿的神秘大陆。据悉，纪录片《来自澳大利亚的故事》将于2013年摄制完成，随后将在亚太地区以及其他国际市场发行传播。

国家宗教局副局长蒋坚永访问新西兰

2012年11月13~17日，应新西兰圣经公会邀请，中国国家宗教局副局长蒋坚永率团访问新西兰。访新期间，蒋副局长参观了新西兰圣经公会，听取了公会工作介绍，双方就中新宗教领域的交流与合作进行了有益探讨。蒋副局长并会见了新国家党和工党议员，并拜访了教会领袖。

美澳年度部长磋商会议召开

2012年11月15日，美澳年度部长磋商会议在珀斯举行，美国国务卿希拉里和国防部长帕内塔，澳大利亚外交和国防部长参加了这次会议。双方就阿富汗撤军和一系列的双边军事合作问题展开了讨论。会议作出两项决定：一是美军飞机将在澳北部进行更多轮飞行训练；二是美国海军扩大对澳皇家海军在印度洋舰艇基地斯特灵的使用权。此外，美国还要在澳大利亚西部沿海地区建一座宇宙监测雷达站。

新西兰荣登世界最适宜经商之地榜首

2012年11月15日，《福布斯》杂志发布了《2012最适宜经商的国家和

2012年大洋洲地区大事记

地区名单》，新西兰荣登榜首，被评为2012年最适宜经商的国家。《福布斯》杂志的"最适宜经商国家"排行是根据世界141个国家和地区在产权、创新、税收、科技、腐败、自由（包括个人、贸易和资金自由度）、办事手续繁琐程度、对投资者的保护以及股市收益率等11个方面的情况评选出来的。新西兰是排行前十名中最小的经济体，但在上述11项衡量指标中有四项名列首位，包括最高的个人自由度和投资者保护水平，以及最低的办事手续繁琐程度和腐败程度。这表明，新西兰虽然是小国，但作为投资和经商目的地具有很大优势。

澳－新更紧密经济关系会议召开

2012年11月15日，澳大利亚－新西兰更紧密经济关系会议在澳大利亚首都堪培拉举行。两国贸易部长参加了会议。双方讨论了涉及两国贸易关系的一系列重大问题。双方强调了两国之间自由和开放的经贸关系，以及继续推动两国单一经济市场的结果框架的实行的重要性。考虑到全球经济情况的不确定性，双方同意加强合作，共同应对挑战，推动地区和全球性贸易组织和框架的改革。澳大利亚和新西兰经济联系的重要性反映在双方的贸易和投资层次。澳新经贸关系联系紧密，两国2011年度的贸易额已达到216亿澳元，目前澳大利亚在新西兰有740亿澳元的投资，新西兰在澳大利亚有300亿澳元的投资。强劲的经济联系促进了两国的民间交往。

温家宝总理会见新西兰总理约翰·基

2012年11月19日，中国国务院总理温家宝在金边会见新西兰总理约翰·基。温家宝说，中新建交40年来，两国关系发展顺利。双方确立了发展中新互利共赢的全面合作关系，并签署自贸协定，为两国关系注入了强劲动力。中方重视新西兰在亚太地区的重要影响，愿与新方加强协调配合，增进政治和战略互信，推动中新关系和区域合作取得更多成果。温家宝表示，中国经济继续保持较快增长，将为中新经贸带来更多机遇。中方愿扩大进口新西兰商品，欢迎新方不

断开拓中国市场。两国政府要为扩大相互投资创造更好的环境,支持双方企业在平等互利基础上按照市场规则开展合作,拓展在食品、环保、新能源、绿色经济等领域的合作。约翰·基表示,新中建交40年来,两国关系全面发展,新中自贸协定的签署有力推动了两国经贸合作。新方愿与中方进一步加强高层互访,扩大合作,确保中国企业在新投资获得公平待遇,密切双方在国际和地区事务中的沟通协调,推动两国关系取得更大发展。

瓦努阿图选出新一届总理和议会议长

2012年11月19日,在瓦努阿图第十届议会第一次会议上,萨托·基尔曼当选为政府总理。这是基尔曼再次当选为瓦努阿图总理,他曾于2010年12月当选总理。在10月举行的瓦努阿图全国大选中,基尔曼领导的国民进步党仅仅赢得了议会52个席位中的6席,但基尔曼联合了其他党派,组成了一个松散的多党联盟,从而使得自己获得了议会多数议员的支持,在议会第一次会议的投票中得到29票的多数,当选为新一届政府总理。在同一次会议上,同属于基尔曼领导的国民进步党的乔治·威尔斯也以29票多数当选为瓦努阿图议会议长。

惠灵顿－厦门庆祝两市结好25周年

2012年11月22日,惠灵顿－厦门两市结好25周年庆祝活动在惠灵顿市政府隆重举行。厦门市代表团,惠灵顿市长西莉娅·韦德布朗、副市长麦金农、前市长贝利奇、惠厦协会会长克里斯等逾200名嘉宾出席了活动。韦德布朗市长热烈欢迎代表团一行的到来。她愉快地回忆了2011年7月率团访问厦门的情景,并表示,惠灵顿和厦门虽相隔遥远但两地市民的友谊却超越了空间的距离。自缔结友城关系以来,两地在经济、文化、教育、医疗等诸多领域保持着良好互动,是惠灵顿友城关系中的重要一支。此次代表团的来访将进一步促进两地友城关系朝着良性、全面的方向发展,双方计划在环保、科研、电影后期制作等方面开展更多的合作与交流。厦门副市长康涛代表代表团一行感谢惠灵顿市政府的热情款待，向1987年签署两市结好协议的惠灵顿前市长贝利奇先生表示敬意，向惠厦协会长期以来致力于推动两市友好往来表示感谢。他表示，惠灵顿和厦门同为港湾城市，环境优美，气质"般配"，资源丰富，人民友好。25年来，厦门市在厦门大学设立新西兰研究中心、在厦门市区建成惠灵顿路、厦门园博园建立惠灵顿园、厦门图书馆开设惠灵顿角，两地民众有着深厚感情。期待以25周年"银婚"纪念为新的起点，加强相互学习，加强交流合作，共同创造更美好的明天。布朗市长和康涛副市长还分别代表双方续签了两市相关合作协议。

李源潮会见澳大利亚联盟党代表团

2012年12月4日，中共中央政治局委员李源潮在人民大会堂会见由澳大利亚自由党副领袖毕晓普和国家党领袖特拉斯率领的澳大利亚联盟党代表团。李源潮介绍了中共十八大有关情况，并积极评价中澳关系和澳大利亚联盟党为推动中澳关系发展作出的贡献。李源潮说，中方愿与澳方一道，以中澳建交40周年为契机，增进战略互信，扩大互利合作，更好造福两国人民。中国共产党重视发展同澳大利亚联盟党的关系，愿加强治国理政经验交流，推动中澳关系长期健康稳定发展。毕晓普和特拉斯表示，中国的繁荣、安全、稳定不仅对中国有利，也有利于亚太地区乃至世界的发展。澳方高度关注中共十八大，愿充分利用中共十八大给澳中合作带来的重大机遇，深化澳中各领域互利务实合作，共同造福两国人民。澳大利亚联盟党愿深化同中国共产党的交流合作，互学互鉴，推动澳中关系向前发展。

中国与密克罗尼西亚签署经济技术合作协议

2012年12月4日，中国驻密克罗尼西亚联邦大使张连云与密联邦外交部长罗伯特分别代表本国政府签署了《中密经济技术合作协议》。张大使在签字仪式上致辞时表示，中国改府一贯重视中密关系，支持密联邦经济社会发展，希双方尽早商定好有关项目。中方愿与密方共同努力，深化务实合作，造福两

国人民。罗伯特外长表示,该协议必将深化合作,进一步加强密中两国友好关系。

新西兰公共部门清廉指数再次获评世界第一

2012年12月5日,"透明国际"组织公布了2012年全球清廉指数。作为打击腐败的全球性非政府组织,"透明国际"通过其90多家分支机构在全球开展工作,旨在提高公众对腐败危害性的认知度,并与当地政府、企业和非政府组织合作共同打击腐败。该组织每年发布的全球清廉指数是对世界各国家和地区公共部门清廉度进行观察得出的比照排行表。在2012年的176个国家和地区中,新西兰公共部门再次以最高清廉度观察指数位居榜首,这是得益于本国较高的信息公开度和公共部门工作人员行为规则。新西兰已连续7年位列该排行榜首位。2012年,新西兰与丹麦和芬兰并列第一。

第21届巴布亚新几内亚-澳大利亚部长论坛召开

2012年12月6日,第21届巴布亚新几内亚-澳大利亚部长论坛在巴布亚新几内亚首都莫尔斯比港举行。两国外长共同主持了这一会议。双方讨论了双边关系、民间联系、双边经济合作、澳方对巴方的相关援助的切实履行、打击走私偷渡等犯罪活动等问题,以及一系列地区和国际重大问题。双方强调了澳巴关系在地区关系中的重要作用,重申了双方协调合作的重要性。双方一致认为,随着两国关系的日益成熟,双方的伙伴关系将会得到更为深入的发展。

新西兰总理约翰·基会见刘延东

2012年12月9日,新西兰总理约翰·基在奥克兰会见了正在新西兰进行正式访问的中国国务委员刘延东。刘延东说,中新建交40年来,两国关系获得长足发展,中方重视发展中新关系,视新西兰为亚太地区开展互利合作的好朋友、好伙伴。中新关系已逐渐成为不同社会制度、不同文化背景、不同发展阶段国家和平共处、互利共赢的典范。两国共同创造了中国与西方国家经贸关系史上的多个"第一",人文交流的规模和形式不断创新发展,为两国人民带来了实实在在的好处。刘延东说,中国共产党第十八次全国代表大会确立的中国未来发展战略目标为中新两国的友好合作开辟了更加广阔的前景,相信通过两国共同努力,不断探索双方利益契合点,扩大互利合作面,定能在新的起点上实现中新全面合作关系的新水平。刘延东高度赞赏新西兰政府发布首份《中国战略报告》和成立"新中关系促进委员会",感谢新政府为克赖斯特彻奇市地震中遇难和受灾中国留学生及其家属提供的帮助。约翰·基表示,新中建交40周年来,两国建立和发展了强有力、密切、全面的合作关系。新方致力于进一步加强与中方各领域友好交流与务实合作,将两国关系不断推向前进。同日,刘延东会见了奥克兰市长布朗,参观奥克兰大学科技项目和孔子学院,并在"新中关系促进委员会"欢迎晚宴上就两国建交40周年发表讲话。

中国-太平洋岛国论坛对话会特使李强民访问斐济

2012年12月10～12日,中国-太平洋岛国论坛对话会特使李强民访问斐济。访问期间,李特使分别会见斐总统奈拉蒂考和斐总理姆拜尼马拉马,向斐方通报不久前闭幕的中国共产党第十八次全国代表大会情况,并同斐方就落实最近两国领导人互访达成的共识、推动双方务实合作及中斐关系深入发展交换了意见。李特使还视察了斐利用中国政府优惠贷款、由中铁工程一局承建的低造价住房等援建项目,并同项目负责人进行了座谈。

12月12日,李强民访问位于斐济首都苏瓦的太平洋岛国论坛秘书处,会见论坛秘书长斯莱德,向对方通报不久前闭幕的中国共产党第十八次全国代表大会情况,并就进一步拓展中国同论坛秘书处及论坛成员国间互利合作等问题深入交换了意见。

江苏省副省长许津荣访问新西兰

2012年12月10～14日,江苏省副省长许津荣率团访问新西兰。访新期间,许津荣同新环境部资源管理改革部门负责人举行了会谈,双方就中新环保领域的交流与合作进行了有益探讨,中国驻新西兰大使馆政治处、科技处负责人陪同出席。徐建国大使在官邸会见了代表团一行。许津荣副省长与新环境部资源管理改革部门负责人就环境保护等问题交流情况。访问期间,代表团还同新中友好协会奥克兰分会、新西兰国际友城协会、宜水环境科技公司等进行了交流和座谈。

刘延东访问澳大利亚

2012年12月11日,中国国务委员刘延东抵达悉尼,12日与澳大利亚总理吉拉德共同出席澳政府举行的中澳建交40周年庆祝活动,并发表主旨演讲。澳众议长伯克、前总理霍克、反对党领袖代表罗布及中澳各界人士500多人出席。刘延东说,中澳建交40年来,在两国历届政府和社会各界的共同努力下,高层交往日趋密切,双边贸易迅速增长,人文交流蓬勃开展,中澳互利共赢的全面合作关系不断取得新进展。中澳同为亚太地区有影响的重要国家,在维护地区稳定与发展方面拥有广泛共同利益、肩负着共同责任。中澳双方应尊重彼此不同历史文化传统和发展阶段性特点,照顾对方核心利益和重大关切,在差异中求和谐,在交流中谋进步,开展全方位、高水平的经贸合作和人文交流,加强在重大国际地区问题上的沟通与协调,共同推动建立长期稳定健康发展的新型国家关系,维护亚太地区稳定与繁荣,让中澳友好事业薪火相传。吉拉德回顾了澳中建交40年发展历程,指出澳中两国利益深度融合,联系日益紧密。澳政府视中国为重要的战略伙伴和真正持久的朋友,期待与中方进一步加强高层交往,拓宽双边务实合作领域,不断推进互利共赢的全面合作关系,共创美好未来。访澳期间,刘延东还拜会了澳大利亚总督布赖斯,会见了澳总理吉拉德、外长卡尔及为中澳友好作出重要贡献的澳前政要及各界人士,并出席中澳教育、科技、图书交流等领域合作协议的签字仪式。

温家宝总理同纽埃总理塔拉吉就
中纽建交5周年互致贺电(函)

2012年12月12日是中纽建交5周年纪念日,温家宝总理同纽埃总理塔拉吉互致贺电（函），热烈庆祝两国建交 5 周年。温总理在贺电中说，中纽建交 5 年来，两国关系稳步发展，双方在经贸、文化等领域的交流与合作逐步开展，相互了解和友谊不断加深。中国政府高度重视发展与纽埃的关系，愿在和平共处五项原则基础上，与纽方共同推动两国业已存在的友好合作关系继续向前发展。塔拉吉在贺函中表示，纽埃珍视同中国的特殊关系，衷心感谢中国为促进纽埃发展所作的巨大贡献，祝愿纽中两国友谊硕果累累，两国及两国人民的联系更加紧密。

澳中举行第 15 届防务战略磋商会

2012 年 12 月 13 日，中央军委委员、总参谋长房峰辉上将在北京与澳大利亚国防军司令戴维·赫尔利上将共同主持了中澳第 15 次防务战略磋商。双方就两国两军关系、国际和地区安全问题、国防和军队建设以及其他共同关心的问题广泛深入地交换了看法。房峰辉说，中澳双边关系发展顺利，目前已经较为成熟、稳定。两军关系保持了健康稳定的发展势头，在作战、训练、教育、后勤等多个专业领域进行了务实合作。在当前国际和地区安全形势日趋复杂的背景下，两军应该加强理解和互信，保持高层互访和战略磋商，继续开展双边务实合作，加强人员交流，使两军关系与两国全面合作伙伴关系相适应。房峰辉还向赫尔利一行介绍了中国军队建设有关情况，表示中国军队始终是维护世界和平的坚定力量。赫尔利说，中澳防务磋商机制成果显著，未来希望澳中两军在战略对话、院校交流及非传统安全领域加强合作，不断提升两军合作水平。

澳大利亚、丹麦国防部长举行会谈

2012 年 12 月 14 日，丹麦国防部部长 Nick Hækkerup 访问了澳大利亚，与澳大利亚国防部部长斯蒂芬·史密斯进行了相关会谈。双方强调了丹麦和澳大利亚具有建设意义且日益紧密的国防联系，对双方的国防合作进行了战略展望。澳大利亚是北约的战略合作伙伴，目前北约的秘书长和军事委员会

主席均为丹麦人,澳丹双方在北约的相关事务中享有共同的利益,双方特别提到了在阿富汗的相关军事计划和部署。澳方认为澳大利亚和丹麦这样的北约成员国不仅在阿富汗事务,而且在应对网络安全、国际恐怖主义、核扩散等领域都有很大的合作空间,应该加强两国在全球范围内,多领域、多层次的合作。双方还讨论了亚太地区在全球日益上升的战略地位,分享了澳大利亚在东帝汶和所罗门群岛和平行动的经验。此外,澳大利亚和丹麦还计划签署一份关于防御材料的理解备忘录。促进双方在防御材料的研发、生产和获得方面的合作。

国家图书馆馆长周和平率团访问新西兰

2012年12月15~18日,中国国家图书馆馆长周和平一行访问新西兰,在新期间与新西兰国家图书馆馆长威廉·麦克努特进行了友好会谈。周和平馆长首先感谢麦克努特馆长的盛情邀请和热情接待。他表示,上个月,麦克努特馆长和新西兰内政部信息和知识服务司副司长苏·鲍威尔女士刚刚率团访华,与我国家图书馆开展了多项深入交流并表达了希继续加强双方合作交流的强烈愿望,为下阶段两馆的进一步合作往来打下了良好的基础。中国国家图书馆和新西兰国家图书馆都是亚太地区乃至世界上重要的图书馆,近年来两馆一直保持着友好的合作关系,交流频繁,合作紧密,收效颇丰。希望两馆在今后继续通过高层互访、合作办展、数字图书馆合作、古籍保护经验交流、出版物交换、资源共享等多种方式,促进共同发展,造福两国人民,加深两国间的了解和友谊。会谈期间,周和平馆长还简要介绍了中国国家图书馆相关历史、馆舍改造和特色馆藏等情况,代表团并就数字化图书馆建设、善本古籍保护等专题与新图书馆专家进行了分组讨论。会谈结束后,双方共同签署了《2012~2017中国国家图书馆与新西兰国家图书馆合作安排》。

新西兰中华妇女商会成立

2012年12月16日,新西兰中华妇女商会成立大会正式举行。会长徐丽涛在成立大会上表示，新西兰有很多华裔妇女从事经商等职业工作，这些人具备很多对促进新中两国贸易和合作发展方面的技能和潜力。她说，协会的目的和愿望就是为这些技能和潜力提供一个可以扩展和交流的地方。协会将通过不断地鼓励我们的会员，积极参与主流商业和社会活动，并通过定期活动，为本地商家和组织及会员提供一个可以资源互享、互通有无、开掘新商机、建立新关系的专业商业平台。

中国海军护航编队访问澳大利亚

2012年12月18～22日，中国人民解放军海军第12批护航编队对澳大利亚进行正式友好访问。该编队是在圆满完成2012年7月开始的亚丁湾护航任务后驶抵悉尼港的，包括"益阳"号、"常州"号两艘新型导弹护卫舰、"千岛湖"号综合补给舰，共787名官兵。此次中国军舰来访正值中澳建交40周年，也是历年来访澳规模最大的中国海军舰艇编队，是一次和平之旅、友好之旅、合作之旅。此访为中澳建交40周年庆祝活动增添了亮丽色彩。编队总指挥员、中国海军东海舰队副参谋长周煦明少将在招待会讲话中介绍了编队在亚丁湾执行护航任务的有关情况，表示此访是中澳两军友好交往的又一体现，中国海军愿同澳方继续加强交流合作，共同为维护地区与全球和平稳定作出贡献。澳国防部长史密斯发表新闻稿欢迎中国海军编队访澳，高度评价中国积极参与国际反海盗行动，表示中国在促进地区安全方面具有关键作用。此访是庆祝澳中建交40周年的重要组成部分，澳方继续致力于同中国发展积极、强劲的防务合作关系。澳海军舰队代理司令米德准将在讲话中表示，中国是澳在本地区的重要合作伙伴。近年来澳中两军交往进展良好，为促进双边关系发展发挥了重要作用。澳海军愿继续在反恐、打击海盗以及维护地区安全等领域同中方加强合作。访问期间，周煦明少将会见了米德准将，编队主要指挥员参观了澳海军舰艇。编队还同澳方举行了反海盗经验交流和官兵体育友谊赛，并安排了对澳公众开放日活动。中国海军护航编队访澳受到了中澳媒体的高度关注和积极报道。

中新两军第五次战略对话举行

2012年12月18日,中国人民解放军副总参谋长戚建国中将与新西兰国防军副司令蒂莫西·基廷少将和国防部副秘书长比德·科里共同主持了中新两军第五次战略对话。双方就两国两军关系、国际和地区安全问题、国防和军队建设及其他共同关心的问题广泛深入地交换了看法,对话取得了积极成果。戚建国说,中新建交40年来,双边关系发展顺利,两军关系也保持了良好发展势头。目前,两军高层交往频繁,人员交流活跃,在作战、训练、教育、后勤、人道主义救援减灾等多个专业领域开展了务实合作。中方愿与新方一道,进一步深化两军在各领域的务实交流与合作,为维护地区和世界安全稳定作出贡献。基廷和科里说,新方将继续致力于与中方发展更加强劲有力的防务关系,以互惠互信的方式深化各领域合作。新方积极评价两军战略对话,认为对话有助于两军加强合作,共同应对面临的各种挑战。

中国与澳大利亚完成两国农业投资和技术合作联合研究

2012年12月20日,中国与澳大利亚共同发布《中澳农业投资和技术合作联合研究报告》。为推动中澳两国农业投资和技术合作,加强两国在粮食安全领域的交流与合作,2011年以来,中国农业部会同商务部,与澳大利亚外交贸易部、农渔林业部就两国农业投资和技术合作开展联合研究,分别派工作组深入了解双方农业政策,并实地考察了两国农业生产现状。经过一年多的共同努力,双方完成联合研究并形成了《中澳农业投资和技术合作联合研究报告》(简称《报告》)。中澳两国农业和经贸部长对《报告》高度重视,联合为《报告》作序。《报告》明确,联合研究的目的是促进两国企业间的合作,共同提高农业生产力,为全球粮食安全作出必要贡献。《报告》共分六个部分,即研究概述、中澳农业发展现状、中澳农业投资与技术合作现状与前景、中澳投资与技术合作中存在的问题、中澳农业投资与技术合作的重点领域以及结论与建议等。目前,农业投资和技术合作已成为中澳两国农业合作的重点。

该《报告》将为两国企业间在相关的合作提供参考和借鉴,进一步推动和促进中澳农业经贸关系发展。

澳大利亚外交贸易部发布年度《贸易构成》

2012年12月21日前后,澳大利亚外交贸易部发布本年度《贸易构成》。《贸易构成》显示,2011~2012财政年度,中国仍然是澳大利亚的最大贸易伙伴,双向贸易达到1278亿澳元,占澳大利亚贸易总量的20%。日本和美国次之,贸易额分别为757亿澳元和567亿澳元。同时,在2011~2012年度,中国也是澳大利亚最大的商品贸易伙伴(1202亿澳元),而美国则是最大的服务贸易伙伴(161亿澳元)。《贸易构成》显示,澳大利亚的商品和服务出口总额在2011~2012年度增长了6.2%,达到3158亿澳元,贸易顺差为48亿澳元。进口增加了13%,达到3110亿澳元。报告还显示,澳大利亚的贸易总量较去年增长了近8%,进出口货价之间的比率小幅增加,上涨了0.4%,保险和养老金服务以及金融服务出口大幅增长,都增长约30%。

B.19 后　记

费　晟

在我国国际问题研究领域,对于大洋洲地区的关注是长期严重不足的,这一方面是因为该区域的国家在国际政治舞台中相对不够彰显,另一方面也与历史上我国涉外事务较少触及该地区有关。然而随着中国综合国力的飞速提升,我国政治、经济与外交事业的发展日益融入更广阔的国际社会,同时也产生了重大国际影响,尤其是近年来中国政府"走出去"战略部署的稳步推进,中国与大洋洲地区的相互依赖已经达到了空前的程度。对此,我们亟须充实对大洋洲相关国家的基础知识储备,同时力求对这些国家内政与外交现状有更准确且系统的把握,由此为国家和社会全面处理涉大洋洲事务提供丰富可靠的依据。这就是我们在全国率先完成大洋洲地区发展报告的根本目的。

鉴于无论从专业研究还是从大众认知角度看国内对大洋洲问题的了解都显得相对贫乏,这份报告有相当部分的内容涉及对大洋洲重要国家国情的基本介绍,这并非多余。在此基础上,我们对过去两年中大洋洲国家面临的重大机遇与挑战作了相对深入的分析。这里的大背景是,除了区域内国家自身发展必然产生的问题,中国与大洋洲国家的经贸合作也日趋紧密,大洋洲国家对中国市场的依赖不断加深,而美国"重返亚太"战略也在不断落实,力图在区域事务特别是政治军事领域巩固其传统地位。这些因素都为大洋洲的发展增添了变数。

在本报告的结构安排中,我们选择了澳大利亚、新西兰、巴布亚新几内亚作为分析的重点对象,尤其是对近期澳大利亚政治经济领域变化的重大特征作了具体的分析,这些都是与其国力及其与华交往密切程度相称的。同时,我们对大洋洲小型、微型岛屿国家也作了整合性的分析,力图展示大洋洲发展的全貌。这些看似不起眼的国家正在中国外交舞台上占据越来越大的空间,在今后的报告中,我们将加强对这些国家的具体分析和研究。

后　记

　　本报告是中山大学大洋洲研究中心组织的一项集体研究的成果，此外我们还邀请到研究中心之外的学者（包括海外学者）参与撰写，以便为读者提供更丰富、多元的内容与视角。尤其值得一提的是，2012年，大洋洲研究中心被列入了"教育部区域和国别研究培育基地"，由此获得了各级领导部门在人力物力上的支持。我们对此表示诚挚的谢意。此外，衷心感谢中国人民对外友好协会美大工作部副主任、中国大洋洲友好协会秘书长张和强先生为本报告撰写序言，并给予指导和鼓励。感谢社会科学文献出版社高明秀编辑、许玉燕编辑为本报告所做的细致而专业的编辑工作。

　　坦率地说，这份报告仍然存在许多疏漏浅薄之处，但在筚路蓝缕的研究旅途上，它毕竟起到一种披荆斩棘的作用，我们希望读者提出批评与建议，以便我们将来提高报告的质量与水准。

首页　数据库检索　学术资源群　我的文献库　皮书新动态　有奖调查　皮书报道　皮书研究　联系我们　读者帮助　　

权威报告　热点资讯　海量资源
当代中国与世界发展的高端智库平台
皮书数据库 www.pishu.com.cn

皮书数据库是专业的人文社会科学综合学术资源总库，以大型连续性图书——皮书系列为基础，整合国内外相关资讯构建而成。包含七大子库，涵盖两百多个主题，囊括了近十几年间中国与世界经济社会发展报告，覆盖经济、社会、政治、文化、教育、国际问题等多个领域。

皮书数据库以篇章为基本单位，方便用户对皮书内容的阅读需求。用户可进行全文检索，也可对文献题目、内容提要、作者名称、作者单位、关键字等基本信息进行检索，还可对检索到的篇章再作二次筛选，进行在线阅读或下载阅读。智能多维度导航，可使用户根据自己熟知的分类标准进行分类导航筛选，使查找和检索更高效、便捷。

权威的研究报告，独特的调研数据，前沿的热点资讯，皮书数据库已发展成为国内最具影响力的关于中国与世界现实问题研究的成果库和资讯库。

皮书俱乐部会员服务指南

1. 谁能成为皮书俱乐部会员？
- 皮书作者自动成为皮书俱乐部会员；
- 购买皮书产品（纸质图书、电子书、皮书数据库充值卡）的个人用户。

2. 会员可享受的增值服务：
- 免费获赠该纸质图书的电子书；
- 免费获赠皮书数据库100元充值卡；
- 免费定期获赠皮书电子期刊；
- 优先参与各类皮书学术活动；
- 优先享受皮书产品的最新优惠。

卡号：2206899081923120
密码：

（本卡为图书内容的一部分，不购书刮卡，视为盗书）

3. 如何享受皮书俱乐部会员服务？
（1）如何免费获得整本电子书？

购买纸质图书后，将购书信息特别是书后附赠的卡号和密码通过邮件形式发送到pishu@188.com，我们将验证您的信息，通过验证并成功注册后即可获得该本皮书的电子书。

（2）如何获赠皮书数据库100元充值卡？

第1步：刮开附赠卡的密码涂层（左下）；
第2步：登录皮书数据库网站（www.pishu.com.cn），注册成为皮书数据库用户，注册时请提供您的真实信息，以便您获得皮书俱乐部会员服务；
第3步：注册成功后登录，点击进入"会员中心"；
第4步：点击"在线充值"，输入正确的卡号和密码即可使用。

皮书俱乐部会员可享受社会科学文献出版社其他相关免费增值服务
您有任何疑问，均可拨打服务电话：010-59367227　QQ:1924151860
欢迎登录社会科学文献出版社官网（www.ssap.com.cn）和中国皮书网（www.pishu.cn）了解更多信息

社会科学文献出版社　　皮书系列

"皮书"起源于十七、十八世纪的英国，主要指官方或社会组织正式发表的重要文件或报告，多以"白皮书"命名。在中国，"皮书"这一概念被社会广泛接受，并被成功运作、发展成为一种全新的出版形态，则源于中国社会科学院社会科学文献出版社。

皮书是对中国与世界发展状况和热点问题进行年度监测，以专家和学术的视角，针对某一领域或区域现状与发展态势展开分析和预测，具备权威性、前沿性、原创性、实证性、时效性等特点的连续性公开出版物，由一系列权威研究报告组成。皮书系列是社会科学文献出版社编辑出版的蓝皮书、绿皮书、黄皮书等的统称。

皮书系列的作者以中国社会科学院、著名高校、地方社会科学院的研究人员为主，多为国内一流研究机构的权威专家学者，他们的看法和观点代表了学界对中国与世界的现实和未来最高水平的解读与分析。

自20世纪90年代末推出以经济蓝皮书为开端的皮书系列以来，至今已出版皮书近800部，内容涵盖经济、社会、政法、文化传媒、行业、地方发展、国际形势等领域。皮书系列已成为社会科学文献出版社的著名图书品牌和中国社会科学院的知名学术品牌。

皮书系列在数字出版和国际出版方面成就斐然。皮书数据库被评为"2008~2009年度数字出版知名品牌"；经济蓝皮书、社会蓝皮书等十几种皮书每年还由国外知名学术出版机构出版英文版、俄文版、韩文版和日文版，面向全球发行。

2011年，皮书系列正式列入"十二五"国家重点出版规划项目；2012年，部分重点皮书列入中国社会科学院承担的国家哲学社会科学创新工程项目；一年一度的皮书年会升格由中国社会科学院主办。

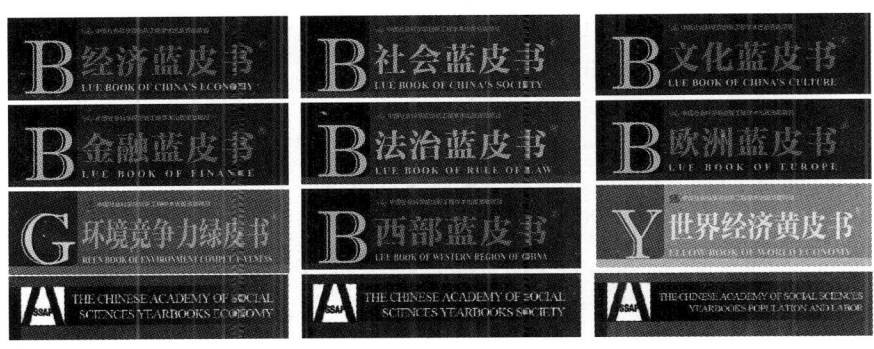

法 律 声 明

"皮书系列"（含蓝皮书、绿皮书、黄皮书）由社会科学文献出版社最早使用并对外推广，现已成为中国图书市场上流行的品牌，是社会科学文献出版社的品牌图书。社会科学文献出版社拥有该系列图书的专有出版权和网络传播权，其LOGO（ ）与"经济蓝皮书"、"社会蓝皮书"等皮书名称已在中华人民共和国工商行政管理总局商标局登记注册，社会科学文献出版社合法拥有其商标专用权。

未经社会科学文献出版社的授权和许可，任何复制、模仿或以其他方式侵害"皮书系列"和LOGO（ ）、"经济蓝皮书"、"社会蓝皮书"等皮书名称商标专用权的行为均属于侵权行为，社会科学文献出版社将采取法律手段追究其法律责任，维护合法权益。

欢迎社会各界人士对侵犯社会科学文献出版社上述权利的违法行为进行举报。电话：010-59367121，电子邮箱：fawubu@ssap.cn。

社会科学文献出版社

盘点年度资讯　预测时代前程

社会科学文献出版社

2013年
皮书系列

权威·前沿·原创

社会科学文献出版社
SOCIAL SCIENCES ACADEMIC PRESS (CHINA)

社长致辞

我们是图书出版者,更是人文社会科学内容资源供应商;

我们背靠中国社会科学院,面向中国与世界人文社会科学界,坚持为人文社会科学的繁荣与发展服务;

我们精心打造权威信息资源整合平台,坚持为中国经济与社会的繁荣与发展提供决策咨询服务;

我们以读者定位自身,立志让爱书人读到好书,让求知者获得知识;

我们精心编辑、设计每一本好书以形成品牌张力,以优秀的品牌形象服务读者,开拓市场;

我们始终坚持"创社科经典,出传世文献"的经营理念,坚持"权威、前沿、原创"的产品特色;

我们"以人为本",提倡阳光下创业,员工与企业共享发展之成果;

我们立足于现实,认真对待我们的优势、劣势,我们更着眼于未来,以不断的学习与创新适应不断变化的世界,以不断的努力提升自己的实力;

我们愿与社会各界友好合作,共享人文社会科学发展之成果,共同推动中国学术出版乃至内容产业的繁荣与发展。

社会科学文献出版社社长
中国社会学会秘书长

2013 年 1 月

社会科学文献出版社　　皮书系列

"皮书"起源于十七、十八世纪的英国，主要指官方或社会组织正式发表的重要文件或报告，多以"白皮书"命名。在中国，"皮书"这一概念被社会广泛接受，并被成功运作、发展成为一种全新的出版形态，则源于中国社会科学院社会科学文献出版社。

皮书是对中国与世界发展状况和热点问题进行年度监测，以专家和学术的视角，针对某一领域或区域现状与发展态势展开分析和预测，具备权威性、前沿性、原创性、实证性、时效性等特点的连续性公开出版物，由一系列权威研究报告组成。皮书系列是社会科学文献出版社编辑出版的蓝皮书、绿皮书、黄皮书等的统称。

皮书系列的作者以中国社会科学院、著名高校、地方社会科学院的研究人员为主，多为国内一流研究机构的权威专家学者，他们的看法和观点代表了学界对中国与世界的现实和未来最高水平的解读与分析。

自20世纪90年代末推出以经济蓝皮书为开端的皮书系列以来，至今已出版皮书近1000余部，内容涵盖经济、社会、政法、文化传媒、行业、地方发展、国际形势等领域。皮书系列已成为社会科学文献出版社的著名图书品牌和中国社会科学院的知名学术品牌。

皮书系列在数字出版和国际出版方面成就斐然。皮书数据库被评为"2008~2009年度数字出版知名品牌"；经济蓝皮书、社会蓝皮书等十几种皮书每年还由国外知名学术出版机构出版英文版、俄文版、韩文版和日文版，面向全球发行。

2011年，皮书系列正式列入"十二五"国家重点出版规划项目，一年一度的皮书年会升格由中国社会科学院主办；2012年，部分重点皮书列入中国社会科学院承担的国家哲学社会科学创新工程项目。

经济类　　 皮书系列 重点推荐

经 济 类

经济类皮书涵盖宏观经济、城市经济、大区域经济，
提供权威、前沿的分析与预测

经济蓝皮书
2013年中国经济形势分析与预测（赠阅读卡）
陈佳贵　李扬／主编　　2012年12月出版　　定价：59.00元

◆ 本书课题为"总理基金项目"，由著名经济学家陈佳贵、李扬领衔，联合数十家科研机构、国家部委和高等院校的专家共同撰写，其内容涉及宏观决策、财政金融、证券投资、工业调整、就业分配、对外贸易等一系列热点问题。本报告权威把脉中国经济2012年运行特征及2013年发展趋势。

世界经济黄皮书
2013年世界经济形势分析与预测（赠阅读卡）
王洛林　张宇燕／主编　　2013年1月出版　　定价：59.00元

◆ 2012年全球经济复苏步伐明显放缓，发达国家复苏动力不足，主权债务危机的升级以及长期的低利率也大大压缩了财政与货币政策调控的空间。本书围绕因此而来的国际金融市场震荡频发、国际贸易与投资增长乏力等经济问题对世界经济进行了分析展望。

国家竞争力蓝皮书
中国国家竞争力报告No.2（赠阅读卡）
倪鹏飞／主编　　2013年7月出版　　估价：69.00元

◆ 本书运用有关竞争力的最新经济学理论，选取全球100个主要国家，在理论研究和计量分析的基础上，对全球国家竞争力进行了比较分析，并以这100个国家为参照系，指明了中国的位置和竞争环境，为研究中国的国家竞争力地位、制定全球竞争战略提供参考。

皮书系列重点推荐 　经济类

金融蓝皮书

中国金融发展报告(2013)（赠阅读卡）

李扬　王国刚 / 主编　　2012年12月出版　　定价：59.00元

◆ 本书由中国社会科学院金融研究所主编，对2012年中国金融业总体发展状况进行回顾和分析，聚焦国际及国内金融形势的新变化，解析中国货币政策、银行业、保险业和证券期货业的发展状况，预测中国金融发展的最新动态，包括投资基金、保险业发展和金融监管等。

城市竞争力蓝皮书

中国城市竞争力报告No.11（赠阅读卡）

倪鹏飞 / 主编　　2013年5月出版　　定价：89.00元

◆ 本书由中国社会科学院城市与竞争力研究中心主任倪鹏飞主持编写，汇集了众多研究城市经济问题的专家学者关于城市竞争力研究的最新成果。本报告构建了一套科学的城市竞争力评价指标体系，采用第一手数据材料，对国内重点城市年度竞争力格局变化进行客观分析和综合比较、排名，对研究城市经济及城市竞争力极具参考价值。

城市蓝皮书

中国城市发展报告No.6（赠阅读卡）

潘家华　魏后凯 / 主编　　2013年8月出版　　估价：59.00元

◆ 本书由中国社会科学院城市发展与环境研究所主编，以聚焦新时期中国城市发展中的民生问题为主题，紧密联系现阶段中国城镇化发展的客观要求，回顾总结中国城镇化进程中城市民生改善的主要成效，并对城市发展中的各种民生问题进行全面剖析，在此基础上提出了民生优先的城市发展思路，以及改善城市民生的对策建议。

农村绿皮书

中国农村经济形势分析与预测(2012~2013)（赠阅读卡）

中国社会科学院农村发展研究所　国家统计局农村社会经济调查司 / 著

2013年4月出版　　定价：59.00元

◆ 本书对2012年中国农业和农村经济运行情况进行了系统的分析和评价，对2013年中国农业和农村经济发展趋势进行了预测，并提出相应的政策建议，专题部分将围绕某个重大的理论和现实问题进行多维、深入、细致的分析和探讨。

经济类 | 皮书系列 重点推荐

西部蓝皮书

中国西部经济发展报告 (2013)（赠阅读卡）

姚慧琴　徐璋勇/主编　　2013年7月出版　　估价:69.00元

◆ 本书由西北大学中国西部经济发展研究中心主编，汇集了源自西部本土以及国内研究西部问题的权威专家的第一手资料，对国家实施西部大开发战略进行年度动态跟踪，并对2013年西部经济、社会发展态势进行预测和展望。

宏观经济蓝皮书

中国经济增长报告 (2012~2013)（赠阅读卡）

张　平　刘霞辉/主编　　2013年9月出版　　估价:69.00元

◆ 本书由中国社会科学院经济研究所组织编写，独创了中国各省（区、市）发展前景评价体系，通过产出效率、经济结构、经济稳定、产出消耗、增长潜力等近60个指标对中国各省（区、市）发展前景进行客观评价，并就"十二五"时期中国经济面临的主要问题进行全面分析。

经济蓝皮书春季号

中国经济前景分析——2013年春季报告（赠阅读卡）

李　扬/主编　　2013年4月出版　　定价:59.00元

◆ 本书是经济蓝皮书的姊妹篇，是中国社会科学院"中国经济形势分析与预测"课题组推出的又一重磅作品，汇集了研究现实经济问题的权威专家、学者的最新研究成果。本报告在模型模拟与实证分析的基础上，对当前宏观经济形势进行即时分析，并提出了政策建议。

就业蓝皮书

2013年中国大学生就业报告（赠阅读卡）

麦可思研究院/编著　王伯庆　郭　娇/主审
2013年6月出版　定价:98.00元

◆ 本书是迄今为止关于中国应届大学毕业生就业、大学毕业生中期职业发展及高等教育人口流动情况的视野最为宽广、资料最为翔实、分类最为精细的实证调查和定量研究；为全国教育主管部门的教育决策、各高校的教育教学改革、各行业的人才资源建设、大学生的专业和职业选择提供极有价值的参考。

社会政法类

社会政法类皮书聚焦社会发展领域的热点、难点问题，提供权威、原创的资讯与视点

社会蓝皮书
2013年中国社会形势分析与预测（赠阅读卡）

陆学艺 李培林 陈光金 / 主编　2012年12月出版　定价：59.00元

◆ 本书为中国社会科学院核心学术品牌之一，荟萃中国社会科学院等众多学术单位的原创成果。本年度报告结合中共"十八大"会议精神，深入探讨中国迈向更加公平、公正的全面小康社会的路径。

法治蓝皮书
中国法治发展报告 No.11(2013)（赠阅读卡）

李 林 田 禾 / 主编　2013年2月出版　定价:98.00元

◆ 本皮书回顾总结了2012年度中国法治发展取得的成就和存在的不足，并对2013年中国法治发展形势进行了预测和展望，重点分析了2012年中国的立法情况、犯罪形势分析与预测、不动产征收、城市防灾减灾、计划生育、证券监管与上市公司利润分配、中国海洋环境保护、海外投资的风险对策等问题。

教育蓝皮书
中国教育发展报告(2013)（赠阅读卡）

杨东平 / 主编　2013年3月出版　定价：69.00元

◆ 本书站在教育前沿，突出教育中的问题，特别是对当前教育改革中出现的教育公平、高校教育结构调整、义务教育均衡发展等问题进行了深入分析，从教育的内在发展谈教育，又从外部条件来谈教育，具有重要的现实意义，对我国的教育体制的改革与发展具有一定的学术价值和参考意义。

社会政法类　　皮书系列 重点推荐

社会建设蓝皮书
2013年北京社会建设分析报告（赠阅读卡）

陆学艺　宋贵伦/主编　2013年6月出版　定价：69.00元

◆ 本书由著名社会学家陆学艺领衔主编，依据社会学理论框架和分析方法，对北京市的人口、就业、分配、社会阶层以及城乡关系等社会学基本问题进行了广泛调研与分析，对广受社会关注的住房、教育、医疗、养老、交通等社会热点问题做了深刻了解与剖析，对日益显现的征地搬迁、外籍人口管理、群体性心理障碍等进行了有益探讨。

政治参与蓝皮书
中国政治参与报告（2013）（赠阅读卡）

房　宁/主编　2013年7月出版　估价：59.00元

◆ 本书是国内第一本运用社会科学数据对"中国公民政策参考"进行持续研究的年度报告，依据全国性问卷调查数据，对中国公民的政策参与客观状况和政策参与主观状况作了总体说明，并对不同性别、不同年龄、不同学历、不同政治面貌、不同职业、不同区域、不同收入的公民群体的政策参与客观状况和主观状况作了具体说明。

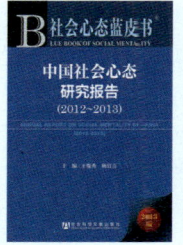

社会心态蓝皮书
中国社会心态研究报告（2012~2013）（赠阅读卡）

王俊秀　杨宜音/主编　2013年1月出版　定价：59.00元

◆ 本书由中国社会科学院社会学研究所社会心理研究中心编撰，从社会感受、价值观念、行为倾向等方面对于生活压力感、社会支持感、经济变动感受、微博使用行为、心理危机干预等问题，用社会心理学、社会学、经济学、传播学等多种学科的方法角度进行了调查和研究，深入揭示了我国社会心态状况。

青年蓝皮书
中国青年发展报告（2013）No.1（赠阅读卡）

廉　思/主编　2013年6月出版　定价：59.00元

◆ 国内首部《青年蓝皮书》由廉思课题组经过大量社会调查撰写而成，围绕当代青年领域的重大问题，在实地调研、文献研究和政策梳理的基础上，对三大群体最新生态——"蚁族"、"白领"、新生代农民工进行了全面系统的研究分析，具有重要的理论价值和实践意义。

皮书系列 重点推荐　社会政法类

环境绿皮书
中国环境发展报告(2013)（赠阅读卡）

刘鉴强 / 主编　　2013 年 4 月出版　　定价 :69.00 元

◆ 本书由民间环保组织"自然之友"组织编写，由特别关注生态保护、宜居城市、可持续消费以及政策与治理等版块构成，以公共利益的视角记录、审视和思考中国环境状况，呈现2013 年中国环境与可持续发展领域的全局态势，用深刻的思考、科学的数据分析 2012 年的环境热点事件。

环境竞争力绿皮书
中国省域环境竞争力发展报告(2011～2012)（赠阅读卡）

李建平　李闽榕　王金南 / 主编　　2013 年 10 月出版　　估价 :148.00 元

◆ 本报告融马克思主义经济学、环境科学、生态学、统计学、计量经济学和人文地理学等理论和方法为一体，充分运用数理分析、空间分析以及规范分析与实证分析相结合的方法，构建了比较科学完善、符合中国国情的环境竞争力指标评价体系，对中国内地 31 个省级区域的环境竞争力进行全面、深入的比较分析和评价。

反腐倡廉蓝皮书
中国反腐倡廉建设报告 No.3（赠阅读卡）

李秋芳 / 主编　　2013 年 8 月出版　　估价 :59.00 元

◆ 本书从"惩治与专项治理、多主体综合监督、公共权力规制、公共资金资源资产监管、公职人员诚信管理、社会廉洁文化建设"六个方面对全国反腐倡廉建设进程与效果进行了综述，结合实地调研和问卷调查，反映了社会公众关注的难点焦点问题，并从理念和举措上提出建议。

老龄蓝皮书
中国老龄事业发展报告（2013）（赠阅读卡）

吴玉韶 / 主编　　2013 年 2 月出版　　定价 :59.00 元

◆ 本书是第一本全面反映中国老龄事业发展状况的蓝皮书，填补了中国老龄事业发展总结和评估缺乏品牌图书平台的空白。全书全面审视 2012~2013 年中国人口老龄化发展态势，从老龄政策、养老与医疗保障事业、老龄事业法制化进程、老龄服务、老年宜居环境、老龄文化、老年群体社会管理、老龄科学研究等方面进行深入研究探讨。

行业报告类

行业报告类皮书立足重点行业、新兴行业领域，
提供及时、前瞻的数据与信息

房地产蓝皮书
中国房地产发展报告No.10（赠阅读卡）

魏后凯 李景国 / 主编　　2013年4月出版　　定价：79.00元

◆ 本书由中国社会科学院城市发展与环境研究所组织编写，秉承客观公正、科学中立的原则，深度解析2012年中国房地产发展的形势和存在的主要矛盾，并预测2013年及未来10年或更长时间的房地产发展大势。观点精辟，数据翔实，对关注房地产市场的各阶层人士极具参考价值。

住房绿皮书
中国住房发展报告(2012~2013)（赠阅读卡）

倪鹏飞 / 主编　　2012年12月出版　　定价：79.00元

◆ 本书从宏观背景、市场体系和公共政策等方面，对中国住房市场作全面系统的分析、预测与评价。在评述2012年住房市场走势的基础上，预测2013年中国住房市场的发展变化；通过构建中国住房指数体系，量化评估住房市场各关键领域的发展状况；剖析中国住房市场发展所面临的主要问题与挑战，并给出政策建议。

旅游绿皮书
2013年中国旅游发展分析与预测（赠阅读卡）

宋　瑞 / 主编　　2013年9月出版　　估价：69.00元

◆ 本书由中国社会科学院旅游研究中心组织编写，从2012年国内外发展环境入手，深度剖析2012年我国旅游业的跌宕起伏及其背后错综复杂的影响因素，聚焦旅游相关行业的运行特征及相关政策实施，对旅游发展的热点问题给出颇具见地的分析，并提出促进我国旅游业发展的对策建议。

行业报告类

产业蓝皮书
中国产业竞争力报告 (2013) No.3（赠阅读卡）

张其仔 / 主编　　2013年5月出版　　定价:79.00元

◆ 本书多层次、多角度地对中国产业竞争力的总体走势、重点工业竞争力及全国2000多个县（市）的产业竞争力进行了系统评估，揭示了国际产业竞争中的新变化、新风险、新挑战，是了解国内外产业竞争力最新动态的支撑平台。

能源蓝皮书
中国能源发展报告 (2013)（赠阅读卡）

崔民选 / 主编　　2013年7月出版　　估价:79.00元

◆ 本书结合中国经济面临转型的新形势，着眼于构建安全稳定、经济清洁的现代能源产业体系，盘点2012年中国能源行业的运行和发展走势，对2012年我国能源产业和各行业的运行特征、热点问题进行了深度剖析，并提出了未来趋势预测和对策建议。

投资蓝皮书
中国投资发展报告 (2013)（赠阅读卡）

杨庆蔚 / 主编　　2013年4月出版　　定价:128.00元

◆ 目前学术界和实务界对于投资的研究主要集中于其中的某个领域，缺乏总括性的研究。本书尝试将投资作为一个整体进行研究，能够较为清晰地展现社会资金流动的特点，为投资者、研究者乃至政策制定者提供参考。

电子商务蓝皮书
中国电子商务服务业发展报告 No.2（赠阅读卡）

荆林波　梁春晓 / 主编　　2013年5月出版　　定价:59.00元

◆ 本书由中国社会科学院财经战略研究院、阿里巴巴集团研究中心、"中国电子商务服务业发展报告"课题组编著，反映了我国2012年电子商务服务业的发展情况。对电子商务服务业发展的总体情况、问题和趋势进行描述分析，并对电子商务服务业对中国经济转型的作用进行剖析。

文 化 传 媒 类

文化传媒类皮书透视文化领域、文化产业，
探索文化大繁荣、大发展的路径

文化蓝皮书
中国文化产业发展报告（2012~2013）（赠阅读卡）

张晓明　王家新　章建刚／主编　　2013年3月出版　　定价：69.00元

◆ 本皮书从不同角度、不同侧面对文化产业改革与发展进行了分析，包括文化发展环境、不同层面文化发展现状、文化组织的变迁与发展、文化个案的典型意义等，比较全面地反映出我国文化产业发展的成绩与问题。

传媒蓝皮书
2013年中国传媒产业发展报告（赠阅读卡）

崔保国／主编　　2013年4月出版　　定价：89.00元

◆ 本书突出"变"与"势"，提出"大传媒"的概念，不是只关注以内容制造业为主的传统媒体产业，而是把传媒产业、通讯产业、IT产业统和起来研究其关联变异，为中国传媒产业正在发生的变革提供前瞻性的理论和观点。

新媒体蓝皮书
中国新媒体发展报告 No.4(2013)（赠阅读卡）

唐绪军／主编　　2013年6月出版　　定价：69.00元

◆ 本书由中国社会科学院新闻与传播研究所和上海大学合作编写，在构建新媒体发展研究基本框架的基础上，全面梳理2012年中国新媒体发展现状，发表最前沿的网络媒体深度调查数据和研究成果，并对新媒体发展的未来趋势做出预测。

国别与地区类

国别与地区类皮书关注全球重点国家与地区，提供全面、独特的解读与研究

国际形势黄皮书
全球政治与安全报告(2013)（赠阅读卡）

李慎明 张宇燕/主编　　2012年12月出版　　定价:59.00元

◆ 本书是由中国社会科学院世界经济与政治研究所精心打造的又一品牌皮书，关注时下国际关系发展动向里隐藏的中长期趋势，剖析全球政治与安全格局下的国际形势最新动向以及国际关系发展的热点问题，并对2013年国际社会重大动态作出前瞻性的分析与预测。

美国蓝皮书
美国问题研究报告(2013)（赠阅读卡）

黄　平　倪　峰/主编　　2013年6月出版　　估价:69.00元

◆ 本书以"构建中美新型大国关系"为主题，对2012年以来美国内政外交发生的重大事件以及重要政策进行了较为全面的回顾和梳理，尤其对奥巴马连任后美国内外政策的走向给予了重点关注。

欧洲蓝皮书
欧洲发展报告(2012~2013)（赠阅读卡）

周　弘/主编　　2013年3月出版　　定价:89.00元

◆ 本皮书以"欧洲债务危机的多重影响"为主题，对欧洲经济、政治、社会、外交等面的形式进行了跟踪介绍与分析。欧洲债务危机对中国产生的最大负面意义是不利于中国扩大对欧盟的出口，但同时也为中国扩大在欧洲的投资提供了机遇。

 地方发展类

地方发展类

地方发展类皮书关注大陆各省份、经济区域，提供科学、多元的预判与咨政信息

北京蓝皮书

北京经济发展报告 (2012~2013)（赠阅读卡）

孙天法 / 主编　2013 年 4 月出版　定价：65.00 元

◆ 本书是北京蓝皮书系列之一种，研创团队北京市社会科学院紧紧围绕北京市年度经齐社会发展的目标，突出对北京市经济社会发展中全局性、战略性、倾向性的重点、热点、难点问题进行分析和预测的综合研究成果。

北京蓝皮书

北京社会发展报告 (2012~2013)（赠阅读卡）

戴建中 / 主编　2013 年 8 月出版　估价：59.00 元

◆ 本书是北京蓝皮书系列之一种，研创团队以北京市社会科学院研究人员为主，同时邀请北京市党政机关和大学的专家学者参加。本书为北京市政策制定和执行提供了依据和思路，为了解中国首都的社会现状贡献了丰富的资料和解读，具有一定的影响力，因持续追踪社会热点问题而引起广泛的关注。

京津冀蓝皮书

京津冀发展报告（2013）（赠阅读卡）

文魁　祝尔娟 等 / 著　2013 年 3 月出版　定价：79.00 元

◆ 本书具有很强的时效性，全书基本上都是运用第一手资料，对当下的京津冀区域发展热点问题进行分析、总结和预测，对京津冀区域发展和城市建设布局有重要的指导意义。本书的创新和建树主要体现在：理论研究方面，强调用综合承载力、区域承载力、相对承载力、潜在承载力等新理念来全面审视和综合分析承载力。

皮书系列 重点推荐

地方发展类

上海蓝皮书

上海经济发展报告(2013)（赠阅读卡）

沈开艳/主编　　2013年1月出版　　定价:69.00元

◆ 本书是上海蓝皮书系列之一种，围绕上海如何实现经济转型问题展开，通过对复苏缓慢的国际经济大环境、趋于紧缩的国内宏观经济背景的深入分析，认为上海迫切需要解决而又密切相关的现实问题是"增长动力转型"与"产业发展转型"两大核心。

上海蓝皮书

上海社会发展报告(2013)（赠阅读卡）

卢汉龙　周海旺/主编　　2013年1月出版　　定价：69.00元

◆ 本书是上海蓝皮书系列之一种，围绕机制创新、社会政策、社会组织等方面，对上海近年来的社会热点问题进行了调研，在总结现状及其成因的基础上，提出了一些对策建议，关注了上海的主要社会问题，可为决策层制订相关政策提供借鉴。

河南蓝皮书

河南经济发展报告(2013)（赠阅读卡）

喻新安/主编　　2013年1月出版　　定价：59.00元

◆ 本书是河南蓝皮书系列之一种，由河南省社会科学院主持编撰，以中原经济区"三化"协调科学发展为主题，深入全面地分析了当前河南经济发展的主要特点及2012年的走势，全方位、多角度研究和探讨了河南探索"三化"协调发展的举措及成效，并对河南积极构建中原经济区建设提出了对策建议。

甘肃蓝皮书

甘肃经济发展分析与预测(2013)（赠阅读卡）

朱智文　罗哲/主编　　2013年1月出版　　定价：69.00元

◆ 本书是甘肃蓝皮书系列之一种，是近年来甘肃经济社会发展的年度综合性研究成果之一，是对不同时期甘肃省实现区域创新和改革开放的年度总结。全书以特有的方式将经济运行情况、预测分析、政策建议三者结合起来，在科学分析经济发展形势的基础上为甘肃未来经济发展做出了科学预测，并提出政策建议。

经济类

城市竞争力蓝皮书
中国城市竞争力报告No.11
著(编)者：倪鹏飞　2013年5月出版　定价：89.00元

城市蓝皮书
中国城市发展报告NO.6
著(编)者：潘家华　魏后凯　2013年3月出版　估价：59.00元

城乡一体化蓝皮书
中国城乡一体化发展报告(2013)
著(编)者：汝信　付崇兰　2013年12月出版　估价：59.00元

低碳发展蓝皮书
中国低碳发展报告(2012~2013)
著(编)者：齐晔　2013年1月出版　定价：85.00元

低碳经济蓝皮书
中国低碳经济发展报告(2013)
著(编)者：薛进军　赵忠秀　2013年5月出版　定价：59.00元

东北蓝皮书
中国东北地区发展报告(2013)
著(编)者：张新颖　2013年8月出版　估价：79.00元

发展和改革蓝皮书
中国经济发展和体制改革报告No.6
著(编)者：邹东涛　2013年7月出版　估价：75.00元

国际城市蓝皮书
国际城市发展报告(2013)
著(编)者：屠启宇　2013年1月出版　定价：69.00元

国家竞争力蓝皮书
中国国家竞争力报告No.2
著(编)者：倪鹏飞　2013年7月出版　估价：69.00元

宏观经济蓝皮书
中国经济增长报告(2012~2013)
著(编)者：张平　刘霞辉　2013年9月出版　估价：69.00元

减贫蓝皮书
中国减贫与社会发展报告
著(编)者：黄承伟　2013年7月出版　估价：59.00元

金融蓝皮书
中国金融发展报告(2013)
著(编)者：李扬　王国刚　2012年12月出版　定价：59.00元

经济蓝皮书
2013年中国经济形势分析与预测
著(编)者：陈佳贵　李扬　2012年12月出版　定价：59.00元

经济蓝皮书春季号
中国经济前景分析——2013年春季报告
著(编)者：李扬　2013年4月出版　定价：59.00元

经济信息绿皮书
中国与世界经济发展报告(2013)
著(编)者：杜平　2012年12月出版　定价：75.00元

就业蓝皮书
2013年中国大学生就业报告
著(编)者：麦可思研究院　王伯庆　2013年6月出版　定价：98.00元

民营经济蓝皮书
中国民营经济发展报告No.10（2012~2013）
著(编)者：黄孟复　2013年9月出版　估价：69.00元

农村绿皮书
中国农村经济形势分析与预测(2012~2013)
著(编)者：中国社会科学院农村发展研究所
　　　　　国家统计局农村社会经济调查司
2013年4月出版　定价：59.00元

企业公民蓝皮书
中国企业公民报告NO.3
著(编)者：邹东涛　2013年7月出版　估价：59.00元

企业社会责任蓝皮书
中国企业社会责任研究报告(2013)
著(编)者：陈佳贵　黄群慧　彭华岗　钟宏武
2012年11月出版　定价：59.00元

区域蓝皮书
中国区域经济发展报告(2012~2013)
著(编)者：梁昊光　2013年4月出版　估价：69.00元

人口与劳动绿皮书
中国人口与劳动问题报告No.14
著(编)者：蔡昉　2013年6月出版　估价：69.00元

生态城市绿皮书
中国生态城市建设发展报告(2013)
著(编)者：孙伟平　刘举科　2013年6月出版　估价：128.00元

西北蓝皮书
中国西北发展报告(2013)
著(编)者：杨尚勤　马英　王建康　2013年3月出版　估价：65.00元

西部蓝皮书
中国西部发展报告(2013)
著(编)者：姚慧琴　徐璋勇　2013年7月出版　估价：69.00元

长三角蓝皮书
全球格局变化中的长三角
著(编)者：王战　2013年6月出版　估价：69.00元

中部竞争力蓝皮书
中国中部经济社会竞争力报告(2013)
著(编)者：教育部人文社会科学重点研究基地
　　　　　南昌大学中国中部经济社会发展研究中心
2013年10月出版　估价：59.00元

中部蓝皮书
中国中部地区发展报告（2013~2014）
著(编)者：喻新安　2013年5月出版　定价：69.00元

中国省域竞争力蓝皮书
中国省域经济综合竞争力发展报告(2011~2012)
著(编)者：李建平　李闽榕　高燕京
2013年3月出版　定价：188.00元

皮书系列 2013全品种 经济类·社会政法类

中小城市绿皮书
中国中小城市发展报告(2013)
著(编)者：中国城市经济学会中小城市经济发展委员会
《中国中小城市发展报告》编纂委员会
2013年8月出版 / 估价：98.00元

珠三角流通蓝皮书
珠三角流通业发展报告(2013)
著(编)者：王先庆 林至颖 2013年8月出版 / 估价：69.00元

社会政法类

殡葬绿皮书
中国殡葬事业发展报告(2012~2013)
著(编)者：李伯森 2013年3月出版 / 定价：59.00元

城市生活质量蓝皮书
中国城市生活质量指数报告(2013)
著(编)者：张平 2013年7月出版 / 估价：59.00元

创新蓝皮书
创新型国家建设报告(2012~2013)
著(编)者：詹正茂 2013年7月出版 / 估价：69.00元

慈善蓝皮书
中国慈善发展报告(2013)
著(编)者：杨团 2013年6月出版 / 定价：79.00元

法治蓝皮书
中国法治发展报告No.11(2013)
著(编)者：李林 田禾 2013年3月出版 / 定价：98.00元

反腐倡廉蓝皮书
中国反腐倡廉建设报告No.3
著(编)者：李秋芳 2013年8月出版 / 估价：59.00元

非传统安全蓝皮书
中国非传统安全研究报告(2012~2013)
著(编)者：余潇枫 2013年5月出版 / 估价：79.00元

妇女发展蓝皮书
福建省妇女发展报告(2013)
著(编)者：刘群英 2013年10月出版 / 估价：58.00元

妇女发展蓝皮书
中国妇女发展报告No.5
著(编)者：王金玲 高小贤 2013年9月出版 / 估价：65.00元

妇女教育蓝皮书
中国妇女教育发展报告No.3
著(编)者：张李玺 2013年10月出版 / 估价：69.00元

公共服务蓝皮书
中国城市基本公共服务力评价(2012~2013)
著(编)者：侯惠勤 辛向阳 易定宏 2013年10月出版 / 估价：55.00元

公益蓝皮书
中国公益发展报告(2013)
著(编)者：朱健刚 2013年8月出版 / 估价：78.00元

国际人才蓝皮书
中国海归创业发展报告(2013)No.2
著(编)者：王辉耀 路江涌 2013年6月出版 / 估价：69.00元

国际人才蓝皮书
中国留学发展报告(2013) No.2
著(编)者：王辉耀 2013年8月出版 / 估价：59.00元

华侨华人蓝皮书
华侨华人研究报告(2013)
著(编)者：丘进 2013年10月出版 / 估价：128.00元

环境竞争力绿皮书
中国省域环境竞争力发展报告(2011~2012)
著(编)者：李建平 李闽榕 王金南
2013年10月出版 / 估价：148.00元

环境绿皮书
中国环境发展报告(2013)
著(编)者：刘鉴强 2013年4月出版 / 定价：69.00元

教师蓝皮书
中国中小学教师发展报告(2013)
著(编)者：曾晓东 2013年10月出版 / 估价：59.00元

教育蓝皮书
中国教育发展报告(2013)
著(编)者：杨东平 2013年3月出版 / 定价：69.00元

金融监管蓝皮书
中国金融监管报告2013
著(编)者：胡滨 2013年5月出版 / 估价：59.00元

科普蓝皮书
中国科普基础设施发展报告(2012~2013)
著(编)者：任福君 2013年6月出版 / 定价：59.00元

口腔健康蓝皮书
中国口腔健康发展报告(2013)
著(编)者：胡德渝 2013年12月出版 / 估价：59.00元

老龄蓝皮书
中国老龄事业发展报告(2013)
著(编)者：吴玉韶 2013年2月出版 / 定价：59.00元

皮书系列 2013全品种

社会政法类

民间组织蓝皮书
中国民间组织报告(2012~2013)
著(编)者：黄晓勇　2013年10月出版／估价：69.00元

民族蓝皮书
中国民族区域自治发展报告(2013)
著(编)者：郝时远　2013年7月出版／估价：98.00元

女性生活蓝皮书
中国女性生活状况报告No.7(2013)
著(编)者：韩湘景　2013年3月出版／定价：78.00元

气候变化绿皮书
应对气候变化报告(2013)
著(编)者：王伟光　郑国光　2013年11月出版／估价：59.00元

汽车社会蓝皮书
中国汽车社会发展报告(2012~2013)
著(编)者：王俊秀　2013年1月出版／定价：59.00元

青少年蓝皮书
中国未成年人新媒体运用报告(2012~2013)
著(编)者：李文革　沈杰　季为民
2014年7月出版／估价：69.00元

人才竞争力蓝皮书
中国区域人才竞争力报告(2013)
著(编)者：桂昭明　王辉耀　2013年6月出版／定价：69.00元

人才蓝皮书
中国人才发展报告(2013)
著(编)者：潘晨光　2013年8月出版／估价：79.00元

人权蓝皮书
中国人权事业发展报告No.3(2013)
著(编)者：李君如　2013年6月出版／估价：98.00元

社会保障绿皮书
中国社会保障发展报告(2013)No.6
著(编)者：王延中　2013年10月出版／估价：69.00元

社会工作蓝皮书
中国社会工作发展报告(2012~2013)
著(编)者：蒋昆生　戚学森　2013年7月出版／定价：59.00元

社会管理蓝皮书
中国社会管理创新报告No.2
著(编)者：连玉明　2013年9月出版／估价：79.00元

社会建设蓝皮书
2013年北京社会建设分析报告
著(编)者：陆学艺　宋贵伦
2013年6月出版／定价：69.00元

社会科学蓝皮书
中国社会科学学术前沿2012~2013
著(编)者：高翔　2013年9月出版／估价：69.00元

社会蓝皮书
2013年中国社会形势分析与预测
著(编)者：陆学艺　李培林　陈光金
2012年12月出版／定价：59.00元

社会心态蓝皮书
中国社会心态研究报告(2012~2013)
著(编)者：三俊秀　杨宜音　2013年1月出版／估价：59.00元

生态文明绿皮书
中国省域生态文明建设评价报告(2013)
著(编)者：严耕　2013年10月出版／估价：98.00元

食品药品蓝皮书
食品药品安全与监管政策研究报告(2013)
著(编)者：唐民皓　2013年7月出版／估价：69.00元

世界创新竞争力黄皮书
世界创新竞争力发展报告(2012~2013)
著(编)者：李建平　李闽榕　赵新力
2013年11月出版／估价：128.00元

世界社会主义黄皮书
世界社会主义跟踪研究报告(2012~2013)
著(编)者：李慎明　2013年5月出版／定价：189.00元

危机管理蓝皮书
中国危机管理报告(2013)
著(编)者：文学国　范正青　2013年7月出版／估价：79.00元

小康蓝皮书
中国全面建设小康社会监测报告(2013)
著(编)者：潘璠　2013年11月出版／估价：59.00元

形象危机应对蓝皮书
形象危机应对研究报告(2013)
著(编)者：唐钧　2013年9月出版／估价：118.00元

行政改革蓝皮书
中国行政体制改革报告(2012)No.2
著(编)者：魏礼群　2013年3月出版／定价：69.00元

舆情蓝皮书
中国社会舆情与危机管理报告(2013)
著(编)者：谢耘耕　2013年8月出版／估价：78.00元

政治参与蓝皮书
中国政治参与报告(2013)
著(编)者：房宁　2013年7月出版／估价：59.00元

宗教蓝皮书
中国宗教报告(2013)
著(编)者：金泽　邱永辉　2013年7月出版／估价：59.00元

行业报告类

保健蓝皮书
中国保健服务产业发展报告No.2
著(编)者：中国保健协会　中共中央党校
2013年7月出版 ／ 估价:198.00元

保健蓝皮书
中国保健食品产业发展报告No.2
著(编)者：中国保健协会
　　　　　中国社会科学院食品药品产业发展与监管研究中心
2013年7月出版 ／ 估价:198.00元

保健蓝皮书
中国保健用品产业发展报告No.2
著(编)者：中国保健协会　2013年10月出版 ／ 估价:198.00元

保险蓝皮书
中国保险业竞争力报告(2012~2013)
著(编)者：罗忠敏　王力　2013年1月出版 ／ 定价:98.00元

餐饮产业蓝皮书
中国餐饮产业发展报告(2013)
著(编)者：中国烹饪协会　中国社会科学院财经战略研究院
2013年5月出版 ／ 定价:59.00元

测绘地理信息蓝皮书
中国测绘地理信息创新报告(2013)
著(编)者：徐德明　2013年12月出版 ／ 估价:98.00元

茶业蓝皮书
中国茶产业发展报告 (2013)
著(编)者：李闽榕　杨江帆　2013年4月出版 ／ 定价:78.00元

产权市场蓝皮书
中国产权市场发展报告(2012~2013)
著(编)者：曹和平　2013年12月出版 ／ 估价:69.00元

产业安全蓝皮书
中国保险产业安全报告(2013)
著(编)者：李孟刚　2013年10月出版 ／ 估价:59.00元

产业安全蓝皮书
中国产业外资控制报告(2012~2013)
著(编)者：李孟刚　2013年10月出版 ／ 估价:69.00元

产业安全蓝皮书
中国金融产业安全报告(2013)
著(编)者：李孟刚　2013年10月出版 ／ 估价:69.00元

产业安全蓝皮书
中国轻工业发展与安全报告(2013)
著(编)者：李孟刚　2013年10月出版 ／ 估价:69.00元

产业安全蓝皮书
中国私募股权产业安全与发展报告(2013)
著(编)者：李孟刚　2013年10月出版 ／ 估价:59.00元

产业安全蓝皮书
中国新能源产业发展与安全报告(2013)
著(编)者：北京交通大学中国产业安全研究中心
2013年3月出版 ／ 估价:69.00元

产业安全蓝皮书
中国能源产业安全报告(2013)
著(编)者：北京交通大学中国产业安全研究中心
2013年12月出版 ／ 估价:69.00元

产业安全蓝皮书
中国海洋产业安全报告(2012~2013)
著(编)者：北京交通大学中国产业安全研究中心
2013年12月出版 ／ 估价:59.00元

产业蓝皮书
中国产业竞争力报告(2013) NO.3
著(编)者：张其仔　2013年5月出版 ／ 定价:79.00元

电子商务蓝皮书
中国城市电子商务影响力报告(2013)
著(编)者：荆林波　梁春晓　2013年5月出版 ／ 定价:59.00元

电子政务蓝皮书
中国电子政务发展报告(2013)
著(编)者：洪毅　王长胜　2013年9月出版 ／ 定价:59.00元

杜仲产业绿皮书
中国杜仲种植与产业发展报告(2013)
著(编)者：胡文臻　杜红岩　2013年9月出版 ／ 估价:78.00元

房地产蓝皮书
中国房地产发展报告No.10
著(编)者：魏后凯　李景国　2013年4月出版 ／ 定价:79.00元

服务外包蓝皮书
中国服务外包产业发展报告(2012~2013)
著(编)者：王晓红　李皓
2013年2月出版 ／ 估价:89.00元

服务外包蓝皮书
中国服务外包竞争力报告(2012~2013)
——中国服务外包基地城市竞争力评价
著(编)者：王力　刘春生　黄育华
2013年5月出版 ／ 定价:59.00

工业设计蓝皮书
中国工业设计发展报告(2013)
著(编)者：王晓红　2013年7月出版 ／ 估价:69.00元

行业报告类

皮书系列 2013全品种

高端消费蓝皮书
中国高端消费市场研究报告(2013)
著(编)者：荆林波 侬绍华 2013年10月出版 / 估价:59.00元

会展经济蓝皮书
中国会展经济发展报告(2013)
著(编)者：过聚荣 2013年6月出版 / 估价:65.00元

会展蓝皮书
中外会展业动态评估年度报告(2013)
著(编)者：张 敏 2013年8月出版 / 估价:68.00元

基金会蓝皮书
中国基金会发展报告(2013)
著(编)者：刘忠祥 2013年7月出版 / 估价:79.00元

基金会绿皮书
中国基金会发展独立研究报告(2013)
著(编)者：基金会中心网 2013年7月出版 / 估价:59.00元

交通运输蓝皮书
中国交通运输业发展报告(2013)
著(编)者：崔民选 王军生 2013年6月出版 / 估价:69.00元

金融蓝皮书
中国金融中心发展报告(2012~2013)
著(编)者：王 力 黄育华 2013年10月出版 / 估价:59.00元

金融蓝皮书
中国商业银行竞争力报告(2013)
著(编)者：王松奇 2013年10月出版 / 估价:79.00元

金融监管蓝皮书
中国金融监管报告(2013)
著(编)者：胡 滨 2013年10月出版 / 估价:59.00元

科学传播蓝皮书
中国科学传播报告(2013)
著(编)者：詹正茂 2013年7月出版 / 估价:69.00元

口岸生态绿皮书
中国口岸地区生态文化发展报告No.1(2013)
著(编)者：胡文臻 刘 静 2013年8月出版 / 估价:78.00元

"老字号"蓝皮书
中国"老字号"企业发展报告No.2(2013)
著(编)者：张继焦 丁惠敏 黄忠彩
2013年10月出版 / 估价:69.00元

"两化"融合蓝皮书
中国"两化"融合发展报告(2013)
著(编)者：曹淑敏 工业和信息化部电信研究院
2013年8月出版 / 估价:98.00元

流通蓝皮书
湖南省商贸流通产业发展报告No.2
著(编)者：柳思维 2013年10月出版 / 估价:79.00元

流通蓝皮书
中国商业发展报告(2012~2013)
著(编)者：荆林波 2013年4月出版 / 估价:89.00元

旅游安全蓝皮书
中国旅游安全报告(2013)
著(编)者：郑向敏 谢朝武 2013年6月出版 / 定价:79.00元

旅游绿皮书
2013年中国旅游发展分析与预测
著(编)者：宋 瑞 2013年9月出版 / 估价:69.00元

贸易蓝皮书
中国贸易发展报告(2013)
著(编)者：荆林波 2014年5月出版 / 估价:49.00元

煤炭蓝皮书
中国煤炭工业发展报告No.5(2012~2015)
著(编)者：岳福斌 2012年12月出版 / 定价:79.00元

煤炭市场蓝皮书
中国煤炭市场发展报告(2013)
著(编)者：曲剑午 2013年8月出版 / 估价:79.00元

民营医院蓝皮书
中国民营医院发展报告(2013)
著(编)者：陈绍福 王培舟 2013年9月出版 / 估价:89.00元

闽商蓝皮书
闽商发展报告(2013)
著(编)者：李闽榕 王日根 林 琛
2013年10月出版 / 估价:69.00元

能源蓝皮书
中国能源发展报告(2013)
著(编)者：崔民选 2013年7月出版 / 估价:79.00元

农产品流通蓝皮书
中国农产品流通产业发展报告(2013)
著(编)者：贾敬敦 王炳南 张玉玺 张鹏毅 陈丽华
2013年7月出版 / 估价:98.00元

期货蓝皮书
中国期货市场发展报告(2013)
著(编)者：荆林波 2013年7月出版 / 估价:69.00元

企业蓝皮书
中国企业竞争力报告(2013)
著(编)者：金 碚 2013年11月出版 / 估价:79.00元

汽车蓝皮书
中国汽车产业发展报告(2013)
著(编)者：国务院发展研究中心产业经济研究部
中国汽车工程学会 大众汽车集团(中国)
2013年7月出版 / 估价:79.00元

人力资源蓝皮书
中国人力资源发展报告(2013)
著(编)者：吴 江 田小宝 2013年8月出版 / 估价:69.00元

皮书系列 2013全品种 行业报告类·文化传媒类

软件和信息服务业蓝皮书
中国软件和信息服务业发展报告(2013)
著(编)者:洪京一 工业和信息化部电子科学技术情报研究所
2013年8月出版 / 估价:98.00元

商会蓝皮书
中国商会发展报告 No.5 (2013)
著(编)者:黄孟复 2013年8月出版 / 估价:59.00元

商品市场蓝皮书
中国商品市场发展报告(2013)
著(编)者:荆林波 2013年7月出版 / 估价:59.00元

私募市场蓝皮书
中国私募股权市场发展报告(2013)
著(编)者:曹和平 2013年10月出版 / 估价:69.00元

体育蓝皮书
中国体育产业发展报告(2013)
著(编)者:阮 伟 钟秉枢 2013年2月出版 / 定价:69.00元

投资蓝皮书
中国投资发展报告(2013)
著(编)者:杨庆蔚 2013年4月出版 / 定价:128.00元

物联网蓝皮书
中国物联网发展报告(2012~2013)
著(编)者:黄桂田 等 2013年1月出版 / 定价:59.00元

西部工业蓝皮书
中国西部工业发展报告(2013)
著(编)者:方行明 刘方健 姜 凌 等
2013年7月出版 / 估价:69.00元

西部金融蓝皮书
中国西部金融发展报告(2013)
著(编)者:李忠民 2013年10月出版 / 估价:69.00元

信息化蓝皮书
中国信息化形势分析与预测(2013)
著(编)者:周宏仁 2013年7月出版 / 估价:98.00元

信用蓝皮书
中国信用发展报告(2012~2013)
著(编)者:章 政 田 侃 2013年4月出版 / 定价:69.00元

休闲绿皮书
2013年中国休闲发展报告
著(编)者:刘德谦 唐 兵 宋 瑞
2013年7月出版 / 估价:59.00元

中国林业竞争力蓝皮书
中国省域林业竞争力发展报告No.3(2012~2013)（上下册）
著(编)者:郑传芳 李闽榕 张春霞 张会儒
2013年8月出版 / 估价:139.00元

中国农业竞争力蓝皮书
中国省域农业竞争力发展报告No.2（2010~2012）（上下册）
著(编)者:郑传芳 宋洪远 李闽榕 张春霞
2013年7月出版 / 估价:128.00元

中国总部经济蓝皮书
中国总部经济发展报告(2013~2014)
著(编)者:赵 弘 2013年9月出版 / 估价:69.00元

住房绿皮书
中国住房发展报告(2012~2013)
著(编)者:倪鹏飞 2012年12月出版 / 估价:79.00元

资本市场蓝皮书
中国场外交易市场发展报告(2012~2013)
著(编)者:高 峦 2013年3月出版 / 定价:79.00元

资产管理蓝皮书
中国信托业发展报告(2013)
著(编)者:蒲 坚 郑 智 2013年7月出版 / 估价:59.00元

支付清算蓝皮书
中国支付清算发展报告(2013)
著(编)者:杨 涛 2013年4月出版 / 定价:45.00元

文化传媒类

传媒蓝皮书
2013年中国传媒产业发展报告
著(编)者:崔保国 2013年4月出版 / 定价:89.00元

创意城市蓝皮书
北京文化创意产业发展报告(2013)
著(编)者:张京成 王国华 2013年8月出版 / 估价:69.00元

创意城市蓝皮书
青岛文化创意产业发展报告(2013)
著(编)者:马 达 2013年8月出版 / 估价:69.00元

动漫蓝皮书
中国动漫产业发展报告(2013)
著(编)者:卢 斌 郑玉明 牛兴侦
2013年10月出版 / 估价:69.00元

广电蓝皮书
中国广播电影电视发展报告(2013)
著(编)者:庞井君 2013年6月出版 / 估价:128.00元

广告主蓝皮书
中国广告主营销传播趋势报告N0.7
著(编)者:中国传媒大学广告主研究所
中国广告主营销传播创新研究课题组
黄升民 杜国清 邵华冬
2013年5月出版 / 定价:148.00元

文化传媒类·国别与地区类

皮书系列 2013全品种

纪录片蓝皮书
中国纪录片发展报告(2013)
著(编)者：何苏六　2013年10月出版　/　估价：78.00元

两岸文化蓝皮书
两岸文化产业合作发展报告(2013)
著(编)者：胡惠林　肖夏勇　2013年5月出版　/　估价：59.00元

全球传媒蓝皮书
全球传媒产业发展报告(2013)
著(编)者：胡正荣　2013年1月出版　/　估价：79.00元

视听新媒体蓝皮书
中国视听新媒体发展报告(2013)
著(编)者：庞井君　2013年6月出版　/　定价：148.00元

文化创新蓝皮书
中国文化创新报告(2013)No.4
著(编)者：于平　傅才武
2013年2月出版　/　定价：128.00元

文化蓝皮书
中国文化产业发展报告(2012~2013)
著(编)者：张晓明　王家新　章建刚
2013年3月出版　/　定价：69.00元

文化蓝皮书
中国城镇文化消费需求景气评价报告(2013)
著(编)者：王亚南　高书生　2013年5月出版　/　定价：79.00元

文化蓝皮书
中国少数民族文化发展报告(2012)
著(编)者：武翠英　张晓明　张学进
2013年3月出版　/　定价：69.00元

文化蓝皮书
中国公共文化服务发展报告(2013)
著(编)者：于群　李国新　2013年10月出版　/　估价：98.00元

文化蓝皮书
中国文化消费需求景气评价报告(2013)
著(编)者：王亚南　高书生　2013年5月出版　/　定价：79.00元

文化蓝皮书
中国文化产业供需协调增长测评报告(2013)
著(编)者：王亚南　高书生　2013年5月出版　/　定价：79.00元

文化蓝皮书
中国乡村文化消费需求景气评价报告(2013)
著(编)者：王亚南　高书生　2013年5月出版　/　定价：79.00元

文化蓝皮书
中国中心城市文化消费需求景气评价报告(2013)
著(编)者：王亚南　2013年5月出版　/　定价：79.00元

文化品牌蓝皮书
中国文化品牌发展报告(2013)
著(编)者：欧阳友权　2013年5月出版　/　定价：79.00元

文化软实力蓝皮书
中国文化软实力研究报告(2013)
著(编)者：张国祚　2013年7月出版　/　定价：79.00元

文化遗产蓝皮书
中国文化遗产事业发展报告(2013)
著(编)者：刘世锦　2013年9月出版　/　定价：79.00元

文学蓝皮书
中国文情报告(2012~2013)
著(编)者：白烨　2013年5月出版　/　定价：59.00元

新媒体蓝皮书
中国新媒体发展报告No.4(2013)
著(编)者：唐绪军　2013年6月出版　/　定价：69.00元

移动互联网蓝皮书
中国移动互联网发展报告(2013)
著(编)者：官建文　2013年5月出版　/　定价：79.00元

国别与地区类

G20国家创新竞争力黄皮书
二十国集团（G20）国家创新竞争力发展报告(2013)
著(编)者：李建平　李闽榕　赵新力
2013年12月出版　/　估价：118.00元

澳门蓝皮书
澳门经济社会发展报告(2012~2013)
著(编)者：郝雨凡　吴志良　2013年4月出版　/　定价：69.00元

德国蓝皮书
德国发展报告(2013)
著(编)者：郑春荣　李乐曾　2013年5月出版　/　定价：69.00元

东南亚蓝皮书
东南亚地区发展报告(2013)
著(编)者：王勤　2013年11月出版　/　估价：59.00元

东北亚黄皮书
东北亚地区政治与安全报告(2013)
著(编)者：黄凤志　2013年6月出版　/　定价：59.00元

东盟蓝皮书
东盟发展报告(2013)
著(编)者：黄兴球　庄国土　2013年11月出版　/　估价：59.00元

俄罗斯黄皮书
俄罗斯发展报告(2013)
著(编)者：李永全　2013年9月出版　/　定价：69.00元

非洲黄皮书
非洲发展报告No.15(2012~2013)
著(编)者：张宏明　2013年7月出版　/　定价：79.00元

皮书系列 2013全品种 — 国别与地区类·地方发展类

港澳珠三角蓝皮书
粤港澳区域合作与发展报告(2012~2013)
著(编)者:梁庆寅 陈广汉　2013年8月出版 / 估价:59.00元

国际形势黄皮书
全球政治与安全报告(2013)
著(编)者:李慎明 张宇燕　2012年12月出版 / 定价:59.00元

韩国蓝皮书
韩国发展报告(2013)
著(编)者:牛林杰 刘宝全　2013年6月出版 / 估价:69.00元

拉美黄皮书
拉丁美洲和加勒比发展报告(2012~2013)
著(编)者:吴白乙　2013年5月出版 / 定价:89.00元

美国蓝皮书
美国问题研究报告(2013)
著(编)者:黄平 倪峰　2013年6月出版 / 估价:69.00元

缅甸蓝皮书
缅甸国情报告(2011~2012)
著(编)者:李晨阳　2013年4月出版 / 定价:79.00元

欧亚大陆桥发展蓝皮书
欧亚大陆桥发展报告(2012~2013)
著(编)者:李忠民　2013年10月出版 / 估价:59.00元

欧洲蓝皮书
欧洲发展报告(2012~2013)
著(编)者:周弘　2013年3月出版 / 定价:89.00元

日本经济蓝皮书
日本经济与中日经贸关系发展报告(2013)
著(编)者:王洛林 张季风　2013年5月出版 / 定价:79.00元

日本蓝皮书
日本研究报告(2013)
著(编)者:李薇　2013年5月出版 / 定价:69.00元

上海合作组织黄皮书
上海合作组织发展报告(2013)
著(编)者:李进峰 吴宏伟　2013年7月出版 / 估价:79.00元

世界经济黄皮书
2013年世界经济形势分析与预测
著(编)者:王洛林 张宇燕　2013年1月出版 / 定价:59.00元

新兴经济体蓝皮书
金砖国家发展报告(2013)——合作与崛起
著(编)者:林跃勤 周文　2013年3月出版 / 估价:69.00元

亚太蓝皮书
亚太地区发展报告(2013)
著(编)者:李向阳　2013年1月出版 / 定价:59.00元

印度蓝皮书
印度国情报告(2012~2013)
著(编)者:吕昭义　2013年9月出版 / 估价:59.00元

越南蓝皮书
越南国情报告(2013)
著(编)者:吕余生　2013年7月出版 / 估价:65.00元

中亚黄皮书
中亚国家发展报告(2013)
著(编)者:孙力　2013年6月出版 / 估价:79.00元

地方发展类

北部湾蓝皮书
泛北部湾合作发展报告(2013)
著(编)者:吕余生　2013年7月出版 / 估价:79.00元

北京蓝皮书
北京公共服务发展报告(2012~2013)
著(编)者:施昌奎　2013年3月出版 / 定价:65.00元

北京蓝皮书
北京经济发展报告(2012~2013)
著(编)者:孙天法　2013年4月出版 / 估价:65.00元

北京蓝皮书
北京社会发展报告(2012~2013)
著(编)者:戴建中　2013年8月出版 / 估价:59.00元

北京蓝皮书
北京文化发展报告(2012~2013)
著(编)者:李建盛　2013年5月出版 / 定价:69.00元

北京蓝皮书
中国社区发展报告(2013)
著(编)者:于燕燕　2013年6月出版 / 估价:59.00元

北京旅游绿皮书
北京旅游发展报告(2013)
著(编)者:鲁勇　2013年10月出版 / 估价:98.00元

北京律师蓝皮书
北京律师发展报告NO.3(2013)
著(编)者:王隽 周塞军　2013年9月出版 / 估价:70.00元

皮书系列 2013全品种

地方发展类

北京人才蓝皮书
北京人才发展报告(2012~2013)
著(编)者：张志伟　2013年5月出版 / 估价:69.00元

城乡一体化蓝皮书
中国城乡一体化发展报告·北京卷(2012~2013)
著(编)者：张宝990 黄序　2012年7月出版 / 估价:59.00元

大湄公河次区域蓝皮书
大湄公河次区域合作发展报告(2012~2013)
著(编)者：刘稚　2013年4月出版 / 估价:69.00元

甘肃蓝皮书
甘肃经济发展分析与预测(2013)
著(编)者：朱智文　罗哲　2013年1月出版 / 定价:69.00元

甘肃蓝皮书
甘肃社会发展分析与预测(2013)
著(编)者：安文华　包晓霞　2013年1月出版 / 定价:69.00元

甘肃蓝皮书
甘肃舆情分析与预测(2013)
著(编)者：陈双梅　郝树声　2013年1月出版 / 定价:69.00元

甘肃蓝皮书
甘肃县域社会发展分析与预测(2013)
著(编)者：魏胜文　柳民　曲玮
2013年1月出版 / 定价:69.00元

甘肃蓝皮书
甘肃文化发展分析与预测(2013)
著(编)者：刘进军　周晓华　2013年1月出版 / 定价:69.00元

关中天水经济区蓝皮书
中国关中—天水经济区发展报告(2013)
著(编)者：李忠民　2013年11月出版 / 估价:59.00元

广东外经贸蓝皮书
广东对外经济贸易发展研究报告(2012~2013)
著(编)者：陈万灵　2013年4月出版 / 定价:79.00元

广西北部湾经济区蓝皮书
广西北部湾经济区开放开发报告(2013)
著(编)者：广西北部湾经济区规划建设管理委员会办公室
广西社会科学院　广西北部湾发展研究院
2013年7月出版 / 估价:69.00元

广州蓝皮书
2013年中国广州经济形势分析与预测
著(编)者：庾建设　郭志勇　沈奎
2013年6月出版 / 估价:69.00元

广州蓝皮书
2013年中国广州社会形势分析与预测
著(编)者：易佐永　杨秦　顾涧清
2013年7月出版 / 估价:69.00元

广州蓝皮书
广州城市国际化发展报告(2013)
著(编)者：朱名宏　2013年9月出版 / 估价:59.00元

广州蓝皮书
广州创新型城市发展报告(2013)
著(编)者：李江涛　2013年9月出版 / 估价:59.00元

广州蓝皮书
广州经济发展报告(2013)
著(编)者：李江涛　刘江华　2013年6月出版 / 定价:65.00元

广州蓝皮书
广州农村发展报告(2013)
著(编)者：李江涛　汤锦华　2013年9月出版 / 估价:59.00元

广州蓝皮书
广州汽车产业发展报告(2013)
著(编)者：李江涛　杨再高　2013年9月出版 / 估价:59.00元

广州蓝皮书
广州商贸业发展报告(2013)
著(编)者：陈家成　王旭东　荀振英
2013年9月出版 / 估价:69.00元

广州蓝皮书
广州文化创意产业发展报告(2013)
著(编)者：甘新　2013年9月出版 / 估价:59.00元

广州蓝皮书
中国广州城市建设发展报告(2013)
著(编)者：董皞　冼伟雄　李俊夫
2013年7月出版 / 估价:69.00元

广州蓝皮书
中国广州科技与信息化发展报告(2013)
著(编)者：庾建设　谢学宁　2013年8月出版 / 估价:59.00元

广州蓝皮书
中国广州文化创意产业发展报告(2013)
著(编)者：王晓玲　2013年8月出版 / 估价:59.00元

广州蓝皮书
中国广州文化发展报告(2013)
著(编)者：徐俊忠　汤应武　陆志强
2013年8月出版 / 估价:69.00元

贵州蓝皮书
贵州法治发展报告(2013)
著(编)者：吴大华　2013年4月出版 / 定价:69.00元

贵州蓝皮书
贵州社会发展报告(2013)
著(编)者：王兴骥　2013年3月出版 / 定价:69.00元

海峡经济区蓝皮书
海峡经济区发展报告(2013)
著(编)者：福建省政府发展研究中心
2013年10月出版 / 估价:78.00元

海峡西岸蓝皮书
海峡西岸经济区发展报告(2012)
著(编)者：福建省人民政府发展研究中心
2013年7月出版 / 估价:85.00元

皮书系列 2013全品种 — 地方发展类

杭州都市圈蓝皮书
杭州都市圈经济社会发展报告(2013)
著(编)者:辛薇 2014年7月出版 / 估价:59.00元

河南经济蓝皮书
2013年河南经济形势分析与预测
著(编)者:刘永奇 2013年3月出版 / 定价:59.00元

河南蓝皮书
2013年河南社会形势分析与预测
著(编)者:刘道兴 牛苏林 2013年1月出版 / 定价:59.00元

河南蓝皮书
河南城市发展报告(2013)
著(编)者:谷建全 王建国 2013年1月出版 / 定价:59.00元

河南蓝皮书
河南工业发展报告(2013)
著(编)者:龚绍东 2013年1月出版 / 定价:59.00元

河南蓝皮书
河南经济发展报告(2013)
著(编)者:喻新安 2013年1月出版 / 定价:59.00元

河南蓝皮书
河南文化发展报告(2013)
著(编)者:卫绍生 2013年1月出版 / 定价:69.00元

黑龙江产业蓝皮书
黑龙江产业发展报告(2013)
著(编)者:于渤 2013年9月出版 / 估价:69.00元

黑龙江蓝皮书
黑龙江经济发展报告(2013)
著(编)者:曲伟 2013年1月出版 / 定价:59.00元

黑龙江蓝皮书
黑龙江社会发展报告(2013)
著(编)者:艾书琴 2013年1月出版 / 定价:69.00元

湖南城市蓝皮书
城市社会管理
著(编)者:童中贤 韩未名 2013年5月出版 / 估价:59.00元

湖南蓝皮书
2013年湖南产业发展报告
著(编)者:梁志峰 2013年5月出版 / 定价:79.00元

湖南蓝皮书
2013年湖南法治发展报告
著(编)者:梁志峰 2013年5月出版 / 定价:79.00元

湖南蓝皮书
2013年湖南经济展望
著(编)者:梁志峰 2013年5月出版 / 定价:79.00元

湖南蓝皮书
2013年湖南两型社会发展报告
著(编)者:梁志峰 2013年5月出版 / 定价:79.00元

湖南县域绿皮书
湖南县域发展报告No.2
著(编)者:朱有志 袁准 周小毛 2013年7月出版 / 估价:69.00元

江苏法治蓝皮书
江苏法治发展报告No.2(2013)
著(编)者:李力 龚廷泰 严海良 2013年7月出版 / 估价:88.00元

京津冀蓝皮书
京津冀发展报告(2013)
著(编)者:文魁 祝尔娟 2013年3月出版 / 定价:79.00元

经济特区蓝皮书
中国经济特区发展报告(2012)
著(编)者:陶一桃 2013年4月出版 / 定价:89.00元

辽宁蓝皮书
2013年辽宁经济社会形势分析与预测
著(编)者:曹晓峰 张晶 2012年12月出版 / 定价:79.00元

内蒙古蓝皮书
内蒙古经济发展蓝皮书(2012~2013)
著(编)者:黄育华 2013年7月出版 / 估价:69.00元

浦东新区蓝皮书
上海浦东经济发展报告(2013)
著(编)者:左学金 陆沪根 2013年1月出版 / 定价:59.00元

青海蓝皮书
2013年青海经济社会形势分析与预测
著(编)者:赵宗福 2013年2月出版 / 估价:69.00元

人口与健康蓝皮书
深圳人口与健康发展报告(2013)
著(编)者:陆杰华 江捍平 2013年10月出版 / 估价:98.00元

山西蓝皮书
山西资源型经济转型发展报告(2013)
著(编)者:李志强 2013年2月出版 / 定价:79.00元

陕西蓝皮书
陕西经济发展报告(2013)
著(编)者:任宗哲 石英 裴成荣 2013年1月出版 / 定价:65.00元

陕西蓝皮书
陕西社会发展报告(2013)
著(编)者:任宗哲 石英 江波 2013年1月出版 / 定价:65.00元

陕西蓝皮书
陕西文化发展报告(2013)
著(编)者:任宗哲 石英 王长寿 2013年1月出版 / 定价:69.00元

上海蓝皮书
上海传媒发展报告(2013)
著(编)者:强荧 焦雨虹 2013年1月出版 / 定价:79.00元

皮书系列 2013全品种 — 地方发展类

上海蓝皮书
上海法治发展报告(2013)
著(编)者：叶 青 2012年12月出版 / 定价:69.00元

上海蓝皮书
上海经济发展报告(2013)
著(编)者：沈开艳 2013年1月出版 / 定价:69.00元

上海蓝皮书
上海社会发展报告(2013)
著(编)者：卢汉龙 周海旺 2013年1月出版 / 定价:69.00元

上海蓝皮书
上海文化发展报告(2013)
著(编)者：蒯大申 2013年1月出版 / 定价:69.00元

上海蓝皮书
上海文学发展报告(2013)
著(编)者：陈圣来 2013年10月出版 / 估价:59.00元

上海蓝皮书
上海资源环境发展报告(2013)
著(编)者：周冯琦 汤庆和 王利民
2013年1月出版 / 定价:59.00元

上海社会保障绿皮书
上海社会保障改革与发展报告(2012～2013)
著(编)者：汪 泓 2013年10月出版 / 估价:65.00元

深圳蓝皮书
深圳经济发展报告(2013)
著(编)者：张骁儒 2013年6月出版 / 定价:69.00元

深圳蓝皮书
深圳劳动关系发展报告(2013)
著(编)者：汤庭芬 2013年6月出版 / 定价:69.00元

深圳蓝皮书
深圳社会发展报告(2012～2013)
著(编)者：张骁儒 2013年6月出版 / 定价:69.00元

温州蓝皮书
2013年温州经济社会形势分析与预测
著(编)者：潘忠强 王春光 金 浩
2013年4月出版 / 定价:69.00元

武汉城市圈蓝皮书
武汉城市圈经济社会发展报告(2012～2013)
著(编)者：肖安民 2013年9月出版 / 估价:59.00元

武汉蓝皮书
武汉经济社会发展报告(2013)
著(编)者：刘志辉 2013年10月出版 / 估价:59.00元

扬州蓝皮书
扬州经济社会发展报告(2012)
著(编)者：丁 纯 2013年1月出版 / 定价:79.00元

长株潭城市群蓝皮书
长株潭城市群发展报告(2013)
著(编)者：张 萍 2013年10月出版 / 估价:69.00元

浙江蓝皮书
浙江金融业发展报告(2013)
著(编)者：刘仁伍 2013年10月出版 / 估价:69.00元

浙江蓝皮书
浙江民营经济发展报告(2013)
著(编)者：刘仁伍 2013年10月出版 / 估价:59.00元

浙江蓝皮书
浙江区域金融中心发展报告(2013)
著(编)者：刘仁伍 2013年10月出版 / 估价:79.00元

浙江蓝皮书
浙江市场经济发展报告(2013)
著(编)者：刘仁伍 2013年10月出版 / 估价:79.00元

郑州蓝皮书
2013年郑州文化发展报告
著(编)者：王 哲 2013年7月出版 / 估价:69.00元

中原蓝皮书
中原经济区发展报告(2013)
著(编)者：刘怀廉 2013年3月出版 / 估价:68.00元

西北蓝皮书
中国西北发展报告(2013)
著(编)者：范鹏 朱智文 马廷旭 2013年1月出版 / 定价:68.00元

连片特困区蓝皮书
中国连片特困区发展报告(2013)
著(编)者：游俊 冷志明 丁建军 2013年3月出版 / 定价:75.00元

吉林蓝皮书
2013年吉林经济社会形势分析与预测
著(编)者：马 克 2013年1月出版 / 定价:69.00元

安徽蓝皮书
安徽社会发展报告（2013）
著(编)者：程 桦 2013年4月出版 / 定价:79.00元

安徽蓝皮书
安徽社会建设分析报告（2012～2013）
著(编)者：黄家海 王开玉 蔡 宪 2013年4月出版 / 定价:69.00元

社会科学文献出版社
SOCIAL SCIENCES ACADEMIC PRESS (CHINA)

社会科学文献出版社成立于1985年，是直属于中国社会科学院的人文社会科学专业学术出版机构。

成立以来，特别是1998年实施第二次创业以来，依托于中国社会科学院丰厚的学术出版和专家学者两大资源，坚持"创社科经典，出传世文献"的出版理念和"权威、前沿、原创"的产品定位，社科文献立足内涵式发展道路，从战略层面推动学术出版的五大能力建设，逐步走上了学术产品的系列化、规模化、数字化、国际化、市场化经营道路。

先后策划出版了著名的图书品牌和学术品牌"皮书"系列、"列国志"、"社科文献精品译库"、"中国史话"、"全球化译丛"、"气候变化与人类发展译丛"、"近世中国"、"博源文库"等一大批既有学术影响又有市场价值的系列图书。形成了较强的学术出版能力和资源整合能力，年发稿3.5亿字，年出版新书1200余种，承印发行中国社科院院属期刊近70种。

2012年，《社会科学文献出版社学术著作出版规范》修订完成。同年10月，社会科学文献出版社参加了由新闻出版总署召开加强学术著作出版规范座谈会，并代表50多家出版社发起实施学术著作出版规范的倡议。2013年，社会科学文献出版社参与新闻出版总署学术著作规范国家标准的起草工作。

依托于雄厚的出版资源整合能力，社会科学文献出版社长期以来一直致力于从内容资源和数字平台两个方面实现传统出版的再造，并先后推出了皮书数据库、列国志数据库、中国田野调查数据库等一系列数字产品。

在国内原创著作、国外名家经典著作大量出版，数字出版突飞猛进的同时，社会科学文献出版社在学术出版国际化方面也取得了不俗的成绩。先后与荷兰博睿等十余家国际出版机构合作面向海外推出了《经济蓝皮书》《社会蓝皮书》等十余种皮书的英文版、俄文版、日文版等。

此外，社会科学文献出版社积极与中央和地方各类媒体合作，联合大型书店、学术书店、机场书店、网络书店、图书馆，逐步构建起了强大的学术图书的内容传播力和社会影响力，学术图书的媒体曝光率居全国之首，图书馆藏率居于全国出版机构前十位。

作为已经开启第三次创业梦想的人文社会科学学术出版机构，社会科学文献出版社结合社会需求、自身的条件以及行业发展，提出了新的创业目标：精心打造人文社会科学成果推广平台，发展成为一家集图书、期刊、声像电子和数字出版物为一体，面向海内外高端读者和客户，具备独特竞争力的人文社会科学内容资源供应商和海内外知名的专业学术出版机构。

中国皮书网

发布皮书研创资讯，传播皮书精彩内容
引领皮书出版潮流，打造皮书服务平台

栏目设置：

- 资讯：皮书动态、皮书观点、皮书数据、 皮书报道、皮书新书发布会、电子期刊
- 标准：皮书评版、皮书研究、皮书规范、皮书专家、编撰团队
- 服务：最新皮书、皮书书目、重点推荐、在线购书
- 链接：皮书数据库、皮书博客、皮书微博、出版社首页、在线书城
- 搜索：资讯、图书、研究动态
- 互动：皮书论坛

www.pishu.cn

中国皮书网依托皮书系列"权威、前沿、原创"的优质内容资源，通过文字、图片、音频、视频等多种元素，在皮书研创者、使用者之间搭建了一个成果展示、资源共享的互动平台。

自2005年12月正式上线以来，中国皮书网的IP访问量、PV浏览量与日俱增，受到海内外研究者、公务人员、商务人士以及专业读者的广泛关注。

2008年10月，中国皮书网获得"最具商业价值网站"称号。

2011年全国新闻出版网站年会上，中国皮书网被授予"2011最具商业价值网站"荣誉称号。

权威报告 热点资讯 海量资源

当代中国与世界发展的高端智库平台

皮书数据库 www.pishu.com.cn

皮书数据库是专业的人文社会科学综合学术资源总库,以大型连续性图书——皮书系列为基础,整合国内外相关资讯构建而成。包含七大子库,涵盖两百多个主题,囊括了近十几年间中国与世界经济社会发展报告,覆盖经济、社会、政治、文化、教育、国际问题等多个领域。

皮书数据库以篇章为基本单位,方便用户对皮书内容的阅读需求。用户可进行全文检索,也可对文献题目、内容提要、作者名称、作者单位、关键字等基本信息进行检索,还可对检索到的篇章再作二次筛选,进行在线阅读或下载阅读。智能多维度导航,可使用户根据自己熟知的分类标准进行分类导航筛选,使查找和检索更高效、便捷。

权威的研究报告,独特的调研数据,前沿的热点资讯,皮书数据库已发展成为国内最具影响力的关于中国与世界现实问题研究的成果库和资讯库。

皮书俱乐部会员服务指南

1. 谁能成为皮书俱乐部会员?
- 皮书作者自动成为皮书俱乐部会员;
- 购买皮书产品(纸质图书、电子书、皮书数据库充值卡)的个人用户。

2. 会员可享受的增值服务:
- 免费获赠该纸质图书的电子书;
- 免费获赠皮书数据库100元充值卡;
- 免费定期获赠皮书电子期刊;
- 优先参与各类皮书学术活动;
- 优先享受皮书产品的最新优惠。

阅 读 卡

3. 如何享受皮书俱乐部会员服务?
(1)如何免费获得整本电子书?

购买纸质图书后,将购书信息特别是书后附赠的卡号和密码通过邮件形式发送到pishu@188.com,我们将验证您的信息,通过验证并成功注册后即可获得该本皮书的电子书。

(2)如何获赠皮书数据库100元充值卡?

第1步:刮开附赠卡的密码涂层(左下);
第2步:登录皮书数据库网站(www.pishu.com.cn),注册成为皮书数据库用户,注册时请提供您的真实信息,以便您获得皮书俱乐部会员服务;
第3步:注册成功后登录,点击进入"会员中心";
第4步:点击"在线充值",输入正确的卡号和密码即可使用。

皮书俱乐部会员可享受社会科学文献出版社其他相关免费增值服务
您有任何疑问,均可拨打服务电话:010-59367227 QQ:1924151760
欢迎登录社会科学文献出版社官网(www.ssap.com.cn)和中国皮书网(www.pishu.cn)了解更多信息

皮书大事记

☆ 2012年12月，《中国社会科学院皮书资助规定（试行）》由中国社会科学院科研局正式颁布实施。

☆ 2011年，部分重点皮书纳入院创新工程。

☆ 2011年8月，2011年皮书年会在安徽合肥举行，这是皮书年会首次由中国社会科学院主办。

☆ 2011年2月，"2011年全国皮书研讨会"在北京京西宾馆举行。王伟光院长（时任常务副院长）出席并讲话。本次会议标志着皮书及皮书研创出版从一个具体出版单位的出版产品和出版活动上升为由中国社会科学院牵头的国家哲学社会科学智库产品和创新活动。

☆ 2010年9月，"2010年中国经济社会形势报告会暨第十一次全国皮书工作研讨会"在福建福州举行，高全立副院长参加会议并做学术报告。

☆ 2010年9月，皮书学术委员会成立，由我院李扬副院长领衔，并由在各个学科领域有一定的学术影响力、了解皮书编创出版并持续关注皮书品牌的专家学者组成。皮书学术委员会的成立为进一步提高皮书这一品牌的学术质量、为学术界构建一个更大的学术出版与学术推广平台提供了专家支持。

☆ 2009年8月，"2009年中国经济社会形势分析与预测暨第十次皮书工作研讨会"在辽宁丹东举行。李扬副院长参加本次会议，本次会议颁发了首届优秀皮书奖，我院多部皮书获奖。

皮书数据库
www.pishu.com.cn

皮书数据库三期即将上线

● 皮书数据库（SSDB）是社会科学文献出版社整合现有皮书资源开发的在线数字产品，全面收录"皮书系列"的内容资源，并以此为基础整合大量相关资讯构建而成。

● 皮书数据库现有中国经济发展数据库、中国社会发展数据库、世界经济与国际政治数据库等子库，覆盖经济、社会、文化等多个行业、领域，现有报告30000多篇，总字数超过5亿字，并以每年4000多篇的速度不断更新累积。2009年7月，皮书数据库荣获"2008～2009年中国数字出版知名品牌"。

● 2011年3月，皮书数据库二期正式上线，开发了更加灵活便捷的检索系统，可以实现精确查找和模糊匹配，并与纸书发行基本同步，可为读者提供更加广泛的资讯服务。

更多信息请登录

中国皮书网的BLOG [编辑]
http://blog.sina.com.cn/pishu

中国皮书网
http://www.pishu.cn

皮书微博
http://weibo.com/pishu

皮书博客
http://blog.sina.com.cn/pishu

请到各地书店皮书专架/专柜购买，也可办理邮购

咨询/邮购电话：010-59367028　59367070　　　邮　　　箱：duzhe@ssap.cn
邮购地址：北京市西城区北三环中路甲29号院3号楼华龙大厦13层读者服务中心
邮　　编：100029
银行户名：社会科学文献出版社
开户银行：中国工商银行北京北太平庄支行
账　　号：0200010019200365434
网上书店：010-59367070　　qq：1265056568
网　　址：www.ssap.com.cn　　　www.pishu.cn